高等院校应用型人才培养"十四五"规划旅游管理类系列教材

酒店人力资源管理（第二版）

主　编 ◎ 易红燕　梅继开

副主编 ◎ 缪小玲　庞肖霞　张素华　林　佳　戚龙琦
　　　　陈　璐　石自彬　景振华　李　倩　夏文镜

Jiudian Renli Ziyuan Guanli（Di-er Ban）

华中科技大学出版社
http://press.hust.edu.cn
中国·武汉

内 容 简 介

现代酒店业信息化发展势不可挡,酒店管理专业转型升级为酒店管理与数字化运营专业,本书在此背景下,以酒店人力资源规划与管理为中心,依据现代酒店业发展的特征,从酒店人力资源管理认知、酒店人力资源规划与工作分析、酒店员工招聘、酒店员工培训、酒店员工激励、酒店员工绩效管理与薪酬管理、酒店劳动关系管理、酒店团队建设等展开论述,注重现代性与前沿性、理论性与实践性、系统性与发展性的有机融合。

本书既可作为高等院校酒店及旅游管理专业的教材及教学参考书,还可作为相关企业的员工培训教材。

图书在版编目(CIP)数据

酒店人力资源管理/易红燕,梅继开主编.—2 版.—武汉:华中科技大学出版社,2023.1(2025.7重印)
ISBN 978-7-5680-8956-2

Ⅰ.①酒… Ⅱ.①易… ②梅… Ⅲ.①饭店-人力资源管理 Ⅳ.①F719.2

中国版本图书馆 CIP 数据核字(2022)第 227902 号

酒店人力资源管理(第二版)　　　　　　　　　　　　　易红燕　梅继开　主编
Jiudian Renli Ziyuan Guanli(Di-er Ban)

策划编辑:李　欢　胡弘扬
责任编辑:张　琳　刘　烨
封面设计:原色设计
责任校对:王亚钦
责任监印:周治超
出版发行:华中科技大学出版社(中国·武汉)　　　　电话:(027)81321913
　　　　　武汉市东湖新技术开发区华工科技园　　　　邮编:430223
录　　排:华中科技大学惠友文印中心
印　　刷:武汉市籍缘印刷厂
开　　本:787mm×1092mm　1/16
印　　张:15.75
字　　数:379 千字
版　　次:2025 年 7 月第 2 版第 3 次印刷
定　　价:49.80 元

出版说明

党的十九届五中全会确立了到 2035 年建成文化强国的远景目标,明确提出发展文化事业和文化产业。"十四五"期间,我国将继续推进文旅融合、实施创新发展,不断推动文化和旅游发展迈上新台阶。国家于 2019 年和 2021 年先后颁布的《关于深化本科教育教学改革 全面提高人才培养质量的意见》《国家职业教育改革实施方案》《本科层次职业教育专业设置管理办法(试行)》,强调进一步推动高等教育应用型人才培养模式改革,对接产业需求,服务经济社会发展。

基于此,建设高水平的旅游管理类专业应用型人才培养教材,将助力旅游高等教育结构优化,促进旅游类应用型人才的能力培养与素质提升,进而为中国旅游业在"十四五"期间深化文旅融合、持续迈向高质量发展提供有力支撑。

华中科技大学出版社一向以服务高校教学、科研为己任,重视高品质专业教材出版,"十三五"期间,在教育部高等学校旅游管理类专业教学指导委员会和全国高校旅游应用型本科院校联盟的大力支持和指导下,在全国范围内特邀中组部国家"万人计划"教学名师、近百所应用型院校旅游管理专业学科带头人、一线骨干"双师双能型"教师,以及旅游行业界精英等担任顾问和编者,组织编纂出版"高等院校应用型人才培养'十三五'规划旅游管理类系列教材"。该系列教材自出版发行以来,被全国近百所开设旅游管理类专业的院校选用,并多次再版。

为积极响应"十四五"期间我国文旅行业发展及旅游高等教育发展的新趋势,"高等院校应用型人才培养'十四五'规划旅游管理类系列教材"项目应运而生。本项目依据文旅行业最新发展和学术研究最新进展,立足旅游管理应用型人才培养特征进行整体规划,将高水平的"十三五"规划教材修订、丰富、再版,同时开发出一批教学紧缺、业界急需的教材。本项目在以下三个方面做出了创新:

一是紧扣旅游学科特色,创新教材编写理念。本套教材基于旅游高等教育发展新形势,结合新版旅游管理专业人才培养方案,遵循应用型人才培养的内在逻辑,在编写团队、编写内容与编写体例上充分彰显旅游管理应用型专业的学科优势,全面提升旅游管理专业学生的实践能力与创新能力。

二是遵循理实并重原则,构建多元化知识结构。在产教融合思想的指导下,坚持以案例为引领,同步案例与知识链接贯穿全书,增设学习目标、实训项目、本章小结、关键概念、案例解析、实训操作和相关链接等个性化模块。

三是依托资源服务平台,打造新形态立体教材。华中科技大学出版社紧抓"互联网+"时代教育需求,自主研发并上线的华中出版资源服务平台,可为本套系教材作立体化教学配套服务,既为教师教学提供便捷,提供教学计划书、教学课件、习题库、案例库、参考答案、教学视频等系列

配套教学资源，又为教学管理提供便捷，构建课程开发、习题管理、学生评论、班级管理等于一体的教学生态链，真正打造了线上线下、课堂课外的新形态立体化互动教材。

本项目编委会力求通过出版一套兼具理论与实践、传承与创新、基础与前沿的精品教材，为我国加快实现旅游高等教育内涵式发展、建成世界旅游强国贡献一份力量，并诚挚邀请更多致力于中国旅游高等教育的专家学者加入我们！

华中科技大学出版社

前　言

　　酒店是劳动密集型行业,也是典型的服务性行业,客人的"满意度"是酒店服务质量评价的标准,常言"员工满意,顾客才会满意",运用科学的方法对酒店人力资源进行有效的利用和开发,以提高全体员工的素质,使其得到最优化的组合,发挥最大的积极性,从而不断提高劳动效率,提高服务水平。

　　在现代酒店业的发展背景下及新冠肺炎疫情的影响下,酒店业面临前所未有的机遇和挑战,酒店管理专业也转型升级为酒店管理与数字化运营专业,酒店信息化发展势不可挡。《酒店人力资源管理》(第二版)在此背景下应运而生,新修订教材在酒店数字化转型背景下,按照酒店发展需求与教学改革需要进行适当创新,其具体特色与创新如下。

　　1.思政与课程有机结合

　　课程思政把"立德树人"作为教育的根本任务,以构建全员、全程、全课程育人格局的形式使课程与思政理论课同向同行,形成协同效应。新修订的教材将思政与课程有机融合,将酒店人力资源管理中的理念、方法和技能与思政教育有机结合在一起,培养职业素养高、人文情怀浓、法律意识强的高素质技术技能型人才。

　　2.数字化与人力资源有机融合

　　人力资源数字化是人力资源的结构性转变。真正的酒店人力资源数字化转型一定是能够强化酒店企业文化的核心价值、赋能酒店发展、推动和促进整个酒店的数字化转型。人力资源领域的六大数字化应用趋势包括 AI 智能预测分析、情感计算与识别、聊天机器人智能咨询、VR/AR 沉浸式体验学习、RPA 流程自动化机器人、SSC 共享服务智能化。

　　3.共享与人本管理有机融合

　　共享员工模式应运而生。随着时代的发展,新经济与新模式的出现给酒店业带来重新"洗牌"的机会,在这一过程中,酒店用工模式正面临新的挑战,在共享时代,无论是物品、空间还是个人,一切皆可共享。在酒店业,传统雇佣模式对行业形成束缚,而人力成本增加了酒店业的压力,疫情推动了服务业的共享员工发展,不少酒店也开始尝试共享模式。酒店管理应树立以人为本的管理理念,只有重视员工、关心员工、爱护员工,才能使员工全心全意地工作,为顾客提供优质服务。

　　4.理论性与实践性有机融合

　　理论与实践相辅相成,二者缺一不可。理论是实践的基础,实践是提高能力的重要途径。通过实践,可以学到许多书本上学不到的东西,会有思想性、经验性和规律性的收获。

本教材包括大量的案例导入、案例分析、实训任务等，通过实践教学过程，进一步深化理论学习，同时提升实践操作能力。

　　三峡旅游职业技术学院易红燕和梅继开任主编。易红燕负责全书整体框架设计及全书审核工作，梅继开负责全书组织及审核工作。主要分工如下：项目一酒店人力资源管理认知由易红燕编写；项目二酒店人力资源规划与工作分析由襄阳职业技术学院张素华和武汉城市职业学院庞肖霞编写；项目三酒店员工招聘由青岛酒店管理职业技术学院林佳编写；项目四酒店员工培训由武汉职业技术学院缪小玲和重庆商务职业学院夏文镜编写；项目五酒店员工激励由武汉城市职业学院庞肖霞和襄阳职业技术学院张素华编写；项目六酒店员工绩效管理与薪酬管理由三峡旅游职业技术学院陈璐和景振华编写；项目七酒店劳动关系管理由湖北三峡职业技术学院戚龙琦编写，项目八酒店团队建设由重庆商务职业学院石自彬和眉山职业技术学院李倩编写。

编　者

Contents

目 录

项目一 →

酒店人力资源管理认知

项目引言

　　酒店是劳动密集型企业,其产品的无形性、生产与消费同时性的特征决定了人力资源在酒店发展过程中不可替代的重要战略性作用。酒店的良好发展和质量的提高依赖于酒店人员的职业道德、管理水平和综合素质,酒店管理的核心和精髓就是人力资源管理。人力资源管理不仅是酒店管理的重要内容,更是酒店经济增长的主要途径和推动酒店业纵深发展的原动力。在经济全球化的今天,要在日趋激烈的竞争中立于不败之地,寻求持续竞争力,就必须最大限度地发挥好人力资源管理的核心作用。

　　本项目通过学习酒店人力资源管理的概念、特征及作用,酒店人力资源部组织机构及岗位职责,酒店人力资源发展现状及发展趋势等,增强学生对酒店人力资源管理认识,提升学生的诚实意识和匠心精神,提高职业道德,并为后续学习打下基础。

任务一　酒店人力资源管理内涵

◇学习目标

知识目标:

(1)理解人力资源管理的概念与特征。

(2)掌握酒店人力资源管理的概念、特征与职能。

能力目标:

(1)会分析酒店人力资源管理的特征。

（2）会研判酒店人力资源管理的职能。

素质目标：

（1）培养大局意识、诚信意识和匠心精神。

（2）提升语言表达能力、团队合作能力、PPT 制作能力。

◇课前任务

资料查询：学生采用多种方式查询与调研酒店人力资源管理的内容，并在课前将问题提交到线上讨论，教师在课堂上进行答疑。

案例导入

我叫"菲住布渴"

无人超市、无人餐厅相继问世之后，2018 年 11 月飞猪官方发文称，阿里在杭州西溪园开了一家无人酒店，叫"未来酒店"，这家无人酒店是阿里集团几年实验的结果，现在已经正式进入最后调试阶段，"双十一"的客房售价为 1399/晚，这也是全球第一家支持全场景刷脸住宿的酒店。

论科技创新，阿里的确给人们带来不少新奇的体验。关于无人酒店，顾名思义，进酒店后是没有一个服务员的，全部靠人工智能提供服务。当到达酒店之后，门口的机器人会对住客进行面部识别，从而获取住客的信息，这也就是住客住店的通行证，这一步骤代替了传统酒店办理入住的过程。接着，不论是坐电梯还是进出房门，都是通过无感体控系统操作来识别住客的通行证，从而给住客带路、放行，住客到达客房门口之后，摄像头识别身份，房门自动开启，屋内也会自动供电，这一步骤连刷房卡也省掉了，高效又智能。客房内也使用人工智能，灯光、空调、窗帘的调节都不用自己亲自动手，只需要对着人工智能系统下命令就可以了，退房这一步骤更是简单，只需要绑定支付宝 App，支付房费即可，这一步骤省去了传统酒店烦琐的查房流程和住客的等待时间，节约住客的时间成本，为住客提供了方便。

无人酒店的出现，使我们不得不感叹随着科技的发展，人工智能对传统劳动力的替代越来越明显了。小到小餐厅的送餐机器人，大到京东的配送机器人投入常态化运营，再到现在的无人餐厅、无人超市、无人酒店，处处智能化。万事都有利有弊，人工智能也不例外。在现阶段人工智能不是很完善的情况下，对无人超市、无人酒店的评价褒贬不一。无人超市的体验操作相对单一，购买了就可以拿东西离开，但是无人酒店的操作就复杂多了，住客在住房过程中会遇到各种各样的问题需要解决，所以从这个角度来看，阿里的未来酒店也是一个很"冒险"的大胆尝试了。不论是用人成本的缩减，或是新鲜感上的体验，"无人"兴起的趋势对传统劳动力的冲撞都不是一般，酒店名为"未来酒店"，仿佛隐含着这样的模式就是未来酒店的模式,那么"无人"的模式会不会就是未来的终极趋势呢?正如当年人们对网购兴起时的态度,现在的人工智能也是一种新尝试,这种尝试会慢慢被人们所接受,或许将来是人工智能的天下,但就现阶段而言,应该还是要被时间再验证的。

（资料来源:整理自 https://www.sohu.com/a/273584416_100200127)

纵观人力资源的发展史,从泰勒的科学管理,到人力资源的六大模块,再到尤里奇的人力资源三支柱模型,经历多次迭代更新,都有共同的特征,即都属于管理学,人力资源是需要管理的,人力资源的管理对于酒店来说至关重要。酒店人力资源部要做好机构设置,制定人力资源规划,并能解决工作中出现的问题。为酒店人才招聘、选拔、培训、留用、晋升创造良好的条件和提供适用的方法。

人才管理数字化的趋势在不断加强,人力资源(HR)领域数据分析的应用基本覆盖了传统领域,包括薪酬福利、人才招聘、人才培养和工作效率的各项职能。这就是说,中国的 HR管理正在从过去传统的人事管理走向人才管理时代,从以管控和考核为核心转向以员工为中心,让员工和人才发挥更大的主动性和潜能,通过人才识别、盘点沟通、赋能来提升绩效,构建企业人才梯队,制订不同群体的发展计划,保证人才供应。

一、人力资源管理的概念与特征

人力资源管理工作的基本任务是根据酒店不同时期、不同阶段的发展战略的要求,有计划地对本企业人力和资源进行合理配置。通过对酒店中各阶层员工的招聘、培训、聘用、考核、评价、激励、调整等一系列过程,充分调动员工的积极性,发挥员工的内在潜能,为企业创造价值,确保企业战略目标的实现。

酒店是以人为中心的行业,酒店管理说到底就是对人的管理,运用科学的方法对酒店的人力资源进行有效的利用和开发,以提高全体员工的素质,使其得到最优化的组合,发挥最大的积极性,从而提高全体员工的素质,不断提高劳动效率。因此,加强人力资源管理对酒店具有极重要的意义。

美国著名管理大师德鲁克说,人是具有企业里任何其他资源都没有的"特殊能力"资源,即协调能力、融合能力、判断力和想象力。人力资源管理的重心是知识型员工,人力资源管理在组织中的战略地位上升,管理重心已下移,人力资源管理的全球化、信息化、沟通、共识、信任、尊重、自主、服务、支持、创新、学习、合作、授权等成为人力资源管理的新准则。

(一)人力资源管理的概念

资源是一国或一定地区拥有的物力、财力、人力等的总称。资源可分为自然资源和社会资源两大类。前者如阳光、空气、水、土地、森林、草原、动物、矿藏等;后者包括人力资源、信息资源以及经过劳动创造的各种物质财富等。

当代经济学家大多将资源划分为四大类,即人力资源、自然资源、资本资源和信息资源,人力资源是其中最重要的资源,因为离开了人的工作,其他资源都无法被利用。人力资源是指一切能为社会创造财富、能为社会提供劳务的人及其所具有的能力。具体指以人的体能、

知识、技能、个性行为特征的载体中的经济资源。在企业中，人力资源则是指一切能为企业创造财富，能为社会提供企业规定服务的人及其所具有的能力。

人作为组织中一种有价值的资源，这种观点已经被许多学者所接受。长期以来，人力资源管理一直试图解决人事管理、人际关系和工业关系所未能解决的一个问题，即组织应该如何管理人，以使组织的绩效和个人的满意度达到最大化。

宏观意义上的人力资源管理是指政府对社会人力资源的开发和管理过程。我们通常所说的人力资源管理涉及的是微观的，即企事业单位的人力资源管理，是指企事业单位内部对人的管理。人力资源管理是指为实现组织的战略目标，对人力资源进行获取、调控及开发的管理。

（二）人力资源管理的特征

现代人力资源管理充分认识到人是一种具有能动性、可激励性、能够创造更大的潜在价值的资源，管理理念上"以人为本"成为主流，由此把人当成组织中最具活力、能动性和创造性的要素，并围绕人这一要素，寻求"人"与"工作"的相互契合，将人的发展与组织的发展有机地联系起来，并尽可能地创造各种能充分施展其才能的条件。

1. 能动性

能动性是人力资源区别于其他资源的最根本的特征。与其他资源相比，人力资源是唯一能起到创造作用的资源，人力资源能够积极主动地、有意识地、有目的地认识世界和利用其他资源去改造世界，推动社会和经济的发展，因而在社会发展和经济建设中起着积极和主导的作用。

人力资源的能动性具体体现在人能够接受教育或主动学习以丰富自己的知识、提高自己的技能，能够自主地选择职业，更重要的是人力资源能够发挥主观能动性，有目的、有意识地利用其他资源进行生产，能够不断地创造新工具、新技术，推动社会和经济的发展，推动人类文明进步。

2. 两重性

两重性是指人力资源既是生产者，又是消费者。人力资源的生产性是指人力资源是物质财富和精神财富的创造者，为人类或组织的生存和发展提供条件。人力资源的消费性是指人力资源需要消耗一定的物质财富，维持自身的生存和发展。同时，消费性也是人力资源自身生产和再生产的条件。

3. 时效性

时效性可以从两个方面来理解。

一方面，人的一生经历婴幼儿期、少年期、青壮年期、老年期这些自然时期，不同的时期人力资源的可利用程度不同。从个体成长的角度来看，人力资源的使用也要经历培训期、试用期、最佳使用期和淘汰期的过程。

另一方面，人力资源所拥有的知识、技能等要素相对于环境和时间来讲是有时效性的，如果不及时更新就难以满足不断变化的要求。人拥有的知识技能如果得不到使用和发挥，也可能过时，或者使人的积极性降低。人力资源管理过程要尊重人力资源的时效性特征。

4. 再生性

再生性是指人力资源在使用过程中会出现磨损，既包括自然磨损，也包括无形磨损。

1）自然磨损

自然磨损是指由于个体自身的疲劳、衰老、体质下降、机能退化等造成的劳动能力下降。

2）无形磨损

无形磨损是指由于个人的知识、技能、经验等相对滞后于社会和科学技术的发展进步等现实而导致的劳动能力下降。

与物质资源损耗不同的是，人力资源能够实现自我补偿、自我更新、持续开发。人力资源的自然磨损是不可抗拒的，但是人们可以通过医疗、保健和锻炼等各种途径来减缓自然磨损。人力资源的无形磨损是可以积极防范甚至在一定程度上予以避免的，人们可以通过不断学习、积极进取、经验积累和培训开发等途径不断更新和丰富自己的知识、技能、经验以消除或避免无形磨损。这些都要求人力资源管理要重视员工培训与开发，以及医疗保健等方面。

5. 社会性

人力资源的社会性是指人是社会人。

从宏观层面看，人力资源的获取与配置要依赖于社会，人力资源的配置与使用从属于社会分工体系。

从微观层面看，人类的劳动是社会性劳动，不同的个体参与社会经济活动中的社会分工。这些构成了人力资源社会性的客观基础。

人生活在社会与群体之中，每个群体或民族都有自身的文化特征和价值取向，这些都会通过群体中的个人表现出来。个体不同的价值观会影响个体在社会活动中的行为。

另外，因为人是社会人，除了追求经济利益，人还要追求包括社会地位、声誉、精神享受以及自我价值实现等多重目标的实现。在实现这些目标的过程中，个体能力和潜能的发挥不仅会带来生产力的提高和社会经济的发展，而且会产生社会性的外部效应，如人的素质的提高会提高社会文明程度、能够使人有意识地保护并改善自然环境等。因此，从本质上说，人力资源是一种社会性资源。

二、酒店人力资源管理的概念、特征与职能

现代酒店业的发展，人力资源管理在酒店中日益受到重视，将传统人力资源管理的职能予以提升和扩大，在直线功能上得到加强，在参谋功能上不断扩展，在参与制定和执行酒店战略方面的作用越来越大。

（一）酒店人力资源管理的概念

任何企业都需要人力资源管理，酒店是企业，是劳动密集型服务行业，人力资源管理尤其重要。酒店人力资源管理是指为实现酒店的战略目标，对酒店人力资源的获取、调控和开发等方面的管理。

（二）酒店人力资源管理的特征

酒店人力资源管理的特征除了具备一般人力资源管理特征以外，还因为酒店业自身的特殊性而具备如下特征。

1. 供不应求

近年来，我国酒店业迅速发展，需要大量酒店管理的专业人才。然而酒店从业人员的增

长速度与酒店业的高速发展相比,人才总供给远远低于总需求,酒店业的发展面临人才严重短缺,这与快速发展的旅游市场极不适应,从而导致人力资源供不应求,不能满足酒店业发展对人才的需求。

2. 淡旺季明显

由于酒店业市场受自然条件及旅游者闲暇时间等内外部因素的影响,酒店业的经营具有明显的淡旺季之分。

在经营淡季,由于经营成本的压力,酒店业会尽一切办法压缩员工规模以达到淡季低成本运营的效果。在旺季来临时,为了维持正常的经营活动,又不得不大量招聘员工或让员工加班。

3. 流失性强

酒店业是劳动密集型的服务行业,对员工的需求量大,同时对从事的基层服务能力要求不高,而且酒店业入职的门槛较低,从而导致我国酒店从业人员的学历层次普遍偏低,综合素质也不高。

另外,中国的酒店业市场已步入微利时代,这不仅对酒店业的管理水平提出了更高的要求,也造成了酒店业的利润下降,再加上酒店业的硬件设施投入成本较高,从而使投入成本很高,员工的薪酬待遇普遍偏低。这些原因导致员工的稳定性差,流失性大,增加了人力资源管理的难度。

（三）酒店人力资源管理的职能

信息时代是人才主权时代,员工即客户,人力资源管理的新职能就是持续向员工提供客户化的人力资源管理产品与服务。酒店求才即获取人力资源;用才即恰当使用组织的人力资源;育才即通过培训、教育等提高人力资源质量,激发员工潜力;激才则通过激励机制和措施,调动员工的工作积极性,发挥人力资源的能动性;护才即通过卫生保健、劳动案例、平等就业等措施保护劳动者合法权益,养护人力资源的持续劳动能力;留才即尊重人才,保持员工队伍的稳定,留住组织所需要的各类人才。

1. 获取

获取主要包括酒店人力资源规划、职务分析、员工招聘和录用,酒店人力资源管理部门必须根据环境制定人力资源战略规划,进行工作分析,通过招聘、选拔、录用及配置等活动为酒店获取所需的人力资源。

2. 保持

保持包括组织同化、文化传播、信息沟通、人际关系、矛盾冲突的处理和化解,酒店人力资源管理工作要注重员工之间、个人与组织之间关系的协调和发展,注重人与组织的协调,确保组织信息沟通渠道通畅等,从而有效地提高员工的工作质量和生活质量,并提高满意度。

3. 开发

开发包括酒店和个人开发计划的制订,新员工的工作引导和业务培训,员工职业生涯的设计,继续教育,员工的有效使用以及工作丰富化等,开发是对组织员工的知识、技能和素质的培养与提高,以增强和提高员工的工作能力。

4.报偿

报偿(或报酬)是酒店人力资源管理的核心,主要包括制定公平合理的薪酬方案,提供福利与服务,经济性和非经济性报酬分配,各种物质和精神激励物的运用等。报偿是酒店人力资源管理中最具有激励与效力的职能,其目的是提高工作效率和组织效率。

一般而言,良好的酒店人力资源管理,有助于酒店达到以下目标:协助酒店完成发展规划,有效地运用人员的能力与技术专长,激发酒店员工的士气和潜能,满足酒店员工的自我实现感与增加员工的工作成就感,提高酒店员工的工作生活品质,协助酒店负责人做出正确决策。因此酒店人力资源管理的重要意义最终体现在使酒店获得较强的竞争优势上。

实训任务

研讨酒店人力资源管理内涵

一、实训目的

熟悉酒店人力资源管理特征,理解其相关职能,培养职业道德和管理意识。

二、实训内容

(1)举例说明酒店人力资源管理特征及职能。

(2)酒店人力资源管理的关键因素有哪些? 请详细说明。

三、实训步骤

(1)学生组建项目小组。

(2)由科代表安排每个小组实训内容,并通过PPT在课堂上讲解。

(3)各组互评并探讨总结。

(4)任务总分为100分,教师评分占50%,学生评分占50%。

四、实训评分表(总分100分)

酒店人力资源管理内涵实训评分表

评分点	评分标准	分值	评分
讲解内容	(1)对酒店人力资源管理特征、职能讲解清晰,举例通俗易懂。 (2)对酒店人力资源管理的关键因素确定科学、合理,原因明了	40	
现场讲解	熟练、清晰、自然、有感染力	30	
PPT制作	美观、简洁、创新、突出内容	20	
团队精神	分工、合作、互助	10	

案例分析

王经理的烦恼

鑫辉大酒店是一家中等规模的酒店，员工约有 500 人。刚入职该酒店的王峰担任人力资源部的经理，王峰获得 MBA 学位后，曾在一家酒店从事三年人力资源管理工作。目前酒店人力资源部有 8 名员工，分管薪酬设计、人员招聘和培训开发，以及绩效考核等工作。

王峰发现，酒店各部门的工作很少有规划，每个员工的工作都没有明确的分工，一份工作可以由甲干，也可以由乙干，全凭各人的技能和兴趣完成。另外，人力资源部仅有 1/2 的员工具备人力资源及相关专业的学历，仅有 1/4 的员工具备人力资源管理经验。除此之外，很多员工都是由普通员工提升上来的。

人力资源部很少能对新员工进行帮助和指导，主要是各部门来负责，大家都是各干各的，彼此很少沟通。尽管人力资源部的工作任务非常繁重，但其他部门的人似乎并不满意，总认为人力资源部不能及时对他们部门的要求作出及时反应。而且，人力资源部对公司的战略规划了解甚少，人力资源部的决策也很难对公司的政策方针产生影响。人力资源部之前的经理张经理在任时，员工工资水平不高，员工不满情绪较大。张经理也曾向酒店总经理提出调整工资标准的方案，总经理虽然表示可以考虑，但一直没有动静。

王峰想自己刚来酒店任职，对酒店不是很熟悉，不能对此提出太多的意见，公司的每项制度与管理方式都有自己的传统，况且目前公司运转情况还是不错的。正当他犹豫不决时，他无意中听到财务部经理在训斥一名员工："你最近怎么搞的？连连出错！这样下去对你没什么好处！你知道吗？像你这样，即使送你去人力资源部，恐怕人家也不要你！"

王经理听后，心里很不是滋味。

请思考：

1.鑫辉大酒店人力资源管理上存在哪些问题？

2.王峰应该怎样强化人力资源部的职能？

任务二　酒店人力资源部组织结构

◇学习目标

知识目标：

（1）了解酒店人力资源部的组织结构。

(2)熟悉酒店人力资源部的岗位职责。

能力目标：

(1)会分析酒店人力资源部的组织结构特点。

(2)会制定酒店人力资源部的相应岗位职责。

素质目标：

(1)提升自主学习能力。

(2)培养敬业精神、团队精神、沟通能力。

◇ 课前任务

资料查询：学生采用多种方式查询与调研酒店人力资源部组织结构，并在课前将问题提交到线上讨论，教师在课堂上进行答疑。

案例导入

海底捞的人力资源体系

海底捞创始人张勇曾说，我们的核心竞争力从来都不是服务，人力资源体系至关重要，打造好的人力资源体系将成为海底捞的核心竞争力之一。

海底捞在 2016 年中，重组了内部组织，实行扁平化管理，共设总部、教练、抱团小组及餐厅四个组成部分。总部控制门店管理的核心环节，包括拓展策略、食品安全、信息技术、采购、供应链管理以及门店考核等，以保障效益标准化、规模化增长。

教练团队为店长提供指导、建议及评估，目前共有 13 名教练，直接向首席运营官杨利娟报告。门店选择教练，教练的薪酬与整体利润的增长量挂钩，从而保证教练给予门店充分的指导和支持。餐厅直接向总部管理层汇报，店长负责餐厅的日常运营管理，包括人力资源管理、食品安全、现金管理、培养新店长和开发新餐厅等，店长在经营餐厅方面有高度的自主及决策权。店长薪酬与餐厅业绩、培养新店长及开设新餐厅的能力挂钩。

邻近的餐厅组成抱团小组，抱团小组一般由 5 至 18 家餐厅组成，通常以存在师徒关系的门店为主，并以有能力的店长担任组长。抱团小组内餐厅互助，共享信息和资源，共同解决区域问题，拓展及经营新店，并进行落后店辅导，通过自我管理，提高整体管理效能。目前已成立 37 个抱团小组，涵盖超过 300 家餐厅。

（资料来源：http://www.360doc.com/content/18/0724/15/10920446_772875788.shtml）

实现组织结构扁平化理由充分、好处显而易见，关键是怎样实施。可以说，实施组织结构扁平化是更深层次的"减员增效"，其深刻意义将伴随着经营管理实践逐渐显现出来。酒店要想做好人力资源管理，首先要选择合适的酒店人力资源部组织结构，还是要完善任职资

格标准，形成完善的人力资源发展体系。

一、酒店人力资源部组织结构

人力资源部的基本任务是遵循国家的劳动人事法规和政策，围绕酒店的经营管理这一中心开展工作，最大限度地利用和开发人力资源，不断提高员工的整体素质，优化人才资源，实现经济效益和社会效益的最大化。具体包括以下内容。

（1）直接负责整个酒店的人力规划、员工招聘、录用、培训、考核、工资、劳保、福利、调配、质检、劳动关系协调等工作。

（2）开展各种有效活动，密切劳资关系，协调政府、企业、员工、客人之间的利益，增强员工的向心力、凝聚力。

（3）完善工资分配和福利制度，吸引和留住优秀人才。

（4）负责对员工的工作质量进行监督，确保酒店服务质量。

（5）负责编制员工手册、劳动合同及酒店的人事规章制度。

（6）负责与政府机关、社会团体、人才交流中心及其他同行建立并保持友好的工作关系。

（7）审核人力资源的财政预算和支出，做好各项成本控制工作。

（8）负责审核酒店年度培训计划和月度培训计划，建立和完善酒店二级培训体系。

基于以上工作内容，建立适配的人力资源部组织结构是核心也是基础。酒店人力资源部组织结构主要由人力资源部经理及下属的相关主管和助理组成。最常见的组织结构有小型酒店人力资源部组织结构、中型或大型酒店人力资源部组织结构两种类型，分别如图 1-1、图 1-2 所示。

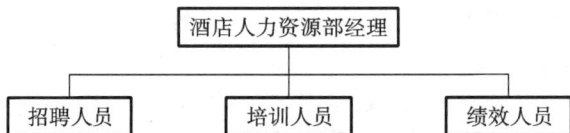

图 1-1　小型酒店人力资源部组织结构图

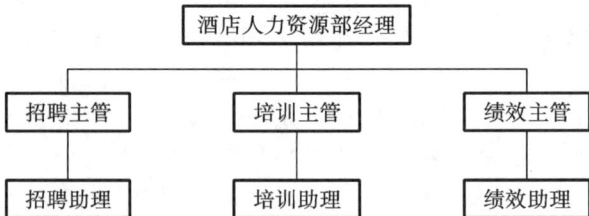

图 1-2　中型或大型酒店人力资源部组织结构图

在人力资源组织里，通常有两类角色。

第一类角色称为 HR Business Partner，有些公司称为 HR Generalist，也有些公司称为 Line HR，可以翻译成业务伙伴，也可以翻译成一线人力资源。

他们直接面对业务部门的经理和员工，为一线提供全面的人力资源的服务，他们的主要职责包括招聘、培训、业绩管理、员工发展管理、沟通、离职管理等，他们必须回答所有关于人、组织、程序、文化的相关问题，最终能够帮助业务经理建立一个高绩效的组织，达成组织目标。

第二类角色叫作 Specialist,可以翻译成专员,有薪酬专员、培训专员,也有招聘专员。相比于第一类角色的通才特点,这一类角色是专才,他们专注于人力资源的某一个职能,进行深入的研究。如果把第一类角色理解成人力资源领域的应用型人才,第二类角色就是人力资源某一职能的基础研究型人才。他们的主要职责是回答人力资源某一职能的一些专业问题,比如就招聘职能而言,需要考虑如下一些方面:

①确定与理解招聘需求;

②有效地进行人才市场的分析;

③选择、评估、管理招聘渠道;

④建立招聘流程的 IT 平台;

⑤面试流程的管理;

⑥面试技巧与工具;

⑦面试结果的沟通与录用的沟通。

在这里,人力资源部经理就承担了一线人力资源的第一类角色,他直接面对公司的管理层及员工。为了更好地向业务部门提供服务,更好地成为业务伙伴,人力资源部经理需要几位像专员这样第二类角色的员工支持,可能会是薪酬人员、培训人员、招聘人员、人事人员等。

二、酒店人力资源部岗位职责

为了更好地体现酒店人力资源部工作的高效清晰,真正通过可量化、可评价、客观公允的标准体现能力差异,人力资源部岗位任职资格标准将知识标准和技能标准合并为知识技能;将行为标准进一步分析,提炼出各层级的关键能力项,作为制定专业经验的主要依据。任职资格标准的开发主要有三项原则。

(一)任职资格标准开发原则

1.任职资格体系开发一定要根据酒店实际情况

"取势、明道、优术",任职资格体系本质上是一套符合公司战略和业务发展要求的人力资源能力发展体系,是蕴含酒店差异化发展布局的人才评价体系,能够牵引员工的意愿能力和企业同步发展。故此,任职资格体系开发一定是立足于酒店未来战略方向、业务模式、流程以及员工行为所构建出的能力系统。

2.任职资格标准开发遵循客观、量化、多维度的原则

标准开发要尽可能减少主观化、泛化、单一化,否则难以服众。按照公平、客观、可量化、多维度的原则设计,以公允、清晰、客观的标准表明什么是人才,做到哪些关键项才能是符合企业发展的人才。

3.任职资格标准开发的系统性耦合

任职资格体系的有效运行,离不开酒店流程化管理、计划管理、培训管理等体系的有效支撑。同时将基于能力的岗位任职资格体系与企业人力资源管理的其他系统相互联动,构建以能力为基础的人力资源体系,可有效打通酒店价值创造、价值评价、价值分配体系。

人力资源部经理统管人力资源部所有事宜,人力资源部招聘主管、培训主管和绩效主管的主要岗位说明如下。

(二)招聘主管职位说明

招聘主管岗位职责如表 1-1 所示。

表 1-1 招聘主管岗位职责

职位名称	招聘主管	所属部门	人力资源部	薪资范围:(略)
职位说明	在了解公司各部门人事需求的基础上,按照人力资源招聘计划和职位说明书的具体要求,组织人员招聘公告、测试、面试和初审工作			
上报对象	人力资源部经理		监督对象	招聘助理
合作对象	本部门各分管主管和其他部门经理与主管			
外部联系对象	外部求职网站、人才交流中心、招聘代理机构和高校就业指导中心以及各类招聘广告媒体等			

工作职责

(1)了解人事需求:
①按照公司人力资源计划,向各部门经理与主管了解人事需求;
②进行人事需求汇总,并提出外部招聘意见;
③将需求汇总和建议上报主管经理助理。
(2)制订招聘计划:
①确定招聘时间和最后上岗时间;
②确定合适的招聘媒体和招聘渠道;
③拟定初试、面试方式及内容;
④拟订招聘日程安排:
A.发布招聘公告;B.接收应聘简历;C.审核简历;D.通知初试;E.安排初试;F.通知面试;G.组织面试;H.面试结果分析与审核;I.入职人员名单确认;J.通知上岗;K.确认上岗人员和时间。
⑤上报招聘计划。
(3)制订招聘预算计划:
①根据招聘计划制定招聘预算;
②向主管经理助理上报预算计划。
(4)计划确认后,及时向公司所在地人事行政部门申报招聘计划。
(5)组织招聘初试和面试工作:
①与相关职能部门确定初试内容,并共同组织初试测试;
②汇总分析初试结果,并与有关职能部门确认参加面试名单;
③将初试结果和分析以及建议上报主管经理助理;
④在面试名单正式确认后,发布面试通知;
⑤筹备面试准备工作,配合面试评审小组开展面试工作;
⑥配合面试评审小组整理和分析面试结果。
(6)在入职名单确认后,发布入职通知。
(7)及时跟踪被通知人员,确认最终到岗人员和时间,并通知各职能部门和培训主管。
(8)参与公司人力资源计划的制订,并提出建议。
(9)收集外部信息:
①与招聘网站、人才交流中心、猎头公司确立良好的合作发展关系,相互共享信息;
②了解外部招聘媒体情况,并对其有效性进行评估

工作规范	劳动法、相关地方人事和用工条例、职员手册、招聘管理工作规范

（三）培训主管职位说明

培训主管岗位职责如表 1-2 所示。

表 1-2　培训主管岗位职责

职位名称	培训主管	所属部门	人力资源部	薪资范围:(略)
职位说明	在了解公司内部培训需求的基础上,依据公司战略发展计划拟订公司培训计划和职业发展计划,并按计划组织和开发各项培训课程,以达到公司的培训目的和职员的期望要求			
上报对象	人力资源部经理		监督对象	培训助理
合作对象	本部门各分管主管、其他部门经理与主管和授权讲师			
外部联系对象	外部培训机构、顾问公司、高校培训中心、外部培训学院和 MBA 等专业学位教学点			
工作职责				

(1)了解公司培训需求。
(2)制订公司培训计划。
(3)制定公司专项培训计划。
(4)制定培训预算。
(5)执行公司各项培训计划。
(6)组织外部培训。
(7)培训工作汇总。
(8)联系外部培训机构。
(9)参与公司人力资源计划的制订。
(10)培训设备保管和使用安排

工作规范	培训工作管理规范、社会培训机构办学审批条例

（三）绩效主管职位说明

绩效主管岗位职责如表 1-3 所示。

表 1-3　绩效主管岗位职责

职位名称	绩效主管	所属部门	人力资源部	薪资范围:(略)
职位说明	按照职位、职务和职能标准,对公司职员(含部门经理以下)的业绩、态度、能力等内容进行考核,并提出培训、调配、提薪、嘉奖、教育和惩戒等建议			
上报对象	人力资源部经理		监督对象	绩效助理
合作对象	本部门各分管主管、其他部门经理与信息管理主管。			
外部联系对象	上级主单位管部门及相关企业绩效部门			

续表

工作职责
（1）构建公司内部绩效管理指标体系。
（2）考核和汇总日常绩效考核信息。
（3）汇总、核查各种专项工作绩效考核信息。
（4）晋升考核评审。
（5）绩效综合评审。
（6）与薪资主管一起参与制订和修改加班工资发放与奖金激励制度规范。
（7）协助调配主管共同了解公司职员的人岗适应情况

工作规范	培训绩效管理规范、相关制定规定

实训任务

调研酒店人力资源部

一、实训目的

掌握酒店人力资源部组织结构类型，学会分析岗位职责，增强人际交往能力和团队精神。

二、实训内容

（1）寻找 2 家不同类型的本地酒店，调研企业的人力资源部结构及岗位职责。

（2）上述 2 家企业分别采访 1 名人力资源部管理人员，访谈岗位职责内容。

三、实训步骤

（1）学生组建项目小组。

（2）项目小组确定调研的 2 家本地酒店，利用课余时间外出调研，需要拍照及拍摄视频。

（3）项目小组以 PPT 的形式在课堂上讲解调研内容、分析及总结。

（4）任务总分为 100 分，教师评分占 50%，学生评分占 50%。

四、实训评分表（总分 100 分）

酒店人力资源部调研实训评分表

评分点	评分标准	分值	评分
讲解内容	（1）对酒店人力资源组织结构讲解清晰，岗位职责明确。 （2）对酒店人力资源部管理人员访谈内容具体，访谈效果好	40	
现场讲解	熟练、清晰、自然、有感染力	30	
PPT 制作	美观、简洁、创新、突出内容	20	
团队精神	分工、合作、互助	10	

案例分析

因岗选人 OR 因人设岗

工业时代的定岗定编理论非常避讳"因人设岗",因为"因人设岗"容易造成人事上的舞弊。比如岗位设置可能不够科学合理、对人员编制的控制产生压力、工作流程不够顺畅、工作量不够饱和或可能过于饱和、工作产出低,甚至是因为某些不合理而影响团队内其他成员的心态或积极性等,故有"铁打的营盘,流水的兵"之说。但是,这个时代是不确定的时代,是"人的时代",是个人价值崛起的时代,传统意义上的组织属性和雇佣关系将发生巨大的改变,不再是公司雇佣员工,而是员工雇佣组织;不再是资本雇佣人,而是人雇佣资本;公司平台化,员工创客化的趋势将会越发明显。

在这种形势下,组织管理最重要的目标就是:释放人的潜能,激发个体的价值创造能力。组织在着手定岗定编时,必须得按照此原则和目标进行考虑和设计,特别是对于那些稀缺、珍贵的核心人才、精英人士,在定岗定编时不能用"削足适履"的方式套用这些优秀人才,而是要充分考虑为其量身定制化设计岗位,这也就是所谓的"人设化",换句话说就是"因人设岗"。通过"人设化"的定岗定编为优秀人才营造可以完全释放其潜力和价值创造的最有利的组织环境,只有这样才能催化组织的竞争力,助力企业塑造未来。组织属性的改变使得定岗定编必须"人设化",这可以说是"先人后事"理念的延续。

从全球来看,越是优秀的组织越是会这么做。腾讯2005年收购Foxmail后为安置传奇工程师张小龙,腾讯专门成立了广州研发中心,由他出任总经理,这才有了"微信"的横空出世。为吸引刘炽平加入,为其专设职位"首席战略投资官",这才有了互联网圈"腾讯系"。阿里原资深副总裁、COO邓康明曾评价他在阿里的十年里,做过几个完全不同的工作,涉及市场销售、产品、教育培训等。这些都是典型的因人设岗案例。

在不确定时代,对于越是优秀、特殊、关键、顶级的人才,企业家们越是要大胆地以"因人设岗"的方式进行定岗定编,"能力有多大,就给他们多大的舞台"。工业时代定岗定编的逻辑是"因岗选人,人岗匹配",但不确定时代则是"因人设岗,人尽其才"。

请思考:

1.你如何理解因岗选人和因人设岗?

2.上述案例对你有何启示?

任务三　酒店人力资源管理发展

学习目标

知识目标：

(1)了解酒店人力资源管理现状。

(2)掌握酒店人力资源发展趋势。

能力目标：

(1)会分析酒店人力资源管理困境。

(2)会研判酒店人力资源发展趋势。

素质目标：

(1)提升分析判断能力。

(2)提升危机意识和创新能力。

课前任务

资料查询：学生采用多种方式查询与调研酒店人力资源管理现状、分析原因，并将问题课前提交到线上讨论，教师在课堂上进行答疑。

案例导入

一体化 HR SaaS 助推人力资源数字化

旅悦（天津）酒店管理有限公司（简称旅悦集团）成立于 2016 年，隶属携程集团的战略投资公司。旅悦集团聚焦于旅游产业链实体的建设与运营，致力将互联网创新技术应用于传统旅游产业链，实现传统行业建设运营的智能化、科技化发展，是一家集酒店管理、信息技术、采购贸易于一体的旅游产业集团。其依托于携程、去哪儿网的用户数据，以数据驱动运营，以科技驱动发展，凭借自己的技术研发团队，创新研发了阿拉丁全球智能选址系统、XPMS 等管理系统，用"大管家"智慧服务体系实现了非标酒店的规模化发展。

旅悦集团作为中国酒店和旅游行业的年轻团队之一，目前拥有在职员工 2000 名，旗下酒店品牌全球签约开店数 1900 家，遍布中国、日本、韩国等全球 10 个国家、200 多个旅游目的地。集团中现有的 33 名 HR 要支持分布在 10 个国家 30 多个城市中的千余名员工，而公司原有的人力资源系统仅使用了组织人事模块，招聘、假勤、薪酬等业务则都是通过线下来进行处理，使得处理效率及准确性难以保证。

16

　　随着旅悦集团业务的快速发展及对海外市场的不断拓展,其组织规模也在逐渐扩大,员工分布区域也在进一步分散。虽然集团 HR 的定位已从职能模式转为三支柱模式,但已有人力资源系统仍旧不足以支撑现状,原有人力资源系统仅使用了组织人事模块,而招聘、假勤、薪酬等业务都是通过线下表格来进行管理,这造成不同业务之间的数据共享困难、时效性低。同时,原有人力资源系统没有与其他业务系统集成在一起,而是各个系统分别对数据进行维护,如果信息更新不及时,极易产生错误。旅悦集团急需一个能够覆盖从招聘到录用,再到假勤、薪酬等贯穿员工全工作生命周期的一体化平台,同时能覆盖总部及门店全集团范围,做到真正实现流程驱动效率提升、管理规范性提升及提升员工体验。

　　SaaS 是 Software as a Service(软件即服务)的简称。数字化催生企业人力资源管理变革:一体化 HR SaaS 时代来临,HR SaaS 是基于互联网产生的一种创新软件应用模式。它的主要功能模块包括人力资源、人才管理及人才技术。北森的 HR SaaS 一体化解决方案为旅悦集团的快速发展提供了有效支撑,打破数据隔离,实现人力资源信息一体化,不仅实现了其流程驱动效率的提升,还强化了管理的规范性,同时,也给旅悦集团的员工带来了良好的用户体验。旅悦集团通过北森核心人力管理系统实现了组织人事、假勤管理、薪酬管理等人事基础事务的系统化、数据化管控,使人事运营管理得以有效落地,进一步确保了人事技术数据的完整性、准确性、及时性。此外,旅悦集团还通过将北森一体化人才管理系统与自家的数据中心集成在一起,将人力资源数据同步到上下游系统,实现了数据互通,使得 HR 的工作效率得到了明显的提升。

　　(资料来源:https://www.beisen.com/customer/148.html)

　　大数据、人工智能、区块链等一系列新技术的产生都标志着数字时代的飞速发展。"数字化"浪潮来袭,人力资源数字化时代终于要来了。

　　数字化转型是现代企业适应市场竞争的不二选择。但相对于企业数字化而言,人力资源的数字化进程明显滞后。究其原因,一是部分企业的观念问题,二是缺乏有力的工具,将现有割裂的各个 HR 系统(人事、招聘、假勤、测评、绩效、培训等)与 HR 的业务、与人才的选用育留全流程结合起来,通过数据一体化来洞察企业人才管理的整体绩效。人力资源管理已成为酒店实现加快发展战略目标的核心因素。

　　目前,我国企业在人力资源管理方面存在着考核目标不明确、标准不清晰、方式单一、人力资源管理与酒店文化的契合差距明显、管理的技术方法落后等诸多问题。提升我国人才管理水平,应加快从传统人事管理观念向人力资源管理观念转变;加快从人本管理向能本管理转变;加快从战术性人力管理向战略性人力资源管理转变。使人力资源管理与市场需求接轨,最终实现优化配置,从而提升酒店的创新能力和竞争实力。

一、酒店人力资源管理发展现状

　　酒店业是传统的劳动密集型行业,员工是酒店最为宝贵的财富。酒店特殊的产品形

式——服务决定了酒店管理必须有一定数量和质量的人员作保证。酒店企业劳动密集型与旅游行业敏感性强的特征在人力资源配置上表现出的矛盾也更加突出。

目前，酒店人力资源管理呈现的现状主要如下。

（一）从业门槛较低

酒店业作为一个服务性的行业，酒店对服务人员的需求量一直都特别大，尤其是在客房服务和餐饮服务方面。酒店对从业人员的学历要求不高，工作技术性的要求也比较低，招聘的门槛一般都不高，基层员工的薪酬待遇普遍偏低。因此酒店业广泛地向社会吸纳高中（中专）及以下学历的员工，与此同时，我国酒店中高层管理人员基本上是由酒店内部员工晋升和提拔的，正是由于这种体制，酒店很少向社会直接吸收高层管理人员。因此，大量员工在服务工作上逐渐丧失了学习和进取的动力，导致服务意识淡薄，服务水平得不到应有的体现，无法使客人满意，这直接影响酒店的经济效益和发展潜力。

（二）人力资源结构失衡

目前我国酒店管理中，人力资源管理的另一个问题是人员的结构不均衡。酒店不仅需要大量的基层服务人员，例如清洁工、餐饮服务员等，更需要专业的管理人才、智慧型人才对酒店进行有效的管理，酒店业竞争如此激烈，需要形象气质好、外语水平高、专业知识丰富的人才来增强酒店的竞争力，需要综合型人才领导酒店的发展。但是，目前酒店业的数量庞大，需要大量的人才，而从事酒店管理的人员有限，人员的知识和素质有限，无法在短期内填补酒店管理的人才空白。

（三）管理机制不健全

酒店考核管理与提升机制不健全，考核和提升机制是酒店人力资源管理中的一个关键性的问题，据一项对数万名员工的调查显示，有 2/3 的流动人员离开酒店的原因不仅仅是工资待遇问题，从员工个人的角度来讲，主观原因中收入太低只是冰山一角，个人发展有限是他们真正选择离开的主要原因，酒店业在运用激励机制的过程中，往往重视酒店利益，轻视员工的个人利益。酒店的高层管理人员往往致力于提高营业收入，完成上级交付的任务，忽视了下属员工的个人培养。这样，酒店员工看不到个人职业发展的前景，缺乏成就感和归属感，从而从根本上不能调动积极性，更谈不上创造性。他们之中绝大部分人是得不到升迁机会或是对前途不满意而离开酒店的，其中造成这一现象的主要原因是酒店人力资源机制即考核和提升机制存在问题。

（四）人才队伍缺乏稳定

由于酒店业待遇偏低，随着国内各种行业的兴起，就业机会的增加和员工追求个人发展的强烈愿望，促使一些素质较高的人才流向更有发展前途的其他行业，从而放弃在酒店业发展的机会。从而导致人才大量外流，同时由于我国经济发展水平的地区差异，大量酒店员工从内地流向沿海经济发达地区。

另外，激励机制不合理，管理制度不完善，按资排辈的分配方式，不合理的用人、用工制度导致员工劳动强度大、工作任务繁重，员工的积极性受挫。相当一部分员工跳槽，人才流失严重，人才较难稳定，给酒店的正常经营带来严重影响。

二、酒店人力资源管理发展趋势

新冠肺炎疫情给酒店业带来了巨大的影响。酒店管理专业(最初称饭店管理专业)于 2021 年初更名为"酒店管理与数字化运营",这是酒店管理专业 20 年以来的大事,将引领酒店管理专业未来的发展,也将加快酒店数字化转型。中国酒店正在快速成长的过程中,需要先进的理念加以引导,尤其应充分利用人力资源举足轻重的作用,实现可持续发展,为客人提供有温度的、有感情的服务,这是酒店行业的核心问题,成败皆在"人"。一个企业的经营战略有三大资源:资金战略、企业的产品和技术以及人力资源战略。

人力资源管理目的之一,要使组织变得精快好省:精,人精,做到一专多能;快,提高工作效率;好,人才的质量好;省,性价比高。

目前,中国酒店人力资源管理发展主要有以下几个方面趋势。

(一)数字化转型

人力资源数字化是指利用社交、移动、分析和云(SMAC)技术提高人力资源效率,换句话说,这是人力资源的结构性转变。然而,人力资源数字化并不是新技术的唯一应用。正如德勤的杰夫·迈克所言:"人力资源数字还应使文化、人才、结构和流程保持一致,以平衡效率和创新,并在更大的组织不断转型之际,对其保持可衡量的影响。"酒店的可持续发展,并不是只靠单一的人才战略或是纯粹的技术创新,真正的酒店人力资源数字化转型一定是能够强化酒店企业文化的核心价值,赋能酒店发展,推动甚至促进整个酒店的数字化转型。战略转型,人才先行。企业的数字化转型需要人力资源的配合,通过新的数字平台、应用以及服务改变员工的体验感,通过数字化管理、组织与领导变革,引领员工接受数字化思维模式。人力资源管理数字化与人力资源数字化管理,前者是实现数字化管理的过程,而后者则是数字化管理的目标。数字化的目的在于数据的深度分析,最终的目的还是为决策提供依据。人力资源数字化管理的颠覆性变化在于员工管理与服务的数字化。打造与企业战略相匹配的人才供应链,建立符合数字化人才的管理机制是人力资源管理部门从容应对数字时代人才管理挑战的必然选择。

人力资源领域的六大数字化应用趋势包括 AI 智能预测分析、情感计算与识别、聊天机器人智能咨询、VR/AR 沉浸式体验学习、RPA 流程自动化机器人、SSC 共享服务智能化。人力资源管理的数字化转型整合了许多技术,以用户思维定义员工体验,释放人力资源的时间,使得他们能够完全发挥自身的作用。

新技术的涌现使得人力资源部门能够探索新的工具来招聘高潜力的人才,模拟并设计更合理的员工数量,提高员工绩效,提供更多的发展机会,吸引并留住顶尖人才。数字化转型成功的优秀企业能够人尽其才、物尽其用,将现有的员工根据其自身特点以及数字化时代组织的要求做相应的匹配,大大增加了测评与判断的科学度,将转型过程中的人员不稳定与组织动荡降到最低,从而确保数字化转型的成功落地。

(二)共享员工模式

随着时代的发展,新经济与新模式的出现给酒店业带来新的机会,酒店用工模式正面临新的挑战,比如酒店员工的高流失率问题,很多酒店出现了用工荒,酒店用创新共享思维迎

接新的挑战。

在共享时代，无论是物品、空间还是个人，一切皆可共享。疫情推动了服务业的共享员工发展，而在酒店业，传统雇佣模式对行业形成束缚，而人力成本给酒店业带来的压力，让不少酒店也开始尝试共享模式。

目前共享员工主要有三种用工模式：一是员工个人与超市、电商签订劳务或非全日制劳动合同；二是企业之间签订协议，进行企业间员工的临时借调；三是集团公司内部共享员工。第一种模式，员工属于在签订劳动合同的企业停产停工期间，在与原企业保持劳动关系的同时，与超市、电商等借调单位建立新的劳务或劳动关系，依其签订的合同的性质，建立不同的法律关系。第二种模式，对于企业之间签订协议完成员工间借调的模式，共享员工不改变原用人单位和劳动者之间的劳动关系，原用人单位应保障劳动者的工资报酬、社会保险等权益，并督促借调企业提供必要的劳动保护，合理安排劳动者工作时间和工作任务，保障劳动者身心健康。合作企业之间可通过签订民事协议明确双方权利义务关系。第三种模式，集团公司旗下企业之间内部共享员工，相比第二种模式操作要简单易行，劳动关系也比较明确。

酒店业的用工模式符合灵活用工的三个认知：员工的可替代性，即第二天换一个人依然可以做同样的工作；行业存在淡旺季；企业的用人量足够大。而在推进酒店灵活用工模式时，用人单位应把这个模式从以前的短期劳动力补充的兼职概念中脱离出来，把它当作全职兼职化，对之进行数字化管理，赋能运营。

共享员工模式将为酒店发展带来四大价值：降低酒店招聘、培训、住宿以及淡季闲置的人力成本；通过为组织架构减重的方式提升了酒店的运营效率，因为人为我所用，但人非我所有，无需进行招聘培训管理等工作；通过酒店良好的工作环境等因素也能帮助行业留住人才；在一定程度上提升了酒店的服务质量，因为第三方用工平台能够采集接单人员的数据并做好点评工作，倒逼灵活用工的人员，通过提供更好的服务来获得更高的收入。共享员工帮助企业节省了很多人力成本，增加了现金流量。同时，对于用工方来讲，共享员工能在短时间内满足企业的用工需求；对于员工来讲，也能借此提高收入；对于社会来讲，稳定了社会，促进了就业。香格里拉集团使用蓝鸟云等系统实现共享员工，实现用工企业与劳务公司资源对接与互联网协同，使酒店组织和人员结构实现了颠覆式的变革，这可以视作酒店产业数字化的范畴。

同时共享员工模式也存在诸多问题。

第一，在实现跨界共享时，酒店员工因为思维和观念上的传统性可能并不被新兴行业所接受，同时员工自己的意愿度也很低。而作为员工雇佣方，酒店会担心员工共享出去后所面临的安全性问题。

第二，在行业内酒店实行员工共享时，集团内部酒店管理公司借调的话是可行的，但对于非集团内部的酒店而言，大家淡旺季是一致的，除非跨城共享，但这样成本会增加。

第三，因为临时雇用的员工没有跟品牌一起成长，缺失情感交流及品牌文化积淀极可能无法提供能体现品牌精神内核的服务，可能会因为共享员工的某个问题引发危机公关事件，对品牌形象造成伤害。

第四，在法律方面不够健全的情况下，存在诸多风险，比如说事实劳动关系、保险、个税以及工伤等。共享员工的长远发展成为新常态还需要时间验证。

（三）以人为本理念

酒店业不同于一般的生产性企业，它是服务行业，它的特殊性决定了酒店的人性化管理的两面性，既要满足顾客人性化的要求，也要对员工进行人性化的管理，毕竟酒店所提供的是人对人的服务。

酒店管理要树立以人为本的管理理念，只有重视员工、关心员工、爱护员工，才能使得员工全心全意地工作，为顾客提供优质服务。

1.建立完善的激励机制

激励是人力资源管理的核心内容，因此，建立完善的激励机制有助于现代企业进行有效管理。激励的核心是行为规范和分配制度。依据组织行为学的理论，行为规范是将员工的能力、情感、气质等个性特质与组织目标联系起来。

分配制度是将员工的需求动机与组织目标连接起来，把个人的努力与个人的薪酬联系起来，体现个人劳动价值。

第一，引入竞争机制。管理学上有著名的"鲶鱼效应"，即压力能够产生效率。大部分人很容易产生惰性，当酒店工作不再具备新鲜感和吸引力，员工的工作积极性低下。久而久之，工作效率无法保证，高标准的服务质量成为空话，并且员工会因此生出厌倦之心，产生跳槽的想法与行动。酒店管理者应在日常管理中引入竞争机制，对员工每天重复的枯燥简单的工作做出考量、分析、评比，以此作为员工升职加薪的依据。这样一件简单枯燥的工作，因为有了比较和竞争，就会成为一件有活力的工作。

第二，引入学习机制。酒店应该巧妙地运用员工在成长过程中形成的心理、道德、社会规范，对激励产生积极的影响。加强培训，为员工制订学习计划，内容包括集团理念、业界知识、专业技能，甚至社会经济知识。换言之就是使员工在酒店工作期间不断为其提供学习的机会，把酒店的宗旨和理念灌输给员工，在员工意识中生根，从而对酒店产生认同感，形成向心力。强调把员工自身的学习完善与酒店的发展结合起来。

2.建立合理的薪酬制度

薪酬是对员工工作价值最直接的衡量。换言之，薪酬分配是价值管理过程的阶段终结，同时也是价值管理过程新的起始。当一次价值创造过程完成时，如果薪酬分配不合理，那么，就会在很大程度上影响第二次价值创造。

酒店要发展，就必须解决好薪酬分配中三大矛盾，具体如下。

（1）薪酬差距悬殊，基层满意度低。有关调查报告显示，餐饮企业满意度排名前三的分别是总经理、总监和餐饮部经理，满意度分别是24.17%、17.79%、16.09%。职位越高对应的薪酬就越高，酒店人的满意度就越高。对薪酬满意度较低的主要是领班和基层员工，不满意度分别是51.3%和54.2%。对于基层员工而言，普遍从业的时间相对较短，因此薪酬相对也较低，与酒店高管相比，薪酬差距的悬殊也加大了基层员工的不公平感，会影响到员工的满意度。

（2）业内工资增幅有限。酒店业是劳动密集型产业，就业门槛较低，酒店经营利润的很大一部分实际上来自员工劳动的剩余价值。相对于其他行业而言，酒店业的薪酬被酒店投资方有意识地限制在一个较低的水平，增幅有限。随着许多"90后""00后"走上工作岗位，这种有限的增长已经不能吸引他们选择从事酒店业。

21

（3）薪酬与工时的矛盾。酒店员工从事的是服务工作，对工作时间的要求相对较为不规律，8小时工作制对酒店员工而言只是一种制度而不是工作实际情况。但多数酒店的薪酬制度是建立在8小时工作制的基础之上的，这就造成了员工的劳动付出与收入不成正比，使得员工工作积极性受到严重挫伤。

酒店在薪酬分配上要解决好这三大矛盾，就要制定合理的薪酬制度。

在中国酒店业发展的进程当中，人力资源管理已经成为酒店管理最为重要的一个环节，人力资源的合理开发和利用直接关系到酒店的成败与发展。酒店业也到了因"人"成事的紧急关口，酒店要充分考虑员工需求的多样性、多变性和复杂性的特点，综合运用多种激励手段和技巧，创造合理的具有竞争力的薪酬制度，建立完善的人力资源管理体系，使酒店的人力资源工作更具有针对性和有效性，充分调动员工的积极性和创造性，增强酒店的竞争优势，使酒店业不断发展壮大。

项目总结

本项目是酒店人力资源管理的开篇，是学习酒店人力资源管理的基础。学习内容涵盖酒店人力资源管理的概念、特征及作用；酒店人力资源部组织机构及岗位职责；酒店人力资源发展现状及发展趋势等基础知识的深入学习。通过情境模拟、实训任务、案例分析等，激发学生学习酒店人力资源管理的兴趣，促进诚信意识的提升、匠心精神的追求，以及爱岗敬业的内化。

实训任务

调研本地酒店人力资源管理特点

一、实训目的

学会分析酒店人力资源管理的特点，提升解决问题的能力。

二、实训内容

（1）寻找2家不同类型的本地酒店，调研企业人力资源管理的特点。

（2）分析所调研酒店人力资源管理的特点，并提出解决本地酒店人力资源管理困境的办法。

三、实训步骤

（1）学生组建项目小组。

（2）项目小组确定调研的2家本地酒店，利用课余时间外出调研，需要拍照及拍摄视频。

（3）项目小组以PPT的形式在课堂上讲解调研内容、分析及总结。

（4）任务总分为100分，教师评分占50%，学生评分占50%。

四、实训评分表(总分100分)

调研酒店人力资源管理特点实训评分表

评分点	评分标准	分值	评分
讲解内容	(1)对本地酒店人力资源管理的特点讲解清晰、准确。 (2)对解决本地酒店人力资源管理困境办法的讲解具体、有效	40	
现场讲解	熟练、清晰、自然、有感染力	30	
PPT制作	美观、简洁、创新、突出内容	20	
团队精神	分工、合作、互助	10	

案例分析

海底捞智慧餐厅都暗藏哪些黑科技?

当一家餐厅开始智能化,消费者能感受到哪些便利?

2021年8月,海底捞和蚂蚁森林开始了"吃货一心,沙棘成荫"的公益活动。海底捞除了推出酸爽可口的沙棘锅之外,还有一大亮点在于海底捞智慧餐厅的"全息场景"沉浸式包间。整个包间在全息投影的助力下,让人仿佛置身于西北沙棘树林中,让不少消费者对海底捞的数字化留下了深刻的印象。

其实这只是海底捞智慧餐厅外化的一小部分,更多的智能化还在海底捞的后厨。海底捞智慧餐厅打破了传统的后厨人工备菜、服务员传菜和上菜模式。后厨里需要备洗的菜品都由中央厨房直配统一清洗分装,这在很大程度上避免了就餐高峰期后厨人手不足导致菜品清洗不到位的安全卫生问题。同时,送餐的过程也换由机械臂来进行,把菜品从密闭货架取出,再由传菜机器人送到消费者的餐桌前。整个备餐、取餐、送餐过程因为有了智能化和数字化的管理变得十分高效且各方面都有保障。

除开这些消费者能看到的,还有更多消费者看不到的。比如说,海底捞的每份菜品其实都有它专属的"身份证",从哪儿来到哪儿去,从菜品名称到生产日期再到出品时效都有记录,从根源上把控每一份菜品,使每一份餐桌上的菜品安全都是值得信任的。

这样的前瞻性在疫情这个大背景下更显得尤为重要。海底捞除了把智能化用在了"刀刃上",入口的每一份食材都有保障,也从各个渠道减少了餐厅工作人员与菜品的接触。

　　这样的建设自然非一日之功，2016 年，海底捞就提出"新技术改变餐饮企业的成本结构"理念，并于 2018 年开设了全球第一家海底捞智慧餐厅。截至目前，海底捞已新建和改造的新技术餐厅超过 100 家，而自动上菜机械臂、配锅机、中央厨房直配成品菜等设备和技术得到了广泛应用。对此，海底捞的首席战略官周兆呈表示："不管是新技术的运用，还是智慧餐厅的推广，归根到底就是以人为本。"

　　相信在未来，我们在海底捞的餐厅里还能感受到更多为人服务的高科技，让整个就餐过程变得更加安全、便利。

（资料来源：根据网络相关资料整理）

请思考：

1.海底捞智慧餐厅都暗藏哪些黑科技？

2.海底捞智慧餐厅是否有助于人力资源管理？请说明理由。

项目二 →

酒店人力资源规划与工作分析

项目引言

　　酒店人力资源管理基础工作就是运用现代化的科学方法,对与一定物力相结合的酒店员工进行合理的培训、组织与调配,使酒店人力、物力经常保持最佳比例,同时对酒店员工的思想、心理和行为进行适当的引导、控制和协调,充分发挥员工的主观能动性。

　　本项目从人力资源规划的概念入手,首先介绍了人力资源规划的概念、作用和内容,探讨了制定人力资源规划的程序和步骤,以及在人力资源过剩和短缺时应采取的措施,进而分别介绍了人力资源需求预测方法和供给预测方法,最后介绍了人力资源配置模式、层次、状态及员工定员方法。

任务一　酒店人力资源规划

◇学习目标

知识目标:

(1)掌握酒店人力资源规划的概念。

(2)熟悉酒店人力资源规划的程序。

(3)掌握供给预测和需求预测的方法。

(4)掌握人力资源规划中平衡供需的措施。

能力目标:

(1)会编制人员需求计划。

(2)会编制人员供给计划。

素质目标:

(1)培养大局意识、奉献精神、匠心精神。

(2)提升语言表达与沟通、团队协作能力。

◇课前任务

调查研究:选择本地一家酒店,进行实地调研,分析其人力资源规划现状。

案例导入

鼎文酒店集团的扩张

鼎文酒店集团最初只是一家普通的国有宾馆,由于地处国家著名的旅游景点附近,故迅速发展壮大,重建成为一家五星级大酒店。集团先后在四个旅游景点附近收购了四家三星级酒店。对于新收购的酒店,集团只是派去了总经理和财务部原班人马,其他人员都在本地招聘。集团总部认为服务员容易招到,而且通过简单培训就可以上岗,所以只是进行简单的面试,同时,为了降低人工成本,服务员的工资普遍定得比较低。

赵某是集团新委派的下属一家酒店的总经理,刚上任就遇到酒店西餐厅经理带着几名熟手跳槽,他急忙叫来人事部经理商谈此事,人事部经理答应立即解决此事。

第二天,赵某去西餐厅视察,发现西餐厅服务员有的摆台时把刀叉摆错,有的不知道如何开启酒瓶,领班根本不知道如何处理顾客的投诉。紧接着仓库管理员跑来告诉赵某说发现丢失了银质餐具,并怀疑是服务员小张偷的,但现在已经找不到小张了。赵某一查仓库的账本,发现很多东西都写着丢失。赵某很生气,要求人事部经理解释,人事部经理辩解说因为员工流动性太大,多数员工都是才来不到10天的新手,餐厅经理、领班、保安也是如此,所以做事不熟练,丢东西比较多。赵某忍不住问:"难道顾客不投诉吗?"人事部经理回答说:"投诉,当然投诉,但没关系,因为现在是旅游旺季,不会影响生意的。"赵某对人事部经理的回答非常不满意,又询问了一些员工后,发现人事部经理经常随意指使员工做各种私人事情,例如接送他的儿子上下学、给他的妻子送饭等,如果员工不服从,立即开除。

赵某考虑再三,决定给酒店换血——重新招聘一批骨干人员,于是给集团总部写了一份有关人力资源规划的报告,申请高薪从外地招聘一批骨干人员,并增加培训投入。同时人事部经理也给集团总部写了一份报告,说赵某预算超支,还危言耸听,使管理更加困难,而且违背了员工本地化政策。

赵某应当采取哪些措施来解决酒店目前面临的问题?

(资料来源:整理自 https://wenku.baidu.com/view/80bf2120a12d7375a417866fb84ae45c3b35c2e4.html)

一、酒店人力资源规划概述

（一）酒店人力资源规划的概念

酒店人力资源规划，就是酒店的经营管理者根据酒店的整体经营规划，结合人力资源供需以及发展情况而制定的人力资源工作目标与计划，这是一项长期的动态规划项目。实际上，许多酒店更关注整体的经营规划，对人力资源规划的作用及其后续价值并没有重视。

（二）酒店人力资源规划的作用

（1）酒店人力资源规划满足酒店在生存发展过程中对人力的需求。

（2）酒店人力资源规划是酒店管理的重要依据。

（3）酒店人力资源规划可以控制人工成本。

（4）酒店人力资源规划有助于人事决策。

（5）酒店人力资源规划可以调动员工的积极性。

（三）酒店人力资源规划的内容

1.酒店人力资源的总体规划

酒店人力资源的总体规划是指在酒店的总体战略目标的指导下，一个计划期内人力资源开发的总目标、总战略、总措施及总预算的安排。

2.酒店人力资源规划及其各项业务计划

（1）酒店人力资源规划项目。

（2）部分业务性的酒店人力资源计划。

二、酒店人力资源规划流程

酒店人力资源规划的流程一般包括以下步骤。

首先，调查、收集和整理涉及企业战略决策和经营环境的各种信息。

其次，根据企业或部门实际确定人力资源规划的期限、范围和性质，建立企业人力资源信息系统，为预测工作准备精确而翔实的资料。

再次，在分析人力资源供给和需求影响因素的基础上，采用以定量分析为主结合定性分析的各种科学预测方法，对企业未来人力资源供求进行预测。这是一项技术性较强的工作，其准确程度直接决定了规划的效果和成败，是整个人力资源规划中最困难同时也是最关键的工作。

最后，制订人力资源供求平衡的总计划和各项业务计划，通过具体的业务计划使未来组织对人力资源的需求得到满足。

酒店人力资源规划流程如图2-1所示。

（1）酒店管理者通过分析酒店外部经营环境，考虑酒店内部条件，制定出包括酒店总的经营目标及其实现途径等内容的战略规划。

（2）制订详细酒店人力资源计划。酒店人力资源计划必须服从酒店的经营发展战略。酒店人力资源计划离不开科学的预测，只有通过科学的预测，制订的人力资源计划才有可靠的依据。

（3）在分析了人员需求和供给之后，酒店就可以确定其处于劳动力剩余或是劳动力短

27

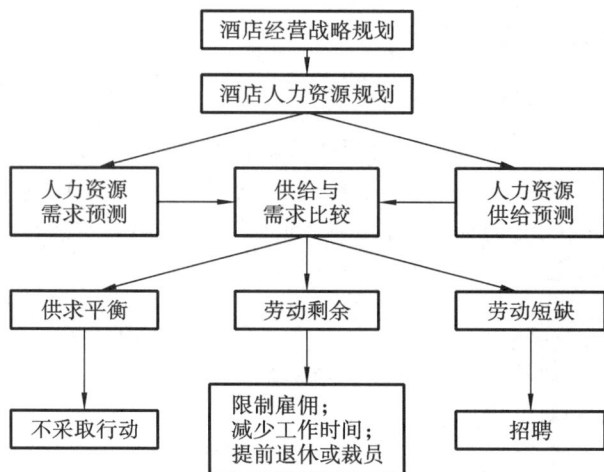

图 2-1　酒店人力资源规划流程图

缺。如果预测出劳动力剩余,则必须设法减少员工数量,方法包括限制雇佣、压缩工作时间、提前退休或裁员;如果预测出劳动力短缺,酒店就必须考虑从外部获得一定数量和质量的人员,可进行招聘活动。

知识链接

把酒店员工心留下

三、酒店人力资源预测

酒店是由若干团队组成的,每个团队若能充分发挥团队精神,都有可能成为酒店的高效团队,这将是酒店的最核心竞争力,在当今激烈的酒店业竞争中无往不胜,成为竞争对手不能模仿与复制的"重磅武器"。

（一）人力资源需求预测

1.人力资源需求预测步骤

(1)根据职位分析的结果,来确定职位编制和人员配置。

(2)进行人力资源盘点,统计出人员的缺编、超编,以及是否符合职位资格的要求。

（3）将上述统计结果与部门管理者进行讨论,修正统计结果。

（4）该统计结果为现实人力资源需求。

（5）对预测期内退休的人员进行统计。

（6）根据历史数据,对未来可能发生的离职情况进行预测。

（7）将步骤(5)和步骤(6)统计和预测结果进行汇总,得出未来流失人力资源数量。

（8）根据酒店发展规划,如酒店发展战略,确定各部门的工作量。

（9）根据工作量的增长情况,确定各部门还需要增加的职位及人数,并进行汇总统计。

（10）该统计结果为未来增加的人力资源需求。

（11）将现有人力资源需求、未来流失人力资源数量和未来人力资源需求汇总,即得酒店整体人力资源需求预测。

2.人力资源需求预测方法

（1）经验预测法。

经验预测法就是酒店根据以往的经验对人力资源进行预测的方法。酒店经常用这种方法来预测本组织对将来某段时间内人力资源方面的需求。

（2）人力资源现状规划法。

人力资源现状规划法是一种最简单的预测方法,较易操作。它是假定酒店保持原有的生产和生产技术不变,则酒店的人力资源也应处于相对稳定状态,即酒店目前各种人员的配备比例和人员的总数将完全能适应预测规划期内人力资源的需要。

（3）德尔菲法。

德尔菲法是一种依靠管理者主观判断的预测方法。

德尔菲法的具体做法如下:专家以拟名的方式提出各自的预测,调查组织者综合专家的意见,并再次提供给专家,如此反复,直到形成可行的、一致的预测结果,德尔菲法如图2-2所示。

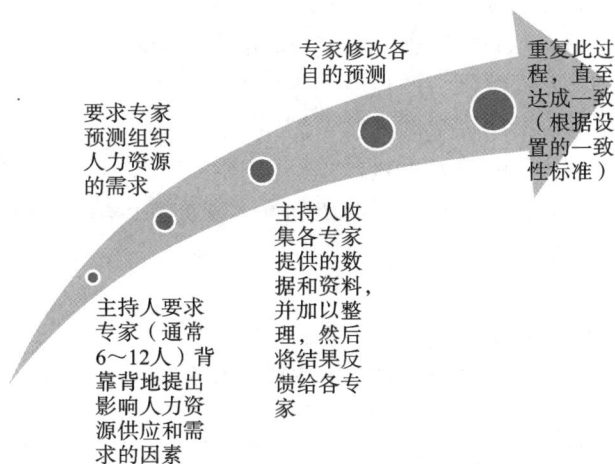

图 2-2　德尔菲法

（4）自下而上法。

自下而上法又称为分合性预测法,它是基于这样的推理,即每个部门管理者最了解该部门的人员需求,因此,人力资源预测应该是从酒店组织的最基层结构开始逐步预测。

具体方法:酒店各部门根据本部门的工作内容、技术水平等变化情况,先将本部门未来各岗位员工的数量进行预测,然后各个部门将所做出的预测向上汇总,最后由酒店人力资源管理部门对所有预测进行综合平衡,做出酒店人力资源总体预测。

知识链接

何仁经理的人力资源规划

（二）人力资源供给预测

人力资源供给预测是指酒店为了实现其既定目标,对未来一段时间内酒店内部和外部各类人力资源补充来源情况的预测。

1. 人力资源供给预测步骤

(1)盘点酒店现有的人力资源,了解酒店员工状况。

(2)分析酒店的职位调整政策和历史员工调整数据,统计员工调整的比例。

(3)向各部门的人事决策者了解可能出现的人事调整情况。

(4)将步骤(2)和步骤(3)的情况进行汇总,得出酒店内部人力资源供给预测。

(5)分析影响外部人力资源供给的地域性因素。

(6)分析影响外部人力资源供给的全国性因素。

(7)根据步骤(5)和步骤(6)的分析,得出酒店外部人力资源供给预测。

(8)将酒店内部人力资源供给预测和酒店外部人力资源供给预测汇总,得出酒店人力资源供给预测。

2. 人力资源供给预测方法

(1)预测酒店内部人力资源状态。

建立技能档案,包含每个人员技能、能力和知识和经验方面等信息。

(2)员工流动分析。

酒店人员变动率,即某一段时间内工作岗位发生变化的人数占员工总数的比率。

①离职率＝离职人数/工资册平均人数×100%。

②新进率＝新进人数/工资册平均人数×100%。

③净流动率＝补充人数/工资册平均人数×100%。

以上三者之间的关系:对于一个成长发展的酒店,其净流动率等于离职率;对于一个处于紧缩时期的酒店,其净流动率等于新进率;处于常态下的酒店,此三者相等。

（三）酒店人力资源供求平衡管理

酒店人力资源供求平衡（包括数量和质量）是人力资源计划的目的。人力资源供给和需求预测的结果经常反映出两者的不平衡：人力资源供求总量平衡，结构不平衡；人力资源供大于求，企业内部人浮于事，内耗严重，生产或工作效率低下；人力资源供小于求，企业设备闲置，固定资产利用率低，造成浪费。酒店人力资源规划就是要对上述人力资源供求的不平衡做出调节，使之趋于平衡。

1.人力资源供大于求时

在人力资源供给过剩，即酒店存在冗员时，首先应考虑通过酒店自身的发展，即开拓新的企业发展生长点来调整人力资源供给配置。例如，酒店可通过扩大经营规模，开拓新的市场与产品，实行多种经营等增加人力资源需求的方式来吸收过剩的人力资源供给。其次，可以通过一些专门措施，如提前退休或内退、压缩工时、相应降低工资水平、转岗培训、冗员辞退等方式来减少人力资源的供应。

2.人力资源供不应求时

当人力资源供不应求时可采用以下几种方法。

（1）外部招聘。这是最常用的人力资源供不应求的调整方法，当酒店的一线员工供不应求时，通过外部招聘可以比较快地获得技能熟练的员工，及时满足企业生产的需要。

（2）内部招聘。这是指当酒店出现职务空缺时，从企业内部调整员工到该职位，以弥补空缺的职位。

（3）聘用临时工。聘用临时工可以减少酒店的开支，而且临时工的用工形式比较灵活，酒店在不需要员工的时候，可以随时与其解除劳动关系。

（4）延长工作时间。酒店工作量临时增加时，可以考虑延长员工的工作时间，延长工作时间不仅具备聘用临时工的优点，而且可以保证工作质量。

（5）内部晋升。内部晋升是员工职业生涯规划的重要内容，对员工有较大的激励作用。

（6）技能培训。对酒店现有员工进行必要的技能培训，使员工不仅能适应当前的工作，还能适应更高层次的工作。

（7）扩大工作范围，可以与技术培训搭配使用。

实训任务

研讨酒店人力资源规划

一、实训目的

掌握酒店人力资源供给预测方法、需求预测方法，制定酒店人力资源规划。

二、实训内容

以某一具体旅游企业为背景资料，对其进行人力资源规划的设计实践。

三、实训步骤

1.学生组建项目小组。

2.选择本地酒店进行调研。

3.根据该酒店发展战略,进行酒店人力资源现状分析,以及酒店人力资源需求、供给预测,制定酒店人力资源规划报告。

4.任务总分为100分,教师评分占50%,酒店经理评分占50%。

四、实训评分表(总分100分)

酒店人力资源规划实训评分表

评分点	评分标准	分值	评分
调研过程	(1)深入酒店进行调研。 (2)访谈酒店人力资源部经理	30	
人力资源规划报告	(1)报告要素齐全。 (2)结论符合酒店实际经营状况。 (3)提出的解决措施具体有效	50	
团队精神	分工、合作、互助	20	

案例分析

小型餐饮企业的人力资源需求预测

大学生高莉莉准备加盟一家连锁餐馆——大清花饺子馆,店铺面积1000余平方米,投入资金100万元。大清花饺子馆经营东北菜、老北京菜,各种凉、热菜一百余种,各种饺子上百种。包厢5个,大厅可摆放15张10人桌,总餐位有200个。

大学生李莉准备开一家中餐馆,店铺面积1000余平方米,投入资金100万元,经营正宗湘菜,各种凉、热菜一百余种。包厢5个,大厅可摆放15张10人桌,总餐位有200个。

请思考:

如果你是上述两家餐馆的店长,应采用何种方式进行酒店人力资源需求预测呢?

任务二　酒店工作分析

◇学习目标

知识目标:

(1)理解工作分析的定义。

32

(2)理解工作分析的意义。

(3)熟悉工作分析的步骤。

(4)熟悉收集酒店工作分析信息的方法。

能力目标:

会编制员工的岗位说明书。

素质目标:

(1)培养团队协作能力。

(2)培养部门文件设计撰写能力。

◇ 课前任务

调查研究:通过网络和实地调研酒店,收集至少3份不同档次酒店员工的岗位说明书。

案例导入

酒店 OTA 运营自检清单:这 23 点工作职责你都做好了吗?

如今在酒店业,敢(能)撇开不做 OTA 生意的少之又少,线上流量对酒店的影响不言而喻。在这样的市场背景下,OTA 运营师的岗位应运而生。但身处 OTA 运营一线的你,真的完全明白这个岗位应该要做什么吗?

1. 职责四宗旨

(1)保持最合适的在线价格。

(2)保持最优势的展示信息。

(3)参加最适宜的促销(引流)活动。

(4)占据本店所匹配的最佳排位。

2. 初期五个熟悉

(1)对平台预订界面的熟悉。

(2)对平台商家后台(ebooking)的界面熟悉。

(3)对平台规则的熟悉。

(4)对平台酒店竞争圈及生意数据的熟悉。

(5)对平台对接的业务人员的熟悉。

3. 23 个岗位职责

• 及时了解 OTA 平台动向

①平台规则的及时学习和了解;

②平台业务经理的及时沟通与定期约谈;

③平台的产品解析,尤其是推出新产品时;

④平台推出的集体活动跟踪;

- 实时监控 OTA 经营数据

⑤平台经营数据的分析汇总；

⑥平台一个周期内的单量追踪；

⑦平台流量的实时关注；

⑧平台排名的定时关注；

⑨平台的六项竞争力分值定时关注；

⑩平台的转化率时刻关注；

⑪每月与平台财务的核账、开票邮寄、跟踪应收到账情况；

- 及时调整酒店 OTA 价格

⑫平台价格的时刻关注及调整；

⑬平台促销活动的参加及调整；

⑭平台 24 小时内的价格调整；

⑮酒店收益管理，线上是最有效的领域，请充分消化、落地；

- 及时维护客人点评内容

⑯不重复回复平台客人的点评（忌讳复制粘贴）；

⑰分类总结分析平台客人的点评；

⑱结合点评与酒店进行沟通了解；

- 定期关注平台竞对情况

⑲平台竞对数据的追踪；

⑳（在征得上级同意后）对其他社交平台竞对的热点/网红新品进行实地体验，提交感受报告，通常以客房、餐饮为主；

㉑平台的市场流量跟踪；

- 充分了解酒店 OTA 客人结构

㉒平台客人画像分析；如果没配套的系统，就结合 PMS 做手工台账，一样有效；

㉓回复客人的在线咨询工具（IM）消息。

4. 工作/上班时间建议

酒店 OTA（互联网）运营师的工作，基本涵盖了早班至中班的全程，即 8:00—24:00；换个角度说，OTA 平台上有预订动作产生的时间段（流量发生时），就是我们需要关注的时间段。

在有限精力合理分配的大原则下，本店预订的高峰期，是 OTA 运营师应该全身心投入的时段。如果一定要给出明细时间表，下面所列供大家参考：

在一天中，有六个时间点比较敏感，建议开启页面浏览、登录 EBK 后台备战（各店的高峰期各异，可合理调整）。

①8:00—9:00　昨晚满房的，次日务必检查房态是否正常开启，如昨日 noshow 情况、当日预订量、当日保留房的变化、促销活动的继续或结束、实时排名等；昨晚产生的点评，第一批次的跟踪处理。

②11:00—12:00　当日预订量、今日续住情况、在线邻居的变化（含价格与排名），第一波收益调控，可投放。

③14:00　续住基本确定，根据余房情况，开启引流或收益调控手段。

④18：00　非担保订单的最早有效期已到，注意取消率，与前台核对其他订单的抵店信息；晚间的促销或收益调控，第一波投放；今日产生的点评，第二批次的跟踪处理。

⑤22：00　（各店这个时间点各异）根据当日余房情况，开启本店今日的所有可促销政策，或是尾房的调价计划；

⑥次日1：00—2：00　最后一波的大促或涨价、夜销政策或溢价政策，启动。

看到这里，感觉这已经不是一个人在"战斗"了。没错，团队力量才是真正的强大力量，能建立一个强大的OTA运营团队对于酒店来说意义非常重大。但这同时也要求团队里的每个人都必须对OTA运营职责有清晰的认知。

（资料来源：根据相关网络资料整理）

一、酒店工作分析概述

工作分析（job analysis），也称为职位分析、岗位分析，是指了解组织内的一种职位，并以一种格式把与这种职位有关的信息描述出来，从而使其他人能了解这种职位的过程。工作分析的结果是工作说明书，也可以称为职位说明书或者岗位说明书。

具体来说，工作分析就是要为管理活动提供与工作有关的各种信息，这些信息可以用6个W和1个H加以概括。

- who，谁来完成这些工作？
- what，这一职位具体的工作内容是什么？
- when，工作的时间安排是什么？
- where，这些工作在哪里进行？
- why，从事这些工作的目的是什么？
- for who，这些工作的服务对象是谁？
- how，如何来进行这些工作？

通过工作分析，我们要回答或要解决以下两个主要的问题：

第一，"某一职位是做什么事情的？"这一问题与职位的工作活动有关，包括职位名称、工作职责、工作要求、工作场所、工作时间以及工作条件等一系列内容。

第二，"什么样的人来做这些事情最适合？"这一问题则与该职位的人的从业资格有关，包括专业、年龄、必要的知识和能力、必备的证书、工作经历以及心理要求等内容。

知识链接

某酒店大堂经理的岗位职责

（1）接待和迎送客人，检查接待重要客人的工作。处理客人投诉，并将重要投诉写成案例存档。

（2）协助酒店领导和有关职能部门，处理在酒店内发生的各种突发事件。

（3）解答客人的问题并向客人提供必要的协助和服务。

（4）熟悉并了解客人特点，主动向客人征求意见，积极融洽酒店和客人之间的关系。

（5）负责客人遗留物的签收、保管、查找及认领工作。

（6）协调各部门之间的关系。

（7）接受客人预订，负责预订的落实并通知有关部门，做好预订资料的管理。

（8）督导员工按规范操作，礼貌服务，检查前厅工作人员的工作状况。

（9）协助前台收银处理客人账务方面的问题，处理客人损坏酒店财产的索赔工作。

（10）维护大堂秩序和客人安全，保持大堂安静和文明。

（11）认真填写大堂副理日志，定期汇总有关信息，并附上见解和建议，上报上级或管理层人员。

（12）负责管理酒店外围、停车场的卫生与秩序。

（资料来源：https://zhidao.baidu.com/question/289364655.html）

二、酒店工作分析作用

（一）有助于员工招聘、选任

酒店工作分析是酒店员工招收、选拔、任用的基本前提。酒店工作分析所形成的文件，如岗位职责，对某类工作的内容、性质、特征，以及担任此类工作的人员所具备的资格、条件，都作了详尽的说明和规定，因此人力资源管理者在招聘录用过程中就有了明确的标准，减少了主观判断的成分，有利于提高招聘录用的质量。

（二）有助于酒店定编定员

1. 定编

定编是指按照一定的程序，采用科学的方法，合理确定酒店组织机构的结构、形式和规模，以及人员配置数额。

2. 定员

定员是在定编的基础上，严格按照编制名额和岗位的质量要求，为酒店每个岗位配备合格的人员。

定编定员是酒店的基础工作。只有不断强化这类工作，才能使酒店组织机构达到精简、统一、高效的目的，实现人与物的最佳配置。

目前很多酒店之所以存在机构臃肿、冗员、效率低下的现象，一个很重要的原因就是这些酒店没有进行规范的岗位分析，机构的设置缺乏客观依据，人员安排和使用比较随意。

三、酒店工作分析步骤

一般来说，工作分析的整个过程要经过准备阶段、调查阶段、分析阶段和完成阶段几个步骤来完成。

（一）准备阶段

这一阶段主要完成以下几项任务。

1.确定工作分析的目的和用途（为什么？）

一般来说，酒店进行工作分析的影响因素主要有内部因素和外部因素。

（1）内部因素。

内部因素是进行工作分析的重要影响因素，包括新酒店筹备、增加新任务、新技术的应用、员工入职带来的工作分配变化等。

（2）外部因素。

外部因素包括客人数量的变化、季节性差异、市场竞争形势的变化等。

2.成立工作分析小组

为了保证工作分析的顺利进行，在准备阶段还要成立一个工作分析小组，从人员上为这项工作的开展做好准备。小组的成员一般由以下三类人员组成。

（1）企业的高层领导。

（2）工作分析人员，主要由人力资源管理专业人员和熟悉本部门情况的人员组成。

（3）外部的专家和顾问，他们具有这方面的丰富经验和专门技术，可以防止工作分析的过程出现偏差，有利于结果的客观性和科学性。

3.对工作分析人员进行培训

为了保证工作分析的效果，还要由外部的专家和顾问对本企业参加工作分析小组的人员进行业务上的培训。

4.做好其他必要的准备

例如，由各部门抽调参加工作分析小组的人员，部门经理应对其工作进行适当的调整，以保证他们有充足的时间进行这项工作；在企业内部对这项工作进行宣传，消除员工不必要的误解和紧张。

（二）调查阶段

这一阶段需要完成的任务主要有以下几项。

（1）制定工作分析的时间计划进度表，以保证这项工作能够按计划进行。

（2）根据工作分析的目的，选择收集工作内容及相关信息的方法。工作分析的方法有很多，我们将在下一节进行详细的介绍。

（3）收集工作的背景资料，这些资料包括公司的组织结构图、工作流程图以及国家的职位分类标准，如果可能的话，还应当找来以前保留的工作分析资料。

组织结构图指明了某一职位在整个组织中的位置，以及上下级隶属关系和左右的工作关系；工作流程图指出了工作过程中信息的流向和相关的权限，这些都有助于更加全面地了解职位的情况；职位分类标准和以前的工作分析资料也有助于更好地了解职位的情况，但是在使用这些资料时要注意绝对不能照搬照抄，而应当根据企业现时的具体情况，有选择地加

以利用。

（4）收集职位的相关信息。

一般来说，工作分析中需要收集的信息主要有以下几类。

①工作活动，包括承担工作所必须进行的与工作有关的活动和过程、工作的程序、个人在工作中的权力和责任等。

②工作中的人的活动，包括：人的行为，如身体行动以及工作中的沟通；作业中使用的基本动作；工作对人的要求，如精力的耗费、体力的耗费等。

③在工作中所使用的工具、设备以及工作辅助用品，如计算机、传真机、对讲机、相关仪器等。

④与工作有关的有形和无形因素，包括完成工作所涉及或运用的知识，如公司的会计需要运用会计方面的知识，法律事务主管需要懂得法律知识等。

⑤工作绩效的信息，如完成工作所耗费的时间、所需要投入的成本以及工作中出现的误差等。

⑥工作的背景条件，包括：工作时间、工作的地点，如是在室内还是在室外；工作的物理条件，如有没有噪声、是不是在高温条件下等。

⑦工作对人的要求，包括：个人特征，如个性和兴趣；所需要的教育与培训水平；工作的经验等。

上述的工作信息，一般要从以下几个渠道来获得：工作执行者本人、管理监督者、客人、分析专家以及以往的分析资料。由于各种主客观原因的存在，不同的信息源提供的信息会存在一定程度的差异。例如，工作执行者本人在提供信息时往往会夸大工作的难度；而客人往往会从自己的利益出发，从而对绩效要求过高。因此，工作分析人员应站在中立的立场来听取各方面不同的意见，以期掌握比较准确可靠的信息。

（三）分析阶段

在收集完与职位相关的信息之后，就要进入到工作分析的下一个阶段，即分析阶段。在这一阶段需要进行以下几项工作。

1. 整理资料

将收集的信息归类整理，看是否有遗漏的项目，如果有的话要返回到上一个步骤。

2. 审查资料

资料归类整理后，工作分析小组的成员要对所获工作信息的准确性进行审查，如有疑问，就需要找相关的人员进行核实，或者重新进行调查。

3. 分析资料

如果收集的资料没有遗漏，也没有错误，那么接下来就要对这些资料进行深入的分析。在分析的过程中，一般要遵循以下几项基本原则。

（1）分析工作活动而不是罗列。

分析时，应当将某项职责分解为几个重要的组成部分，然后再将其重新进行组合，而不是对任务或活动的简单列举和罗列。例如对酒店前台人员转接电话这项职责，经过分析后应这样描述:按照公司的要求接听电话,并迅速转接到相应的人员那里。而不应该将所有的活动都罗列上去:听到电话铃响后,拿起电话,放到耳边,说出公司的名字,然后询问对方的要求,再按下转接键,转接到相应的人员那里。

(2)针对的是职位而不是人。

工作分析并不关心任职者的任何情况,它只关心职位的情况。例如某一职位要求任职者具有本科学历,由于各种原因,现在是由一名中专生担任这一职位,那么在分析这一职位的任职资格时就要规定为本科,而不能根据现在的状况将学历要求规定为中专。

(3)分析要以当前的工作为依据。

工作分析的任务是获取某一特定时间内的职位情况,因此应当以目前的工作现状为基础来进行分析,而不能把自己或别人对这一职位的工作设想加到分析中去。只有如实地反映出职位目前的工作状况,才能据此进行分析判断,发现职位设置或职责分配上的问题。

(四)完成阶段

这一阶段的任务具体如下。

1.编写工作说明书

根据资料的分析,首先要按照一定的格式编写工作说明书的初稿,其次反馈给相关人员进行核实,意见不一致的地方要重点进行讨论,无法达成一致的还要返回到第二个阶段,重新进行分析;最后,形成工作说明书的定稿。

2.分析总结

对整个工作分析过程进行总结,找出其中成功的经验和存在的问题,以利于以后更好地进行工作分析。

3.结果运用

将工作分析的结果运用于人力资源管理以及酒店管理的相关方面,真正发挥工作分析的作用。

知识链接

如何科学、规范地编写岗位说明书

四、酒店工作分析信息收集

工作分析过程中需要收集工作岗位的相关信息，收集信息的方法多种多样，大致分为定性的方法和定量的方法两类。

（一）定性的方法

1.观察法

观察法是由工作分析人员在工作现场直接观察员工实际工作过程，用文字或图表的形式记录某一时期该职位工作的内容、形式、过程等，并在此基础上进行分析的方法。

观察法是最为简单的一种方法。

（1）观察法的优点。

工作人员能够直接了解被观察者的行为、所需完成的操作，该方法适用于那些工作内容主要由身体操作的活动所组成的工作岗位，如 PA 员工（酒店 PA 是酒店 Public Area 的简称，一般特指公共区域保洁员；PA 区域，一般指公共区域）、前台接待员、保安等。

（2）观察法的缺点。

①不适用于脑力劳动较多的工作或处理紧急情况的间歇性工作，如律师、部门经理等。

②如果被观察者知道自己处于被观察状态，会影响其正常的工作表现。

③复杂的工作难以全面观察。

④不能得到有关被观察者资格要求的信息。

⑤观察结果的质量在很大程度上依赖于观察者的能力和所接受的培训。

以下是工作分析观察法提纲（部分）示例。

被观察者姓名：　　　　　　　　　日　期：

观察者姓名：　　　　　　　　　　观察时间：

工作类型：　　　　　　　　　　　工作部分：

观察内容：

• 什么时候开始正式工作？　　　　　• 上午工作多少小时？

• 上午休息几次？　　　　　　　　　• 第一次休息时间从＿＿到＿＿？

• 第二次休息时间从＿＿到＿＿？　　• 上午完成产品多少件？

• 平均多长时间完成一件产品？　　　• 与同事交谈几次？

• 每次交谈约多长时间？　　　　　　• 室内温度为＿＿？

• 上午抽了几支香烟？　　　　　　　• 上午喝了几次水？

• 什么时候开始午休？　　　　　　　• 出了多少次品？

• 搬了多少次原材料？　　　　　　　• 工作地噪声分贝是多少？

2.问卷法

问卷法是将问题制作成问卷发放给员工，让他们当场或在一定的时间内填写以收集信息的方法。

这种方法的关键在于问卷的质量。

一般来说,所提问题要尽量简单易懂,避免填写人理解上的偏差;问题的范围要尽量广泛,避免出现遗漏;问卷的设计要尽量结构化。

(1)问卷法的优点。

①比较规范、数量化,适用于用计算机对结果进行统计分析。

②费用低、速度快、节省时间,同时不影响工作。

③调查范围广,调查样本可以很大,能在短时间内同时调查许多员工。

(2)问卷法的缺点。

①问卷结构及事先应提出什么问题难度较大,比较费工。

②由于是"背靠背"的一种方法,因而不易了解被调查者的工作态度与工作动机等较深层次的内容。

3.工作实践法

工作实践法就是指由工作分析人员亲自从事所需研究的工作,以收集相关信息的方法。

(1)工作实践法的优点。

这种方法能够获得第一手资料,可以准确地了解工作的实际过程,以及在体力、知识、经验等方面对任职者的要求。

(2)工作实践法的缺点。

这种方法只适用于短期内可以掌握的工作或者内容比较简单的工作,如餐厅服务,不适用于需要进行大量训练的工作和危险的工作。

4.访谈法(面谈法)

访谈法是与工作的承担者面谈收集信息的一种方法。

许多工作分析人员不可能实际去做(如飞行员的工作),也不可能去现场观察(如外科手术医生的工作),这种情况就需要与工作者本人进行访谈来收集有关的信息。

①访谈法的优点。

能够简单、迅速地收集工作分析资料,适用性强。

②访谈法的缺点。

被访谈者往往夸大其承担的责任和工作的难度,容易引起工作分析资料的失真和扭曲。

③访谈法的类型。

a.个别访谈法:主要是在各职位的工作职责之间有明显差别时使用。

b.集体访谈法:主要在多名员工从事同样的工作时使用。

为了保证访谈的效果,在访谈前一般都要准备一个大致的提纲,列出需要提问的主要问题,这些问题主要包括以下几点。

• 你平时需要做哪些工作?

• 主要的职责有哪些?

• 如何去完成它们?

• 在哪些地点工作?

• 工作需要怎样的学历、经验、技能或职业证书?

- 基本的绩效标准是什么？
- 工作需要什么环境和条件？
- 工作需要哪些生理要求和情感上的要求？
- 工作的安全和卫生状况如何？

在访谈过程中，还要注意以下方面。

①选择最了解工作内容、最能客观描述职责的员工。

②尽快建立融洽的感情，说明访谈的目的及选择对方进行访谈的原因，不要让对方有正在进行绩效考核的感觉。

③事先准备一份完整的访谈问题表，重要的问题先问，次要的问题后问。

④如果工作不是每天都相同，就请对方将各种工作责任一一列出，然后根据重要性排序，以避免忽略那些虽不常见却是很重要的问题。

⑤在访谈过程中，工作分析人员只是被动地接收信息。

⑥如果出现不同的看法，不要与被访谈者争论。

⑦如果出现被访谈者对主管人员进行抱怨的情况，工作分析人员不要介入。

⑧访谈结束后，将收集到的材料请被访谈者及其直接上司仔细阅读一遍，以便做修改和补充。

5.现场工作日志法

现场工作日志法就是由该职位的任职者按照时间顺序记录工作过程，然后经过归纳提炼取得所需资料的一种方法。

这种方法适合工作循环周期短、工作状态稳定的职位；适用于确定工作职责、工作关系以及劳动强度等方面的信息。

它的优点在于收集的信息比较全面，一般不容易遗漏；缺点是使用范围较小，同时，信息整理量大，归纳工作烦琐。

6.关键事件分析法

关键事件分析法是通过一定的表格，专门记录工作者工作过程中那些特别有效或特别无效的行为，以此作为将来确定任职资格的一种依据。记录的内容大致如下。

(1)导致事件发生的原因。

(2)有效行为和无效行为的特征现象。

(3)行为的后果。

(4)工作者可以控制的范围及努力程度的评估。

关键事件的记录可由任职者的直接主管或其他目击者去完成，按照行为发生的顺序来记录。为了给确定任职资格提供事实依据，往往需要大量的有效和无效的关键事件，并把它们划分成不同的类别和等级。实际操作的步骤如下。

(1)把每一关键事件打印在卡片上。

(2)让多位有经验的工作分析者对所有卡片进行分类，分类的标准可以统一，也可以不统一，对那些分类有争议的事件要讨论，直到取得一致意见。

(3)对类别予以明确的概括和定义。如下所示,将所有放在一起的几个关键事件概括为"准确、整洁的质量控制能力"。

分析客体:前台接待员。

关键事件:

- 关注每一位到前台的客人,及时问候和提供帮助。
- 解答客人关于酒店产品的问题。
- 检查客人的账单并准确结账。
- 与市场部、客房部、财务部等部门沟通业务。
- 由于粗心,会将同一间房登记给不同客人。
- 对酒店支付方式不熟悉,导致无法收款。
- 对客人在前台关于酒店的投诉,告知不是自己责任而让客人更不满意。

概括命名:接待员准确、周到、热情、灵活的工作品性与能力。

(4)资格条件比较,从关键事件分类与概括中,可能得出数个任职资格条件,其中一些可能比另一些重要,重要程度可按很不重要、比较重要、重要、非常重要、极其重要的标度评分。然后将大家的平均分数值作为各个任职资格条件的权重值。

(二)定量的方法

1. 职位分析问卷法(position analysis questionnaire,PAQ)

PAQ 是由心理学家麦考密克耗费 10 年时间所设计的一种利用清单的方式来确定工作要素的方法。该问卷包括 194 个标准化的问项,这些问项代表了从各种不同的工作中概括出来的各种工作行为、工作条件以及工作本身的特点,可以分为以下六个方面。

(1)信息投入:员工从哪里以及如何获得完成工作所必需的信息。

(2)脑力过程:执行工作需要完成的推理、决策、计划以及信息加工活动。

(3)体力过程:执行工作时所发生的身体活动以及所使用的工具和设备。

(4)同他人的关系:工作中与他人发生的联系。

(5)工作环境:工作中所处的物理环境和社会环境。

(6)其他特点:其他与工作有关的内容,如工作时间安排、报酬等。

对某项工作进行分析时,分析者首先要确定每一个问项是否适用被分析的工作;然后要根据六个维度来对有效问项加以评价,这六个维度是信息使用度、耗费时间、对工作的重要性、发生的可能性、适用性和特殊计分。

将这些评价结果输出到计算机中会产生一份报告,说明某项工作在各个维度上的得分情况。

PAQ 的优点在于,它可以将工作按照上述维度的得分提供一个量化的分数顺序,这样就可以对不同的工作进行比较,有点类似于工作评价。

但是这种方法也存在一些问题,西方学者的研究表明,PAQ 只对体力劳动性质的职业适用性好,对管理性质、技术性质的职业适用性较差。此外就是 PAQ 的可读性差,没有受过10 年以上的教育无法理解其全部的内容。

2. 职能工作分析法（functional job analysis，FJA）

美国劳工部（DOL）的 FJA 系统是找到一种能够对不同工作进行量化的等级划分以及分类比较的标准化方法。这种方法假设每一种工作都包括三种最基本的工作职能，即数据（data）、人员（person）、事务（task），每种职能都划分出了若干难度等级，如表 2-1 所示。

表 2-1 职位承担者的基本职能

数据		人员		事务	
号码	描述	号码	描述	号码	描述
0	综合	0	教导	0	装配
1	协调	1	谈判	1	精确操作
2	分析	2	指导	2	操作控制
3	编辑	3	监督	3	驾驶操作
4	计算	4	转移注意力	4	操纵
5	复制	5	劝说	5	照料
6	比较	6	发出口头信息	6	送进移出
		7	服务	7	驾驭
		8	接受指导帮助		

注：每一项中，0 代表最高的等级。

具体实施时，首先要指出某项工作在每种职能上的难度等级，如接待员职位的三个方面等级分别为 5、6、7；然后再对每种职能赋予一定的时间百分比，三项职能百分比之和为 100%，如接待员职位在数据方面的时间占比为 50%，在人员方面的时间占比为 40%，在事务方面的时间占比为 10%。但是这种方法主要用于工作描述，对任职资格条件是无法确定的。

知识链接

前厅部经理工作说明书

项目总结

本项目是酒店人力资源规划与工作分析。学习内容涵盖人力资源规划的概念、作用和内容,探讨了制定人力资源规划的程序和步骤及在人力资源过剩和短缺时应采取的措施,学习了人力资源需求预测方法、供给预测方法和人力资源配置模式、层次、状态及员工定员方法等。通过情境模拟、实训任务、案例分析等学习,培养学生人力资源规划管理能力,提升大局意识,培养奉献精神,深化匠心精神。

实训任务

研讨酒店岗位说明书的编写

一、实训目的

掌握酒店员工的岗位说明书的编写格式和内容要求。

二、实训内容

挑选酒店某一岗位,编制该岗位的岗位说明书。

三、实训步骤

(1)学生组建项目小组,每个小组负责前厅、客房和餐饮中的其中之一部门。

(2)选择本地酒店进行调研。

(3)根据该酒店的档次和业务编写负责部门的某一岗位的岗位说明书。

(4)任务总分为 100 分,教师评分占 50%,小组互评分占 50%。

四、实训评分表(总分100分)

酒店岗位说明书评分表

评分点	评分标准	分值	评分
调研过程	(1)深入酒店进行调研。 (2)访谈酒店相关岗位工作人员	30	
岗位说明书	(1)格式要素齐全。 (2)内容符合酒店实际经营状况。 (3)排版严谨、精美、无误	50	
团队精神	分工、合作、互助	20	

案例分析

新岗位的挑战

李明是一家五星级酒店的西餐厅服务员，上个月因业务突出被升职为主管，他很开心，同时又有些忐忑，之前做服务员时虽然有些辛苦，但他也乐在其中：能给客人提供优质的服务，一次次得到客人的夸奖，下班后和要好的同事一起休闲娱乐，现在做了主管，他对自己该有什么样的转变感到迷茫了。

请思考：

如果你是李明，会在哪些方面努力来适应新角色？

项目三 →

酒店员工招聘

项目引言

       酒店员工招聘与配置,是酒店人力资源开发与管理中重要的一环,也是酒店与潜在员工建立关系的第一步。酒店只有招聘并为岗位配置了合适的员工,才能节省日后在培训、用人等方面的时间与精力,也才有可能最大限度地避免人员的流失。因此,酒店必须进行有效的员工招聘设计,选用真正所需的员工,找到真正符合酒店发展要求的高素质人才。本项目通过学习酒店员工招聘的概念、作用及原则,以及酒店员工招聘的步骤及员工配置等,加强学生对酒店员工招聘的认识,强化对酒店人力资源管理的认知,并为后续学习打下基础。

任务一 酒店员工招聘概述

◇学习目标

知识目标:

(1)了解酒店员工招聘的原则和作用。

(2)掌握酒店员工招聘的概念。

能力目标:

(1)会分析酒店员工招聘的概念与作用。

(2)会总结酒店员工招聘的原则。

素质目标:

(1)培养诚信意识、公平意识、敬业精神。

(2)提升语言表达能力、团队合作能力、PPT制作能力。

◇ 课前任务

资料查询：学生采用多种方式查询与调研酒店员工招聘的方法与途径，思考员工招聘的概念，并在课前将问题提交到线上讨论，教师在课堂上进行答疑。

案例导入

一位"总秘"的没落

某酒店总经理李某从国内某知名高校招聘了高才生小王担任其秘书，由于这个年轻小伙子亲和力强、反应敏捷、口齿伶俐，且文字功底好，文秘工作做得十分出色，深得李某重用。

两年后，李某认为该给小王一个发展的机会，于是将他任命为酒店人力资源部经理。谁知在半年内，该部门的十多位员工中先后有三位离职，部门工作一片混乱，业务部门对人力资源部也抱怨颇多。原来小王从学校直接到酒店担任高管秘书，并不熟悉基层业务，从未从事过管理工作的他与同级、下属的沟通方式很不到位，决策理想化，让下属都觉得非常难受；同时，他个人认为工作只需向总经理汇报，推行新的人力资源政策时没有必要征求业务部门的意见，于是，开展的一系列人力资源工作徒增业务部门的工作负担却收效甚微……在各种内部压力下，小王递交了辞职信。

由此案例可见，总经理任用小王担任人力资源部经理前缺乏全面、客观的评估，其决策的基础是建立在对小王的个人感情而非岗位要求上，这是风险极高的事情。酒店在开展内部招聘活动时，不能念及私情，坚持"人职匹配"是最重要的原则。如果让员工就职于一个与其才能不相适宜的岗位，不仅被任用者身心疲惫，抑制其才能的发挥，而且还会影响其职业生涯的发展。

总结上述案例的教训，内部招聘的首要原则应是以业务需求为主。比如酒店可根据战略与业务发展需要进行指令性的员工内部调配等。但是像案例中所述，不考虑业务需要，只考虑员工需求，大范围开展内部岗位轮换，是肯定要出问题的。所以，内部招聘要仔细权衡，全盘考虑，树立正确的理念，建立和完善相关的制度和机制，堵住一切可能导致内部招聘失败的源头。

总体来说，内部招聘的优点主要有成本小、效率高、员工激励性强、工作磨合期短等方面，而内部招聘的弊端往往在于岗位有限，易造成内部员工竞争，直接影响彼此关系甚至导致人才流失。另外，内部招聘如果控制不好，易滋生内部"近亲繁殖""团体思维""长官意志"等现象，不利于酒店的开放创新和茁壮成长。

（资料来源：根据相关网络资料整理）

一、酒店员工招聘的概念与作用

(一)酒店员工招聘的概念

招聘,是酒店根据用人条件和用人标准,运用适当的方法和手段,对应聘者进行审查和比较,吸引他们到本酒店并加以录用的过程。

酒店员工的招聘是酒店人力资源管理的一项重要工作。招聘工作直接关系到酒店人力资源的形成,有效的招聘工作不仅可以提高员工素质、改善酒店人员结构,还可以为酒店注入新的管理思想,为组织增添新的活力,甚至可能给酒店带来技术、管理上的重大革新。

据有关资料统计,一般酒店每年员工的流动率在50%左右,就是经营最好的酒店,每年的流动率也在10%以上,这无疑给酒店员工招聘带来了巨大的压力。

酒店招聘工作是一项系统工程,需要与酒店内外不同部门沟通,做大量工作。员工招聘由两个相对独立的过程组成:一是招募;二是选拔聘用。招募是聘用的基础和前提,聘用是招募的目的。招募主要是以宣传来影响并吸引人应聘的目的;而聘用则是使用各种选择方法和技术挑选合格员工的过程。员工招聘是为了确保酒店发展所必需的高质量人力资源而进行的一项重要工作。就招聘者而言,其使命就在于"让最适合的人在最恰当的时间于最合适的位置,为企业做出最大的贡献"。

因此,所谓的有效招聘实际是指企业或招聘者在适宜的时间范围内采取适宜的方式实现人、职位、企业的最佳匹配,以达到因事任人、人尽其才、才尽其用的共同目标。

(二)酒店员工招聘的作用

招聘工作的有效实施不仅对酒店人力资源管理本身,还对整个酒店具有非常重要的意义和作用。这主要表现在以下几个方面。

1.影响酒店人力资源输入

招聘工作决定了酒店能否吸纳优秀的人力资源。招聘工作是酒店人力资源输入的起点,没有对优秀人力资源的吸引,酒店不可能实现对他们的接纳与配置,所以招聘工作直接决定着酒店人力资源输入的质量,从这个意义上来讲,招聘工作对酒店今后的成长与发展起着至关重要的作用。

2.影响应聘者的流动

招聘工作直接影响着人员的流动。招聘过程中信息传递的真实与否,会影响应聘者进入酒店后的岗位流动。如果向外部传递的信息不真实、不全面,只展示酒店好的一面,隐瞒差的一面,员工进入酒店后会产生较大的失落感,这会直接影响员工进入酒店后的工作满意度,从而导致酒店员工较高的流动率;相反,如果传递的信息比较客观真实,则有助于降低酒店员工的流动率。

3.影响酒店人力资源成本

招聘工作直接影响酒店人力资源管理的费用。作为酒店人力资源管理的一项基本职能,招聘活动的成本是酒店人力资源成本的重要组成部分。招聘成本主要包括广告的费用、招聘宣传资料的费用、招聘人员的工资等。全部费用加起来一般是比较高的,因此,招聘活动的有效进行能够降低招聘成本,从而有效降低酒店人力资源管理的成本。

4.影响酒店宣传

招聘工作是酒店对外宣传的一条有效途径。招聘,尤其是外部招聘,本身就是酒店向外部宣传自身的一个过程。为实现招聘的目的,酒店会向外部发布自己的基本情况、发展方向、方针政策、企业文化以及产品特征等各项信息,这些都有助于酒店更好地展现自身风貌,使社会更加了解酒店,营造良好的外部环境,从而有利于酒店自身的发展。

二、酒店员工招聘的原则

酒店员工招聘的根本目的是选用酒店真正所需的人才,因此,酒店必须按照人力资源开发与管理的客观规律办事。只有遵循反映这些客观规律的科学原则去从事这项工作,才能挑选到合适的人才。酒店员工招聘是一项社会性较强的活动,对于酒店而言也是一项经济活动。应当在全面掌握酒店客观经济发展规律的基础之上,充分体现人力资源管理的要求,分析客观事实对于招聘的各方面影响,使招聘工作具有一定的科学性和实践性。酒店员工招聘的实际工作应遵循下列原则。

(一)因事择人、人职匹配原则

所谓因事择人就是以岗位的空缺为出发点,根据岗位对人员的资格要求来挑选人员。与之相对应,人职匹配就是根据人员的特点与素质将该人员安排在合适的岗位上。坚持因事择人、人职匹配的原则,从工作岗位的实际需要出发去选用合适的人员,根据员工的特性将该员工放在合适的岗位上,才能真正实现岗得其人、人适其岗,使人与事科学地结合起来。相反,如果先盲目地录用人,然后再找岗位进行安排,或者直接将员工安排在与其不匹配的岗位上,就很难达到用人的根本目标,不是大材小用,就是小材大用,甚至出现用非所学的现象。如果因人设事,为了安排人而增设不必要的岗位,更会造成岗位虚设、机构臃肿、人浮于事、工作绩效下降、用人成本增加的后果。可见贯彻因事择人、人职匹配的原则是合理进行招聘与配置的首要前提。

每个职业岗位都有特定的工作内容、岗位规范和对从业者的素质要求,每个求职者也有自己的从业条件和个人意愿,为了贯彻因事择人、人职匹配的原则,酒店在招聘人力资源时要尽量达到岗位要求,并且要与求职者个人条件之间匹配,这对后面的人力资源的个性化管理也是至关重要的。

衡量招聘职位与求职者个人条件是否匹配,需要就以下一些条件做出对比(图3-1)。

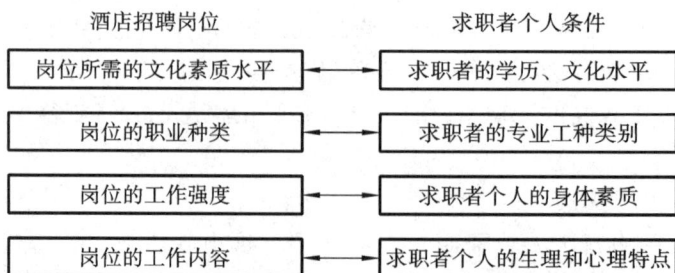

图 3-1　酒店招聘岗位与个人条件的匹配

在衡量招聘岗位与求职者个人条件之间的匹配程度时,酒店人力资源部必须注意求职者的性格特征与岗位要求是否符合。比如倾向于正性情绪的人对待任何事物与人的态度都是亲切友好的,对工作感到满意,乐于和他人交往,通常在组织中和周围人群相处融洽,因此比较适合销售部门和一些与顾客直接接触的一线部门。而倾向于体验负性情绪的人,会感到时间和环境的压力,对自己和绩效的要求比较严格,在对待自己和他人时总是倾向于寻找错误或者不足,因此适应需要批判性思考和评估的工作,如质量监测部门。还有一些人亲和力强,乐于照顾他人,对他人亲善,易于相处,是好的团队合作者,比较适合做前台接待员、餐饮服务员、康乐中心的服务员等。有些人表现出认真、审慎和坚韧的倾向,组织性和自律性强,在大多数工作中,其责任心有利于获得较高的绩效,比较适合收银岗位和客房服务岗位等。

(二)德才兼备原则

很多酒店在招聘员工时,不仅要进行能力考核,选拔其中的优异者,而且要进行背景调查,只有在确认应聘者品行端正、声誉良好时,才能录用。这是因为德和才虽然是两个不同的概念,但二者是不可分割的统一体,才的核心是能力问题,而德的核心是能否努力服务的问题;德决定着才发挥的方向和目的,才又是德的运用,使德得到体现和具有实际意义。在一定条件下,由于德的缺失,一个人的才能越大,对酒店造成的危害也越大。因此,在甄选员工时,必须坚决反对重德轻才和重才轻德的错误倾向,始终坚持德才兼备的选用标准。

(三)注重细节原则

在招聘酒店员工的过程中,无论是要观察一个人是否与一个职位相匹配,或者要观察一个人的道德品行及业务能力如何,有时可通过一些小事或者细节加以辨别,任何细小的行为或者环节都有可能是识别人才是否称职的标志。

每个人的言行举止都直接反映了他的素质与能力,管理人员在招聘面试时,必须注意应聘者每一细小的举动与行为,通过这些细节考察、评判一个人的基本条件与能力,有时比通过笔试或者面试考察应聘者的专业能力可能更有效。

(四)公正平等、任人唯贤原则

公正平等、任人唯贤原则是指酒店要对所有的应聘者给予均等的机会,不因应聘者的性别、民族、宗教信仰和推荐人不同而给予不同的考虑,必须一视同仁。只有通过公平的竞争才能发现符合要求的优秀人才,起到一定的积极作用。在社会坚持平等就业的基础上,还要注意和照顾特殊的应聘群体,努力为社会各阶层人士提供平等竞争的机会,同时利用广泛的渠道为酒店吸纳各方面的优秀人才。

(五)灵活应变、动态管理原则

酒店业是一个相对而言员工流动性较大的行业,灵活应变、动态管理原则就是管理者要根据酒店的实际运营及人员管理情况来招聘员工和调配员工。例如:因酒店生意旺季或者员工辞职、升迁、开除等造成的人员短缺或职位空缺,时间紧迫需要紧急招聘;因酒店规模扩大,增添新的服务设施等需要招聘新的员工;人力资源部从酒店长远发展的角度预测人员的变动趋势,预测离、退休员工比例及岗位空缺的时间,估计员工流失率等情况,基于行业发展

51

规律来有效管理现有员工以及灵活应对可能会有变化的情况发生，为酒店的人才发展高瞻远瞩。

（六）双向选择、人尽其才原则

在计划分配已经成为历史、人才市场机制日益完善的条件下，双向选择已经成为酒店招聘员工的一种良好的方式。酒店可以根据自身发展及实际岗位需求来选择合适的人到合适的职位，应聘者也可以根据自身的条件和能力来选择满意的用人单位，双方互惠互利，都是处于平等的选择位置。任何人都有长处，需避其短处，同时，酒店也要创造条件让人员挖掘潜力和发挥自身长处。人与事的不适应不是绝对的，适应是相对的，因此，人适其位、位得其人、能岗匹配是人力资源管理者在工作中必须考虑的问题。

实训任务

研讨酒店员工招聘的内涵

一、实训目的

熟悉酒店员工招聘的概念，理解其意义，了解招聘原则。

二、实训内容

(1)举例说明酒店员工招聘的概念及作用。

(2)酒店员工招聘的关键原则有哪些？说明原因。

三、实训步骤

(1)学生组建项目小组。

(2)每个小组确定实训内容，并采用PPT展示的形式在课堂上讲解。

(3)各组互评并探讨总结。

(4)任务总分为100分，教师评分占50%，学生评分占50%。

四、实训评分表（总分100分）

酒店员工招聘内涵实训评分表

评分点	评分标准	分值	评分
讲解内容	(1)酒店员工招聘的概念清晰。 (2)酒店员工招聘的作用阐述明晰，举例通俗易懂。 (3)酒店员工招聘的关键原则科学、合理，制定原因明了	30	
现场讲解	熟练、清晰、自然、有感染力	30	
PPT制作	美观、简洁、创新、突出内容	20	
团队精神	分工、合作、互助	20	

案例分析

一次失败的招聘

因业务需要,某酒店总经理李某交代人力资源部刘经理为自己招聘一名行政助理。接到该项任务后,根据总经理提出的要求,刘经理在网上发布了招聘信息,要求应聘者条件为知名院校的本科应届毕业生、年轻、形象好、有较强的工作能力。信息发布后,一些应聘者前来应聘。

在面试环节中,总经理有时间就会亲自面试,如果没时间,会要求刘经理进行初步面试,之后再亲自面试。新员工的工作岗位、职责、薪资、入职时间都由总经理定,面试合格后录用,没有入职前培训,直接进入工作。

经过如此的招聘环节后,刘经理先后为总经理录用了两位行政助理,但最后均以失败告终。第一位甲小姐比较内向,很有想法,思路清晰,但不甘于做琐碎繁杂的工作及接待的工作,对于批评,即便是善意的批评也非常敏感,试用一段时间后甲小姐主动辞职。第二位乙小姐形象极好、沟通能力强,行政工作经验比较丰富,但因性格比较外向,且之前只在一些小公司工作,所以很多正式场合中都不太注意分寸,商务礼仪亟待培训,且对于领导给予的提醒不太关注,试用期过后,酒店辞退了乙小姐。

请思考:

1. 本案例中招聘环节出现了什么问题?

2. 如果你是酒店的人力资源部经理,应当如何完成这项招聘任务?

任务二　酒店员工招聘程序

◇学习目标

知识目标:

(1)熟悉酒店员工招聘的程序。

(2)掌握酒店员工招聘的方法。

能力目标:

(1)具备制定酒店员工招聘简章的能力。

(2)具备设计招聘相关表格的能力。

(3)能够进行员工招聘与配置。

素质目标：

(1)提升自主学习能力。

(2)增强敬业精神、团队精神、沟通能力。

◇ 课前任务

资料查询：学生采用多种方式查询与调研酒店员工招聘的程序，并在课前将问题提交到线上讨论，教师在课堂上进行答疑。

案例导入

动物拉车

下面是一个关于动物拉车的童话故事。

梭子鱼、虾和天鹅是好朋友。一天，它们同时发现路上有一辆车，车上有许多好吃的东西，于是它们就想把车从路上拖下来。三个家伙一齐铆足了劲，使出了全部的力气，可是，无论它们怎样努力，车还是在老地方，一动也不动。

原来，天鹅使劲往天上提，虾一步步向后倒拖，梭子鱼朝着池塘方向拉去。问题出在哪？反正，它们都使劲了。

其实道理很简单：梭子鱼、虾和天鹅都有为目标奉献的精神，但是它们各自都按自己的习惯去拉车，没有将劲儿用到一处，形成合力，那么，最后埋怨谁都是无济于事的。

同理，员工在酒店中的作用也是一样的，只有将员工进行最适当的配置，使其完成各项岗位职务，酒店才能进步、发展。

（资料来源：根据相关网络资料整理）

招聘分为准备、招募、选拔、录用和评估五个阶段。

准备阶段是招聘的基础工作，需要人力资源部通过人力资源规划确定人力净需求，并根据工作分析确定每个招聘岗位所需人员的素质与条件，同时制订招聘计划，报上级主管审批。

招募阶段，是通过各种途径从社会上以及本酒店中寻找可选用的人选。招募主要包括发布招聘信息和应聘者申请等内容。

选拔阶段，是酒店对已经获得可供任用的人选做出进一步的甄别、比较，从而确定本酒店最后录用的人员。

选拔后，酒店需要发出录用通知，并对员工加以试用，安排员工上岗，之后就本次招聘活动的成本效益对比情况，以及员工上岗后的留用情况、工作表现、工作绩效等进行评估，以了解此次招聘活动的质量情况，总结经验以及问题与不足，为完善日后的招聘工作提供依据与思路。

酒店员工招聘流程图如图 3-2 所示。

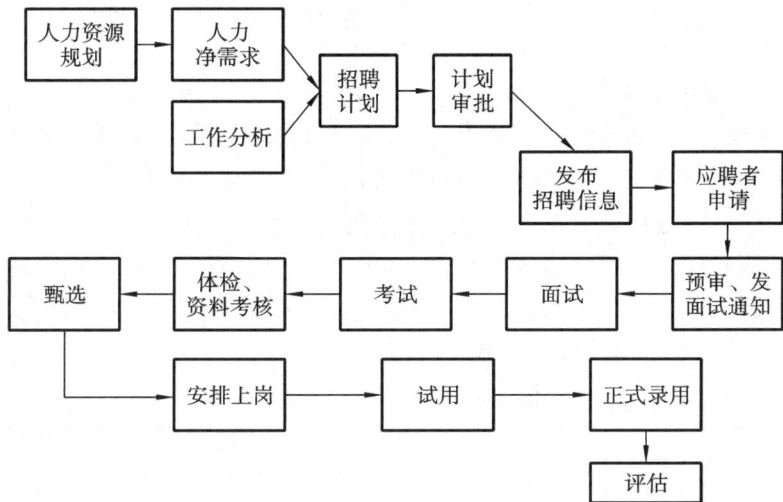

图 3-2　酒店员工招聘流程图

一、酒店招聘计划

招聘计划是酒店根据发展目标和岗位需求对某一阶段招聘工作所做的安排,包括招聘目标、信息发布的时间与渠道、招聘员工的类型及数量、甄选方案及时间安排几个方面。

（一）招聘计划的内容

1.招聘岗位及人数

根据酒店年度规划来确定酒店年度招聘人数,并根据业务发展的速度分解为不同部门、不同时间段的招聘人数,确定招聘人数时还要考虑后期人员配置、晋升及男女比例等问题。

年终各部门产生的年度招聘计划外的职位空缺,则需按照招聘流程向人力资源部门提出招聘申请,在整个酒店的人力资源规划的限制和约束下,经上级领导的审批,决定最终需要招聘的员工人数。

2.招聘标准

招聘标准即确定招聘什么样的人,具体是指对计划招聘人员的自然属性、知识、技能、素质等方面的要求,包括年龄、性别、学历、工作经验、工作能力、个性特征等。

招聘标准的制定可以从以下三个方面来考虑。

（1）人员技能与岗位职责相匹配。

人员要胜任岗位要求,就必须具备一些基本条件,如学历、专业、经验等。

（2）人员个性与团队特点相匹配。

招聘合作性和互补性强的新员工,团队才能产生"1+1>2"的效果。

（3）人员价值观与酒店价值观相匹配。

价值观支配个体行为,员工对酒店忠诚度的高低与其对酒店价值观的认同度有密切关

55

系。员工如果不认同酒店价值观，就很难与酒店文化很好地融合。

一般来说，招聘标准就是招聘申请当中的任职资格一栏中的内容。但是，随着近年来酒店人力资源管理水平的提升，很多酒店开始编制酒店能力素质模型，这对制定酒店招聘标准而言是一个质的提升，极大地提高了酒店的招聘水平。

3.招聘团队组成和职责

酒店招聘实践证明，酒店招聘者的素质会很明显地影响应聘者对酒店的看法，因为招聘者在外面进行招聘工作时，代表的将是整个酒店，当大多数应聘者第一次与酒店进行直接接触的时候，他们往往通过招聘者的素质来判断酒店有无发展前途。所以，招聘人员必须具备良好的个人品质与修养，具备多方面的能力，以及具备在本酒店专业领域的知识技能等，另外还要掌握一定的招聘技术和相关知识。

4.招聘工作时间表

招聘工作时间表包括信息发布时间、招聘时间和员工上岗时间等。任何一项计划都必须有明确的时间限制，否则就不是一项完整的计划。为了保证如期完成招聘任务，必须对招聘各阶段的工作有严格的时间限制。一个有效的招聘一般需要将近两个月的时间进行个人简历征集、面试通知、面试准备和进行、决定是否录用、录用工作等。所以，招聘广告一般要在职位空缺前两个月就发放出去，这样才能按照既定的招聘工作流程进行招聘工作。

5.招聘渠道

为了保证招募到足够优秀的应聘者，需要根据招聘职位的特点选择合适的招聘渠道。

招聘渠道分为内部招聘渠道和外部招聘渠道两大类。内部招聘渠道包括内部晋升、转岗、后备人才培养计划等；外部招聘渠道包括参加人才招聘会、刊登广告、与猎头公司和人才机构合作、校园招聘、员工推荐、网络招聘等。

6.招聘测评方案

为了对应聘者有更充分的了解，需要使用多种招聘考核方案对应聘者进行测试，包括笔试、面试、性格测评、笔迹鉴定、无领导小组讨论、情景模拟等。

针对不同的职位，需要选取效率最高的招聘技术组合，对应聘者的知识、技能、素质甚至价值观进行考量，以能够更好地甄别应聘者，招募到最适合本酒店、本职位的应聘者。

7.招聘费用预算

酒店应按照招聘渠道、招聘对象、招聘人数等因素，具体来进行招聘费用预算。

招聘成本包括内部成本和外部成本。

内部成本为酒店内招聘组成员与招聘相关的工资、福利、差旅费支出和其他管理费用。

外部成本为外聘专家参与招聘的劳务费、差旅费、广告费、招聘会支出、招聘代理费、职业介绍机构收费、员工推荐人才内部奖励金，以及校园招聘费用等。

内部招聘成本是酒店进行招聘成本核算时最容易忽略的部分，而实际上它占有相当比重。在实际工作中，有时一个流程并不能招聘到合适的人选，需要重复两三次；外部招聘成本更加不容忽视。

8.招聘广告

招聘广告是应聘者对酒店的第一印象，招聘广告的好与坏，直接影响酒店能否吸引到优秀的人才。在制订招聘计划时就应该对招聘广告进行设计。招聘广告应该真实、合法、简洁,如实反映酒店的实际背景、运营状况,不能提供虚假的信息。

9.招聘截止时间以及新员工入职时间

其他招聘计划还应该包含招聘截止时间以及新员工入职时间等。

(二)招聘计划的编写步骤

招聘计划的编写一般包括以下步骤。

(1)获取人员需求信息。

人员需求一般发生在以下几种情况:

①人力资源计划中明确规定的人员需求信息;

②企业在职人员离职产生的空缺;

③部门经理递交的招聘申请,并经相关领导批准。

酒店招聘计划的审批根据酒店年度发展规划进行,人力资源部制订酒店的年度人力资源工作计划,年度招聘计划是其中非常重要的部分。招聘计划由各业务部门根据本部门发展规划和实际状况提交用人需求,人力资源部编制招聘计划,提交酒店高层管理者审批通过后执行。

(2)确定招聘标准。

(3)选择招聘渠道和信息的发布时间。

(4)初步确定招聘团队成员、职责。

(5)初步确定选拔考核方案。

(6)明确招聘预算。

(7)编写招聘工作时间表。

(8)草拟招聘广告样稿。

二、酒店招聘简章

酒店员工的招聘与配置工作是一个复杂、系统而又连续的程序化操作过程,它涉及酒店内部各个用人部门及相关环节,因此,在招聘过程中,各部门与人力资源管理部门必须互相配合、密切合作、明确分工,严格按照一定的程序组织招聘,使招聘工作有条不紊地进行。

(一)拟定招聘简章

招聘简章又称"招聘启事"。它是招聘工作的重要工具,通过招聘简章,酒店可以将与招聘相关的信息(如岗位、招聘人数、要求条件等)告知公众,同时也为日后的甄选录用提供了选择依据。

招聘简章的内容取决于酒店的具体情况,一般而言,招聘简章的主要内容如下。

1.标题

如"诚聘"和"××单位招聘简章"等。

2.酒店的性质和经营范围等基本情况简介

酒店基本情况简介可以帮助公众了解酒店概况,为吸引更多优秀的人才前来应聘打下基础。因受篇幅限制,招聘简章关于酒店的介绍文字必须简练,要点包括酒店名称、酒店性质、坐

落地点、经营规模、星级水平等。如果酒店是开业前招聘，还应注明开业日期。

3. 招聘职位、人数和招聘对象的条件等招聘岗位信息

招聘岗位信息是招聘简章的重点，一般可根据职位说明书的有关内容来设计，但与工作说明书相比，招聘简章中涉及的内容更加简洁。招聘简章对招聘工种或职位及人数的要求可按部门分类。

招聘要求可分为基本要求与专业要求两类。对应聘人员的基本要求主要包括勤奋上进、容貌端正、身体健康等方面；专业要求则包括学历、实际工作年限、专业水准（技术等级）、外语能力、身体条件（身高、视力）等方面。为了使应聘者便于检索招聘工种或职位，简章中可将招聘工种与招考要求以表格形式予以公布。

4. 甄选方法与录取条件

招聘简章应向应聘者公布应聘手续及报名方式。如果采用书面报名方式，招聘简章中要规定应聘者来函必须详细写明的内容，如本人经历、学历、特长、志愿等个人资料情况，以及报名截止日期、资料邮寄的具体地点；如采用目测应聘方式，招聘简章则要规定应聘者在约定时间、地点携带本人身份证件、有关学历及技术等级证件、本人近照等办理应聘手续。

5. 录用待遇

招聘简章中关于应聘者录用后所享受的待遇的介绍对吸引应聘者起着重要作用。酒店应如实介绍，不能发布虚假信息，否则会适得其反。应聘者被酒店录用后的待遇一般包括被录用人员的岗位编制、工资福利及培训机会等。

6. 酒店联系方式

在招聘简章中必须添加酒店联系方式，以便于应聘者向酒店投递简历或者与酒店保持联系，具体内容包括酒店的地址、邮编、电话、传真、网址、E-mail 以及联系人等。

（二）拟定招聘简章应注意的问题

1. 工作职位的条件和待遇方面

对于工作职位的条件和待遇，无论是好的方面还是不利的方面，都应对应聘者做相对真实的介绍，这样可使应聘者的期望值比较符合实际情况，从而提高录用者对工作的满意程度。

2. 确定招聘条件方面

合理确定招聘条件。招聘条件是考核录用的依据，也是确定招聘对象与来源的重要依据。能否合理地确定招聘条件，关系到能否满足企业的需要，也关系到人力资源能否得到充分、合理的利用。如果招聘条件定得过高，脱离了人力资源供给的实际，势必难以招到或招满员工，企业需要的人力资源得不到及时补充；如果招聘条件定得过低，则不利于提高员工素质，不利于企业的发展。

3. 其他方面

招聘简章的语言必须简洁清楚，另外，还要留有余地，应聘者的人数应比所需求的人数多一些。

三、酒店招聘渠道

酒店的招聘渠道，从大的方面来讲包括酒店内部招聘和酒店外部招聘两类。这两类招

聘渠道各有优缺点,在具体运用过程中,酒店需要根据实际有选择地采用。研究表明,内部、外部招聘结合会产生最佳效果。

具体的结合力度取决于酒店的战略计划、招聘岗位、上岗的时间要求以及对酒店经营环境的考虑等因素。至于酒店到底是以哪种途径为主,并不存在标准答案。内部、外部招聘的优点和缺点分析如表 3-1 所示。

表 3-1　内部、外部招聘的优点和缺点分析

项目	内部招聘	外部招聘
优点	1. 被聘者可以迅速开展工作(因为被聘者了解本酒店的企业文化,熟悉运作流程和标准)。 2. 有利于充分利用酒店的内部资源,酒店可以收获前期培养的回报。 3. 有助于调动员工的工作积极性,提高、激励在职员工的士气。 4. 有利于保证选拔的正确性,降低招聘的风险和成本。 5. 为其他员工创造了晋升机会,有利于维系员工对酒店的忠诚	1. 为组织注入新鲜血液。有助于突破组织原有的思维定势,有利于组织创新。 2. 人际关系单纯,避免出现黑幕。 3. 有利于缓和内部竞争者之间的紧张关系。 4. 方便、快捷。 5. 可起到宣传酒店的作用
缺点	1. 易出现思维和行为定势,缺乏创新性,易使酒店丧失活力。 2. 易造成"近亲繁殖"。 3. 招致落选者的不满。 4. 不利于被聘者展开工作。 5. 易引起内部争斗。 6. 选择范围有限	1. 被聘者需要较长的调整适应期。 2. 磨合期的工作质量难以保证。 3. 对内部员工造成打击。 4. 被聘者可能会对组织文化不适应。 5. 被聘者的实际工作能力与选聘时的评估能力可能存在较大差距。 6. 招聘的时间、费用成本等都比较高

（一）内部招聘

当酒店中的某个岗位,尤其是管理岗位空缺出来后,有些酒店会优先考虑本酒店内的一些员工,从现有员工中挑选有能力、有潜质、日常工作表现极佳的合适人员,予以指导培训,并将其调整至这一岗位上。因此,内部调动、轮岗或提升都可作为酒店补充人员的方法。

为了确保内部招聘的效果,在日常运作中,酒店人力资源管理者应注意了解员工的工作态度、工作效果、学习主动性等,发掘员工的潜力,对员工多加培养。

1. 内部招聘的原则

（1）管理层决策的原则。

内部招聘的政策需要由酒店管理层来决定。一个酒店要维持现有的酒店文化,不妨从内部选拔人才,因为内部的员工在思想、核心价值观念、行为方式等方面对酒店有更多的认同,外部的人员要接受这些需要较长的时间,并且可能存在风险。

（2）管理人才内部优先的原则。

内部招聘主要适用于管理者,对一般员工来讲,最忌专门性的"内部招聘",以防止"近亲

繁殖""家庭团伙"的形成。

（3）适需适用的原则。

内部现有的管理者一方面是依靠自身的专业技能、素质和经验为酒店服务；另一方面是对酒店文化和价值观念的认同，愿意为酒店贡献自己全部的能力和知识，对于符合标准者给予内部提升，可以让他们更容易安心本职工作，适需适用而且培训成本低。

（4）坚持标准的原则。

对内部应聘者一律要按照德才兼备的标准，经过公开、公正的甄选渠道，不搞特殊照顾。

（5）展示人才的原则。

如果酒店想推行内部招聘的政策，必须要在酒店内部建立一种毛遂自荐、人才举荐、人才展示的机制，这样才能真正成功地实现内部招聘，取得理想的效果。

2.内部招聘渠道

内部招聘的渠道主要包括员工晋升、工作调换、工作轮换与内部人员重新聘用等方面。

（1）员工晋升。

从酒店内部提拔一些适合空缺岗位要求的人员是一种常用的方法。这种方法可迅速从员工中提拔出合适的人到空缺的职位上，员工晋升为其提供了发展的机会，使员工感到在组织中是有发展机会的，个人的职业发展是有前途的。

员工晋升的优点：①有利于酒店建立自己稳定的、核心的人员队伍，使酒店拥有高绩效的员工；②新上任的员工能很快适应新的工作环境；③能省时、省力、省费用。

员工晋升的不足：①由于人员选择范围小，可能招聘不到最优秀的员工而造成"近亲繁殖"的弊端；②未被晋升的优秀员工有可能对组织产生不满而离开，导致酒店人才流失。

因此，当酒店的关键职位和高层级职位出现空缺时，一般采用内外同时招聘的方式。

（2）工作调换。

工作调换是指职务等级不发生变化，工作岗位发生变化。它是酒店从内部获得人员的一种渠道。工作调换为员工提供从事组织内多种工作的机会，为员工今后的发展或提升做好准备。它一般用于中层管理人员的招聘。

（3）工作轮换。

工作轮换多用于一般员工的培养，让有潜力的员工在各方面积累经验，为晋升做好准备，也可以减少因长期从事某项工作而带来的枯燥感、无聊感。

（4）内部人员重新聘用。

有些酒店由于一段时期经营效果不好，会暂时让一些员工下岗待聘，当酒店情况好转时，再重新聘用这些员工。由于员工对酒店已有一定了解，能很快适应工作岗位，因此可以节省大量的培训费用。同时，这种方法又可以以较小的代价获得有效的激励，使组织具有凝聚力，促使组织与员工个人共同发展。

3.酒店进行内部招聘应注意的事项

为了能够给岗位配备最合适的人才，酒店在进行内部招聘时，应当注意以下两点。

（1）建立人才培养制度。

为配合酒店的内部招聘制度，在人力资源配备方面，应培养员工成为工作上的多面手，使在职员工通过交叉培训，掌握更多的知识技能，达到升值的效果。此外，酒店应通过制定工作质量标准、工作评估制度、员工培训方案、横向职务调动方案、工作岗位轮换等措施,在丰富员工知识与技能的同时,及时进行评估,发掘员工的潜力,为更高的职位储备人才。

(2)合理进行员工评估,完善员工档案。

有效地进行内部招聘,必须根据在职员工的评估资料及其档案。酒店人力资源管理部门应当完善员工档案,力求准确、完备、及时地记载员工所有在教育、培训、经验、技能,尤其是在工作绩效考核、评估等方面的信息,以帮助用人部门寻找合适的人员补充职位。通过审阅评估资料和档案,了解员工的知识水平、技能范围以及过往的工作绩效,从而分析岗位调动或提升的可行性,为人员选择与配备做好准备。

(二)外部招聘

内部招聘虽然有很多优点,但存在的明显缺点是人员选择的范围较小,往往不能满足酒店的需要,尤其是当酒店处于创业初期,或是快速发展的时期,抑或缺少特殊人才时,仅有酒店内部招聘是远远不够的,必须借助酒店外的人力资源市场,通过外部招聘的渠道来获得所需人员。

外部招聘是酒店一线员工招聘的主要形式,为了招聘到合适的员工,必须深思熟虑,精心挑选合适的渠道。

外部招聘要遵从下列原则。

(1)满足战略性需要。

外部招聘要在一定程度上满足酒店的战略性需要,那就是获取第一战略资源——人才资源,形成酒店的核心能力,创建本酒店的竞争优势。

(2)外部环境剧烈变化时,酒店首要考虑从外部选拔人才。

当外部环境发生剧烈变化时,行业的经济技术基础、竞争态势和整体规则也会发生根本性的变化,知识老旧周期缩短,原有的特长、经验成为学习新事物和新知识的包袱。酒店在受到直接影响的情况下,从酒店外部、行业外部吸纳人才和寻求新的资源,成为酒店生存的必要条件之一。

(3)快速成长期的酒店,应当广开外部渠道。

对于处于成长期的酒店,由于发展速度较快,仅仅依靠内部选拔与培养无法跟上酒店的发展步伐。同时由于酒店人员规模的限制,选择余地相对较小,无法得到最佳的人选。在这种情况下,酒店应当采取更为灵活的措施,广开渠道,吸引和接纳所需的各类人才。

(4)市场化原则。

以合理的成本招聘到最适合的员工。

(5)利用招聘政策吸引合适的求职者,以降低招聘成本。

(三)线上招聘渠道

随着时代的发展,酒店必须开发新的招聘渠道。

(1)利用网络聊天工具进行招聘。

目前在用的有 QQ 群以及微信群等,部门员工基本上每人都加有各种 QQ 群及微信群。酒店通过 QQ 群和微信群发布岗位招聘信息,这种方式对一些年轻的求职者来说,比较容易接受。

（2）利用社交网站平台发布招聘信息。

微信、微博等社交平台传播范围广、受众面大，有一定的影响力，将招聘信息发布在各社交平台上，容易被大家看到，也容易被人接受。

（3）利用主办或赞助协会活动、专业论坛活动进行招聘。

这类招聘一般是有针对性的，目的性强，适合招聘高级技术人才。

（4）酒店定制型合作。

如果酒店对某个岗位或某个部门长期固定需求量较大，可以考虑和一些专业学校进行定制型、订单型合作，签订协议，由学校负责招生，并按酒店需要进行重点技能及理论培训，完成学校学习和相关专业培训后，再进入酒店工作。

（四）其他招聘渠道

除了以上招聘渠道之外，酒店还可以请专业的协会、学会帮助推荐一些专门人才，内部员工推荐也是一种很好的招聘渠道。另外，某些职位还可以招聘一些退休、下岗人员。

酒店无论怎么招聘，招聘什么类型的人才，都需要根据招聘对象确定合适的渠道。目前大多数酒店都是多种渠道同时采用，多管齐下，这样既可以增加招聘人员的可选择性，又可以提高招聘的效率和质量，降低成本。

四、酒店招聘方法

（一）酒店内部招聘的方法

内部招聘人才，其实就是在内部举荐人才，举荐分为自荐和他人推荐。这两种方法古已有之。现阶段酒店常用的内部招聘方法有公告法、推荐法、档案法。

1. 公告法（又称"布告法"）

酒店在确定了空缺职位的性质、职责及其所要求的条件等情况后，将这些信息以公告的形式公布在酒店中一切可利用的布告栏、内部报刊、内部网络平台上，尽可能地使全体员工都能获得信息，号召有才能、有志向的员工毛遂自荐。对此职位有志趣者可到主管部门和人力资源部门申请，经过这两个部门公开、公正的考核后，择优录用。

公告法为自荐创造了一个途径，其主要目的在于使酒店全体员工都了解有哪些职位空缺，需要补充哪些人员，使员工感到酒店在招募人员方面的透明度与公平性，并认识到在本酒店中，只要自己有能力，通过个人的努力，是有发展机遇的，这有利于提高酒店员工的士气，培养员工积极进取的精神。

公告法的优点：①提高了酒店最合格员工将被选拔从事该工作的可能性；②给员工一个对自己职业生涯开发更负责任的机会，许多员工看到了晋升的机会，会更加努力提高工作技能和绩效；③使员工有机会离开现有的工作环境，承担更有挑战性的工作。

公告法的不足：①因需要花费较长时间填补空职，有些职位会在较长时间内保持空缺；②某些员工由于缺乏明确的方向而在各岗位中"跳"来"跳"去；③申请被拒绝的员工可能会疏远组织。

2. 推荐法

推荐法是由酒店内部人员根据酒店的需要推荐自己熟悉的合适人员，供用人部门和人力资源部门进行选择与考核。由于推荐人对用人部门与被推荐者均比较了解,使被推荐者更容易获得酒店和职位的信息,便于其决策,也使酒店更容易了解被推荐者,因而这种方法较为有效,成功率也比较高。在推荐时应当注意一个原则,即"外举不避仇,内举不避亲",真正根据岗位所需推荐合适的人才。

3. 档案法

酒店人力资源部门都有员工的档案,从中可以了解员工的各种信息,帮助用人部门或人力资源部门寻找合适的人员补充空缺的职位。尤其是建立了人力资源管理信息系统(HRMIS)的酒店,则更为便捷、迅速,并可以在更大范围内进行挑选。

档案法只限于员工的客观或实际信息,如员工所在职位、受教育程度、技能、教育培训经历、绩效等,而对主观信息如人际交往能力、判断能力等则难以确认。事实上,对很多工作而言,这些方面也是非常重要的。

(二)酒店外部招聘的方法

1. 求职者自荐

求职者自荐是指在没有得到内部人员推荐的情况下,求职者直接向招聘单位提出求职申请。求职者在某种程度上已经做好了到酒店工作的充分准备,并且确信自己与空缺职位之间具有足够的匹配度,才会提交求职申请。

求职者自荐的优点:①费用低廉,可以直接进行双向交流;②求职者已花费很长时间来了解酒店,也更容易受到激励。

求职者自荐的不足:①随机性较大,时间较长,合适人选不多;②需要专人负责接待,要有详细的登记表格;③要尽可能鼓励求职者表现自己的才能。

2. 就业服务机构

就业服务机构不仅为酒店择人,同时也为求职者择业,酒店与求职者都可以在就业服务机构获得并且传播信息。就业服务机构一般有以下三种形式。

(1)人才市场或者人才交流会。

人才市场是一种公共就业服务机构,其主要运作模式是根据招聘时间、招聘对象、招聘单位,策划、组织一系列的主题招聘,将各用人单位召集起来,在一定的时间内形成有一定规模的招聘活动。人才交流会是人才市场的典型形式。

在人才交流会上,酒店可以收集大量有求职意向人员的信息,对这些人员进行面试、筛选,同时,还可以有比较多的机会展示酒店形象。但人才交流会具有时限性,不能随时随地开展,在急需配置人员时,无法有效地达到目的。因此,这种方式不是外部招聘的常规途径,酒店只能将此种方式作为寻找储备人才的一种手段,或者作为其他招聘途径的补充。

(2)人才交流中心和职业介绍所。

人才交流中心和职业介绍所是公共就业服务机构的常设组织形式,是一些专门性的机构,可以为酒店从事招聘代理的工作,能够将经过筛选的特定人力资源提供给有需求的酒店,可以满足酒店招聘员工的招募和甄选时间,但在使用这种代理方法时,应注意有时可能会出现被推荐者并不适合工作岗位要求的情况,从而造成高流动率、低工作效率的现象。为了避免出现这种情况,酒店应尽可能地向就业服务机构提供完整的职务说明书和工作规范,

同时尽可能了解就业市场机构的筛选手段，并将自己采用的筛选手段介绍给职业介绍所，必要时，最好与一两家职业介绍机构建立长期的合作关系。

（3）猎头公司。

猎头公司是高级人才招聘公司的另一种叫法，是指专门替用人单位搜寻和推荐高级人才和专业人才的公司。

在发达国家，虽然猎头公司为企业提供的人才数量不多，但极为重要的高层主管和一些专业技术人才都由这些公司提供。猎头公司有极为宽广的联络网，且特别擅长接触那些正在其他酒店工作岗位上但当前并没有流动意向的人才。他们物色人选、接触目标人才时会为用人单位保密，直到引进目标人才为止。他们的工作可以为用人单位节约不少时间和精力。但是猎头公司招聘人才时还会有一些不足之处，如收费昂贵、搜寻能力有限等，因此，如果酒店计划请猎头公司代为招聘高级人才，一定要考察猎头公司对酒店业的熟悉程度，特别是与酒店各类高级人才的关系，因为这是猎头公司能否真正胜任酒店招聘工作的基本条件。

3.广告招聘

广告招聘是传递职位空缺、吸引求职者的一种打破时间、空间局限，范围非常广泛的招聘信息发布方法。招聘单位在报纸、专业杂志上刊登广告，或用张贴街头告示的办法等，可以使大量求职者了解到招聘单位岗位空缺的信息，从而得到大量的人力资源外部供给。

为了使招聘广告产生良好的效用，酒店可以通过一些形式或必要手段（如在招聘简章或者广告中强调待遇及在酒店可能获得的培训与发展机会等）引起读者的关注。招聘广告需要注意内容的合理性，同时还需要注意媒体的选择。

（1）报纸。

报纸是比较传统的招聘途径，曾是酒店发布招聘广告的首选媒体，主要有专业招聘型报纸（很多是结合网络）、大众型报纸等，报纸招聘的费用一般比较贵，但受众面比较广泛。一般而言，征求较低层次人员的广告，刊登在地方性报纸上即可。通常酒店选择报纸的标准是：发行量大，读者覆盖面以中青年为主，在酒店所在地有非常大的影响力。

（2）网络。

网络是比较新型的招聘信息发布途径，而且随着社会的发展，网络招聘越来越成为招聘的主力，同时网络招聘的成本也不高。

网络招聘的优点：招聘信息传播范围广、速度快、信息留存时间可控，供需双方选择余地大，且不受时间、地域的限制。

在网络招聘中，酒店如果有自己的网站，可以在自己的网站上发布招聘广告，也可以与外部网站建立链接，相互对应，这样更能强化招聘的效果。如果酒店在自己的网站上发布招聘广告，要注意将招聘广告放在首页，并设计一定的动画效果。专业招聘网站可以为酒店招聘者提供查询、检索应聘者信息库的条件，使招聘工作中的人员初选变得轻松易行，招聘网站也可以帮助酒店筛选电子邮件，将合适的求职人员简历转发给招聘的酒店。

（3）专业杂志。

专业杂志作为一种工作资料，虽然专业性强、阅读人员有限，但受重视程度高，留存时间长。因此，酒店在招聘诸如高级管理人员、高级厨师、计算机网络管理员等时，均可考虑选择这些人员可能接触到的专业杂志。

4.校园招聘

大中专院校,特别是旅游院校,是人才汇聚的地方,许多酒店招聘专业服务人员,基本上都直接从学校招聘。通过校园招聘,酒店不仅可以挑选到合适的人才,还能够起到宣传自身的作用,并对潜在员工进行酒店文化的渗透,从多方面产生人力资源管理的作用。

酒店应努力建立和维护与目标大学的关系,及时获取毕业大学生的动态,并"先下手为强",以确保自身招聘到的应届毕业生素质比较高。如果酒店的人才培养体系和激励机制比较健全,应届毕业生一般对酒店会非常认同,忠诚度也会比较高,当然,由于当前大学生的一些特点,酒店通过校园招聘招到的员工前期的跳槽率一般也会比较高。

根据酒店所需人员数量,校园招聘可以分为大型招聘和小型招聘两种形式。大型招聘,一般是由招聘单位到目标学校举行报告会,向毕业生介绍酒店的基本情况、招聘岗位、招聘条件等,然后发放求职登记表,收回后进行筛选。小型招聘,是由一两名招聘人员到学校就业指导部门和有关专业院系,由就业指导部门和院系提供招聘对象毕业生的名单,以促成双方面对面交流。

筛选后,酒店需要与学生进行初次面谈,面谈时酒店工作人员态度要诚恳,要尊重学生,要把酒店的具体情况向学生介绍清楚,努力把优秀毕业生吸引到酒店中来。初选名单确定后,通常要对其进行精选,此时可能采取二轮面试、心理测试、专业能力选拔、综合素质测试等方式。

通过这些方式对学生进行综合考察后,如决定录用,最好将决定当面告诉学生,以便及时签约,避免酒店预录用的学生在有其他工作机会时另作打算。通常情况下,招聘酒店要与学校就业指导部门合作,学校就业指导部门能够为招聘酒店提供多方面的协助,如通知学生、安排面谈、提供场所和学生履历表等。

五、酒店招聘员工甄选与配置

为酒店甄选和配置合适的员工,是发挥酒店结构功能、实现酒店发展目标的内在保证。管理者需通过对工作岗位要求和员工素质进行分析,为每一个岗位配置合适的员工以完成酒店发展目标所需要开展的各项工作。人力资源部会根据员工的能力和岗位工作要求,把合适的员工安排到合适的岗位,实现人得其事、岗得其人、人尽其才、才尽其用、效率优化。

(一)员工甄选

员工甄选,是酒店招聘、配置人员过程中最重要的一环,通过一系列获得个人信息资料的系统,以及一些标准化的程序,酒店需要认真确认求职者个人资料的真实性,同时根据岗位要求,通过各种方法测试应聘者具体的能力,为每个岗位配置合适的优秀人员。

员工甄选一般包括以下几个方面的工作内容。

1.简历分析和筛选

简历分析和筛选是员工甄选的第一步,在人力不紧张而投简历人员过多的情况下,可以对简历进行适当的筛选,把一些明显不符合标准的人员排除在面试及复试的范围,以免浪费招聘人员的精力与时间。

通过应聘者投递的简历或者填写的应聘申请表,酒店人力资源部门不仅可以了解应聘

者的基本情况（如年龄、性别、身高、外貌、学历、专业、家庭情况、受教育状况、兴趣爱好等），还可以知晓应聘者是否具有相关的从业经验和工作技能，是否接受过相关培训，是否能够立即上岗等，这些都有助于酒店做出初步决定，即该应聘人员是否基本具备职位要求的资格，酒店是否给予面试的机会。

在简历筛选时，一般把人才分为甲类（明显合格）、乙类（基本不合格）和丙类（明显不合格）三类。每个岗位一个数据包，如果在候选者中，甲类人才已经充分，则可以不考虑乙类人才，如果甲类人才不够，则可以考虑在乙类人才中挑选优秀的人才进入面试环节。甲类和乙类人才的数量可以根据招聘的具体进度适时调整。在履历筛选完毕后，酒店应当给符合面试条件的应聘者发出面试通知，邀请应聘者进入下一轮测试环节。

2.应聘者面试

面试是一种在特定场景下以面对面的交谈与观察为主要手段的甄选员工的方法，是由表及里地测评应聘者有关素质的方式，它在酒店人力资源招聘中得到大量使用。需要注意的是，面试不是一般性的交谈或谈话，而是经过专门设计的；也不是在一般情景下对应聘者进行日常的观察和考察，而是在特定场所下进行的，场所是按一定要求设置的；面试不像一般的口试只强调口头语言的测评，它包括对非口头语言行为的综合分析和判断，通过多种方式对应聘者能力水平进行测试，而且面试也并非包罗万象，只是根据招聘职位的特点有选择地针对其中一些必要的素质进行测评。因此，人力资源管理者应正确对待面试，认真做好准备。

（1）确定酒店选人的软性门槛。

在面试前，酒店应根据自己的行业性质及企业文化为自身设定一个软性门槛。门槛是指进入本酒店必须具备的基本条件，不具备这一条件的人，无论其他条件多么优秀，也是无法踏进本酒店大门的。门槛应当是软性的，即每一位酒店员工（包括酒店的总经理、部门经理以及每一名普通员工）都必须具备的基本素质与条件，而不是一些人可能具备与岗位相关的能力，却无法达到的硬性条件。如"MBA或企业管理硕士、男性、35岁"就是一种硬性的门槛，而像"具有团队精神、能够承受压力"这样的条件就是一种软性门槛。

（2）选定面试场所。

为了保证面试的质量，应选择一个舒适干净的场所，不要受到外人干扰。如果有条件，最好选择接近应聘者未来工作的地方，以便在面试后，带领表现较好的应聘者去参观工作场所，加深应聘者对工作环境和工作内容的了解。此外，在等候面试区域，应设置报纸杂志栏、饮水机以及明显的洗手间标志等。

（3）确定面试的形式。

要组织面试，首先应确定本酒店打算采取的面试形式，也就是面试的类型。一般而言，大多数酒店的面试主要采取以下两种形式甄选员工。

①系列式面试（亦称"循序式面试"）。

这是由数位面试官（如酒店各个层次的管理者）陆续对应聘者进行面试。在这种面试中，应聘者需要经历几轮面试，首先由人力资源部门初步判定该应聘者适合的部门与岗位，并推荐给部门经理，部门经理面试后确定是否需要，然后推荐给总监。在不同轮次的面试中，各面试官都会根据自己的看法，对应试者提出不同的问题，然后将自己的评价意见写在

66

一张标准化的评估表上。最后,人力资源部要组织所有的面试官讨论和比较评价结果,以达成共识。这种面试形式的缺点表现为甄选时间较长且低水平面试官可能会因识人不当将一些优秀的人才剔除。这种面试形式的优点是比较适用于应聘人数特别多的情况,可以节省管理者的时间,因此被普遍应用于酒店业。采用这种面试形式时,需要注意的是,应当和应聘者说清楚面试程序,以免引起应聘者的反感。

②陪审团式面试(亦称"小组面试")。

这是由数位面试官同时对应聘者进行面试。与系列式面试相比,陪审团式面试的优点在于,各位面试官同时参加面试,应聘者可以一次性陈述基本情况,可以在同一场合回答不同面试官提出的问题,不仅可以节约时间,同时还可以使面试官员了解更多的情况。此外,这种面试形式覆盖了不同层面的管理者,不易有偏见。但陪审团式面试这种形式对候选人压力太大,因此,仅适用于管理职位、市场销售职位等的面试,而不适用于应届毕业生或者普通服务人员的面试。

(4)确定面试过程中的环节与程序。

在现代酒店中,大多数人力资源管理部门在对应聘者进行面试时,都会采用结构化面试的方法,即遵循事先规划出来的一系列问题向应聘者提问。结构化面试中的主要环节分为以下几部分。

①开场白。主要目的是营造轻松的面试气氛,告诉应聘者面试中采取的面试方法。

②主要背景回顾。向应聘者介绍酒店的基本概况、此次招聘的原因、空缺岗位的基本信息等。

③行为事件回顾。通过一些问题的提问,要求应聘者对过去的工作经历进行回顾,了解应聘者的素质,据此进行分析,进而推测应聘者能够胜任的岗位,并且在该岗位上是否可以做出优秀业绩。

④附加信息咨询。询问应聘者的期望与想法,尽可能地挖掘应聘者的信息资料。

⑤结束面试。在面试结束前,应留有时间让应聘者提出问题,也可以将有关工作的详细情况告诉应聘者。结束面试时,要明确告诉应聘者,如果被录用,大约在何时可收到录用通知。

⑥评估。应聘者离去之后,面试官应立即仔细检视面试记录,认真回顾面试印象,并把相关资料和评估意见填入面试评价表中,综合这些背景资料,做出综合判断,决定是否录用,酒店中层和高层职位的应聘者的录用应由酒店中高层领导再次或多次与之面谈后再行定夺。

有时,面试官也许并不按照预定程序向应聘者提问,他所提出的问题也没有遵循既定的路线,而是具有较大的随机性,往往是根据应聘者的反应,即兴地提出不同方面的问题。因此,双方的对话往往呈现出各种方向。这种面试灵活且自然,可以广泛地发掘应聘者的信息。当然,这种面试要求面试官对空缺岗位的工作相当熟悉,所提的问题应以空缺岗位的工作规范为依据。

(5)确定面试中的问题。

面试官在对应聘者进行面试时,提出的每个问题都具有较强的目的性,每类问题的存在都有其存在的必要性,根据提问的目的以及问题出现的时机,面试官可以提出的问题主要有

以下几大类。

①引入式问题——渐入佳境。此类引入式问题可与面试本身的主题没有太大的关联性，面试官询问的问题一般都是一些应聘者熟悉且简单的问题，其目的在于建立良好的面试气氛，令应聘者放松，让面试官和应聘者切入面试话题，一般用于开场白，或者用于面试官获取应聘者的初步信息。例如，你家住在哪里？离酒店远吗？你今天是如何抵达酒店的？你学的这个专业是自己选择的吗？

②行为式问题——穷追不舍。此类问题是面试过程中最为重要的一类问题，这类问题通过对应聘者过往实际工作事例的询问和挖掘，了解应聘者的行为特征、能力水平及业绩状况。其目的在于通过应聘者过去的行为表现，判断应聘者是否具备相应的工作经验与工作能力，以及相关的分析问题、处理问题的综合能力，并且据此推断其未来的工作表现。

为了深入了解应聘者，并让其全面展示自己的行为表现，面试官在提问行为式问题时，可以使用"STAR"法逐次提问。

- S 是指 situation，去干某件事的情景。
- T 是指 target，干某件事的目标。
- A 是指 action，干某件事的行为。
- R 是指 result，干某件事最终的结果。

通过"STAR"法深层次挖掘应聘者的行为表现。比如某一应聘者来应聘酒店销售职位，他介绍说自己是原来酒店里的最佳销售人员，这种介绍没有任何实际意义。面试官需要追问："在什么情景下进行销售？具体采取了什么措施销售出了酒店的客房及其他产品？原单位有多少销售人员？该酒店为销售人员设置的销售标准底线是多少？"经过这一系列的深层次追问，面试官才能真正得出该应聘者是不是真正的销售高手的结论。或者当应聘者说自己有极强的应变能力时，面试官可以请他以过去处理事情的实例来说明自己如何成功地解决了一桩棘手的事件。

③应变式问题——暗藏玄机。面试官可以通过提出一些有难度，甚至两难或多难的问题让应聘者来回答和分析。其目的在于判断应聘者的逻辑思维能力、分析问题的能力，以及能否透过现象看到事物本质的能力。需要注意的是，此类问题不是游戏类的"脑筋急转弯"，在问题的背后一定有面试官隐含着的考察要素。

④动机式问题——意欲何为。面试官可以询问："为何选择这个行业？""为何选择到本酒店工作？""为何要变换工作？""在工作中看重什么？"这类问题都属于动机式问题，其目的在于了解该应聘者求职的真实动因，也可以看到应聘者的价值观是否与公司文化相符合。在应聘者回答此类问题时，面试官应当判断应聘者的回答是否有说服力。

⑤虚拟情境式问题——身临其境。为了判断应聘者分析和解决问题的能力，是否有足够的相关工作经验，以及他考虑问题的系统性，面试官可以提出空缺岗位实际工作中会发生的具体工作难题，请应聘者提出解决方案。例如，面试餐饮部员工时可以询问："何时为客人换烟灰缸？如何换？"

⑥压迫式问题——兵不厌诈。面试官可以用穷追不舍的方式针对空缺岗位工作中的某一项事项发问，逐步深入，不厌其详，直至应聘者感到有心理压力、不好回答，甚至无法回答为止。这除了可以深入了解应聘者的岗位知识技能外，真正注重的是测试应聘者应对工作

压力的心理素质、机智程度、应变能力和自我控制能力,同时还可以用于测谎。采取这种面试方法,要求面试官必须熟悉空缺岗位的工作,并具备较高的面谈控制能力,使面试中所施予应聘者的压力真正是空缺岗位的工作中所常有的。需要注意的是,在使用压迫式问题考察应聘者时要慎重,不要超出应聘者的心理承受能力,更不要引起争吵。

（6）进行面试总结。

在面试时,面试官应及时做好面试记录,以便最后对应聘者进行全面评价。

3. 管理评价中心技术

管理评价中心技术是近年来新兴的一种选拔高级管理人员和专业人才的人员甄选方法,它采用情景性的测评方法对应聘者的特定行为进行观察和评价。测试人员根据职位需求设置各种不同的模拟工作场景,让应聘者参与,并考查他们的实际行为表现,以此作为人员甄选的依据。

目前,酒店招聘员工采用的管理评价中心技术主要包括无领导小组讨论、公文处理、演讲。

（1）无领导小组讨论。

①无领导小组讨论的概念。

无领导小组讨论是指通过给一组应聘者(一般是5~7人)一个与工作相关的问题,让应聘者进行一定时间(一般是1小时左右)的讨论,来检测应聘者的组织协调能力、口头表达能力、辩论能力、说服能力、情绪稳定性、处理人际关系的技巧、非言语沟通能力(如面部表情、身体姿势、语调、语速和手势等)等各个方面的能力和素质是否达到拟任岗位的用人要求,以及自信程度、进取心、责任心和灵活性等个性特点和行为风格是否符合拟任岗位的团体气氛,由此来综合评价应聘者。

在无领导小组讨论中,或者不给应聘者指定特别的角色(不定角色的无领导小组讨论),或者只给每个应聘者指定一个彼此平等的角色(定角色的无领导小组讨论),但都不指定谁是领导,也不指定每个应聘者应该坐在哪个位置,而是让所有应聘者自行安排、自行组织。评价者只是通过安排应聘者的活动,观察每个应聘者的表现,来对应聘者进行评价,这也就是无领导小组讨论名称的由来。

②无领导小组讨论的优缺点。

无领导小组讨论能检测出笔试和单一面试所不能检测出的能力或者素质;可以依据应聘者的行为、言论来对应聘者进行更加全面、合理的评价;能使应聘者在相对无意中显示自己各个方面的特点;使应聘者有平等的发挥机会,从而很快地表现出个体上的差异;节省时间,能对竞争同一岗位的应聘者的表现进行同时比较(横向对比);应用范围广,能应用于非技术领域、技术领域、管理领域等。

但无领导小组讨论对测试题目和考官的要求较高;同时,单个应聘者的表现易受其他应聘者的影响。

③无领导小组讨论的试题从形式上而言,可分为以下几种。

a.开放式问题。开放式问题的答案范围可以很广泛,它主要考查应聘者思考问题是否全面、是否有针对性,思路是否清晰、是否有新的观点和见解。例如:你认为什么样的领导是好领导?关于此问题,应聘者可以从很多方面,如领导者的人格魅力、才能、亲和取向、管理

取向等来回答,可以列出领导者的很多优良品质。对考官来讲,这种题容易出,但不容易对应聘者进行评价,因为此类问题不太容易引起应聘者之间的争辩,所考查应聘者的能力范围较为有限。

b. 两难问题。两难是让应聘者在两种互有利弊的答案中选择其中的一种。两难问题主要考查应聘者的分析能力、语言表达能力以及说服能力等。例如:你认为以工作为取向的领导是好领导,还是以人为取向的领导是好领导? 此类问题对应聘者而言,既通俗易懂,又能够引起充分的辩论;对于考官而言,不但在编制题目方面比较方便,而且在评价应聘者方面也比较有效。需要注意的是,此类题目的两种备选答案都具有同等程度的利弊,不存在其中一个答案比另一个答案有明显的选择性优势。

c. 多项选择问题。多项选择是让应聘者在多种备选答案中选择其中有效的几种或对备选答案的重要性进行排序。这种问题主要考查应聘者分析问题、抓住问题本质等方面的能力。

d. 操作性问题。操作是指给定材料、工具或道具,让应聘者利用所给的材料制造出一个或一些考官指定的物体来。这种问题主要考查应聘者的能动性、合作能力以及在一项实际操作任务中所充当的角色的特点。此类问题,考查应聘者的操作行为比其他类型的问题要多一些,情景模拟的程度要大一些,但考查语言方面的能力则较少,对考官和题目的要求都比较高。

e. 资源争夺问题。资源争夺问题适用于指定角色的无领导小组讨论,是让处于同等地位的应聘者就有限的资源进行分配,从而考查应试者的语言表达能力、概括或总结能力、发言的积极性和反应的灵敏性等。如让应聘者担当各个分部门的经理并对一定数量的资金进行分配。因为要想获得更多的资源,自己必须要有理有据,必须能说服他人,所以此类问题能引发应聘者的充分辩论,也有利于考官对应聘者的评价,只是对试题的要求较高。

总的来讲,无领导小组讨论可分为以下三个阶段。

第一阶段,应聘者了解试题,独立思考,列出发言提纲,一般为5分钟左右。

第二阶段,应聘者轮流发言阐述自己的观点。

第三阶段,应聘者交叉辩论,继续阐明自己的观点,或对别人的观点提出不同的意见,并最终得出小组的一致意见。

④无领导小组讨论的具体程序如下。

讨论前事先分好组,一般每个讨论组以6～8人为宜。

考场按易于讨论的方式设置,一般采用圆桌会议室,面试官席设在考场四周或集中于一边,以利于观察为宜。

应聘者落座后,监考人员为每个应聘者发空白纸若干张,供草拟讨论提纲用。

主考官向应聘者讲解无领导小组讨论的要求(纪律),并宣读讨论题。

给应聘者5～10分钟的准备时间,构思讨论发言提纲。

主考官宣布讨论开始,依考号顺序每人阐述观点(5分钟),依次发言结束后开始自由讨论。

各面试官只观察并依据评分标准为每位应聘者打分,但不准参与讨论或给予任何形式的诱导。

无领导小组讨论一般以 40～60 分钟为宜,主考官依据讨论情况,宣布讨论结束后,收回应聘者的讨论发言提纲,同时收回各面试官的评分成绩单,应聘者退场。

记分员采用去掉一个最高分、一个最低分,然后得出平均分的方式,计算出最后得分,主考官在成绩单上签字。

⑤无领导小组讨论的评分。

a.评分方式。一般而言,无领导小组讨论的评分有以下三种方式。一是各面试官对每个应聘者的每一个测评要素打分。二是不同的面试官对不同应聘者的每一个测评要素打分。三是各面试官分别对每个应聘者的某几个特定测评要素打分。在具体实施期间,面试官之间可根据水平和特长等具体情况,有针对性地选择使用某一种评分方式。

b.评分内容。评分内容一般包括以下三个方面。

第一,语言方面。语言方面的评分一般包括发言主动性、组织协调能力、口头表达能力、辩论说服能力、论点的正确性等,这些不同的要素应根据职位的不同有不同的权重。在具体实施过程中,考官可根据具体情况,确定测评要素和各要素的权重,与具体的岗位、职位相对应。

第二,非语言方面。对于非语言方面,一般通过面部表情、身体姿势、语调、语速和手势等方面来进行评分。

第三,个性特点。对于个性特点,一般从自信程度、进取心、责任心、情绪稳定性和反应灵活性等方面进行评分。

(2)公文处理。

①公文处理的概念。

公文处理是管理评价中心技术中常用和核心的技术之一。它通常用于管理人员的选拔,是考查授权、计划、组织、控制和判断等多项能力素质的测评方式。一般做法是让应聘者在限定时间(通常为 1～3 小时)内处理事务记录、函电、报告、声明、请示及有关材料等文件,内容涉及人事、资金、财务、工作程序等方面。一般只提供日历、背景介绍、测验提示和纸笔,应聘者在没有旁人协助的情况下回复函电、拟写指示、做出决定、安排会议等。评分除了看书面结果外,还应要求应聘者对其问题的处理方式做出解释,考评人员根据其思维过程予以评分。

公文处理具有考查内容范围广、效率高的特点,因而非常受欢迎。

②公文处理的特点。

公文处理就是让应聘者处于模拟的工作情景中去完成一系列任务,与通常的纸笔测验相比,该方法显得生动灵活且有创新性,能较好地反映应聘者的真实水平。这种测验方法主要考虑到了应聘者在日常工作中接触和处理大量文件的需要。

公文处理有两个突出的优点:

一是考查的内容范围广。作为纸笔形式的公文处理,测评应聘者的依据是文件处理的方式及理由,是静态的思维结果。因此,除了必须通过实际操作的动态过程才能体现的要素外,任何背景知识、业务知识、操作经验以及能力要素都可以蕴含于文件之中,通过应聘者对文件的处理实现对应聘者素质的考查。

二是它的表面效度高。由于公文处理所采用的文件十分类似于应聘者应聘职位上常见

的文件,有时就是完全真实的文件。因此,若应聘者能妥善处理测验文件,就理所当然地被认为具备职位所需的素质。前一个优点使得公文处理具有广泛的适用性,而后一个优点使之易为人所理解和接受。

当然,公文处理在实施中也有如下缺点。

第一,评分比较困难。一份文件的处理,除了个人素质的原因外,机构、氛围、管理观念等不同的组织具有不同的评价标准。在我国从事实际工作的人们往往缺乏对招聘单位管理或经营状况的深入了解,因而对文件处理如何能充分表明应聘者具备的招聘职位所需素质,专业人员与实际工作者往往存在理解上的差异。因此,评分不容易把握。

第二,不够经济。测验的设计、实施、评分都需要较长的时间,投入的精力和费用也比较多。

③公文处理的构成。

公文处理由测验材料和答题册两部分组成,以纸笔方式作答。

a. 测验材料。提供给应聘者的资料、信息是以各种表现形式出现的,包括信函、备忘录、通知、报告、投诉信、财务报表、政府公函、账单等。测验中所用的材料共有十几份,每份材料上均标有编号,材料是随机摆放在公文筐中的,应聘者在测验的各个阶段中都要用到这些材料。

b. 答题册。答题册是供应聘者针对材料写处理意见或报告的地方,也是应聘者唯一能写答案的地方。评分时,考评人员只能根据答题册上的内容进行计分。答题册包括总指导语和各部分测验的指导语,它提供了完成测验所需的全部指导信息,完成各部分测验所需的指导语在各部分开始时给出。

④公文处理的步骤。

公文处理的实施过程分为准备、实施和评分三个阶段。

a. 准备阶段。准备阶段主要指测验材料和测试场所的准备。给每个应聘者的测验材料事前要编上序号,答卷纸也要有相应序号,实施前要注意清点核对。答卷纸主要由三部分内容构成:一是应聘者姓名或编号、应聘单位和职位、文件序号等;二是处理意见或处理措施、签名及处理时间;三是处理的理由。文件序号只是文件的标识顺序,不代表处理的顺序,应允许应聘者根据事情的轻重缓急进行调整,但给所有应聘者的文件顺序必须相同,以示公正。测试的场所要求比较宽敞、安静,每人一桌一椅,相互之间无干扰。为了保密,最好所有应聘者在同一时间完成。如果文件内容涉及招聘单位内部的一些情况,测试前应对所有应聘者提供培训,介绍相关情况,缩小内部应聘者和外部应聘者对职位熟悉程度的差别。

b. 实施阶段。主考官要对测验要求进行简单介绍,说明注意事项,然后发给应聘者测试指导语和答卷纸,同时回答应聘者的提问,当应聘者觉得没有问题后再发测试用的文件。应聘者人数比较少时,也可以一次性将材料全发给应聘者,但要求应聘者严格遵从主考官的要求,先看指导语再看文件。

测试指导语是测试情景、应聘者扮演的角色、应聘者任务和测试要求的说明,必须明确、具体、一目了然。有时在初级人员的公文处理中,发给应聘者指导语后,让应聘者完成一个指导语的测验,迫使应聘者熟悉理解指导语,这在文化水平低的群体中有时十分有用。在应聘者正式进入文件处理后,一般不允许应聘者提问,除非是测验材料本身有问题。

c.评分阶段。评分宜在应聘者做完后立即进行,当有质询应聘者的设计时,特别应该如此。为求客观,可将应聘者编号,由一个人将应聘者的处理意见和处理理由念给所有评分者听,由各位评分者独立评分。为了保证评分的一致性,事前的评分者培训很重要,可以考虑对一部分应聘者进行试评分,考查各个评分者对标准的掌握程度及评分过程中存在的问题,待取得一致意见后再往下进行。评分时,可按序号逐一评定,也可按文件内容分类评定。前一种办法可以对应聘者的素质形成整体印象,后一种办法容易达成评分标准的一致性。

⑤公文处理试题设计。

公文处理试题的设计必须紧紧抓住以下三个环节。

a.工作分析。深入分析职位工作的特点,确定胜任该职位必须具备哪些知识、经验和能力。通过工作分析,要确定公文处理要测评什么要素,哪些要素可以得到充分测评,每个要素应占多大权重。

公文处理一般可以考查以下要素:书面表达及理解能力;统筹计划能力;组织协调能力;洞察问题和判断、决策能力;任用授权能力;指导控制能力;岗位特殊素质,如法规、条例知识等。

b.文件设计。文件设计包括选择文件的种类,如信函、报表、备忘录、批示等;确定每个文件的内容,选定文件预设的情景等。文件数量较多,时间以 2～3 小时为宜。文件的签发方式及行文规定可以忽略,但文件的行文方向(对上与对下、对内与对外等)应有所区别。特别要注意各个文件测评要素的设计。对一个文件的不同处理可以体现不同的要求,对文件的处理方式要有所控制,确定好评分规则或评分标准,尽量避免每个要素同时得分和无法归于某一要素的情况出现。

整个公文处理试题的设计要特别注意以下两点。

一是要注意测验材料难度的把握。目前,国内对各个职位应具备何种程度的知识、经验和能力缺乏客观可靠的依据,难度的把握比较困难。把握不准,材料过难,固然可能选拔到人才,但大材小用,很难设想这个人会安心做本职工作,且会导致人力资源的浪费;材料过于容易,测验会出现"天花板效应",大家都得高分,区分不出应聘者的能力。

二是要注意对材料真实性程度的把握。完全杜撰的材料,应聘者可以根据一般知识进行推理,处理的结果没有针对性,看不出应聘者的水平差异,应聘者被录取后需要经过较长时间的培训和适应才能胜任工作。完全真实的材料,过于偏重经验的考查,忽视了潜能的考查,最后选拔到的人无疑是完全与招聘单位文化气氛相同的人,违背了引入外来人才给单位输入新鲜血液的本来目的。同时,完全真实的材料,使招聘考试本身对单位内部应聘者和单位外部应聘者不公平,同样的能力水平,内部应聘者被录取的可能性更大,结果给人留下"一切都是内定,考试不过是走形式"的印象,这对真正想引进外部人才的单位尤其不利。

c.测验评分。实施公文处理之后,评分一般由专家和具备该职位工作经验的人进行,除了前面设计时要制定好评分标准外,更重要的是对评分者进行培训,使评分者根据评分标准而不是个人的经验来评分。评分的程序也要特别注意,可以考虑各自独立评分,然后交流评分结果,对评分差异各自陈述理由后,再独立进行第二次评分,最后将评分结果进行统计,以平均分作为最后得分。有时,在应聘者答案不明确的情况下,需要询问应聘者,根据其对处理方式的解释来确定得分。

（3）演讲。

①演讲的概念。

演讲是由应聘者按照给定的材料组织并表达自己的观点和理由的过程。通常，在应聘者拿到演讲题目后给予其5～10分钟的准备时间。正式演讲通常控制在5分钟左右，有时演讲完毕后，主考官会针对演讲内容对应聘者提出疑问或质询。

面试演讲与一般演讲、答辩既有区别又有密切的联系。

第一，其目的性既有相同点，又有差异。不管是面试演讲、一般演讲还是答辩，其本质上都是说话者试图使对方认同或接受自己的观点和主张，而其具体目标又不相同。面试演讲主要以争取职位为中心而采用与之相关的材料和话题进行交流，其性质倾向于交易和谈判，其基础是双方各从对方身上得到某种利益的同时又付出某种利益。一般演讲以灌输思想为主要手段，其目的是想感召听众，使他们行动起来。答辩是教学的一种补充形式，通过答辩，可以使论文作者对所论论题有更清楚、更深刻的认识，使论文更完善。

第二，三者在准备、设计阶段大同小异。不管是一般演讲、面试演讲还是答辩，在实施之前都必须经过精心的准备，并结合自己的思想感观试图把思想灌输给对方并感召对方。面试演讲可以从一般演讲和答辩中借鉴一些有用的东西。

②演讲法的优缺点。

演讲法的优点是能够更方便、直接地观察了解应聘者的口才、思想和逻辑等各方面的能力，信息量大，观察面广，灵活，可操作性强。但演讲法也有不足，其缺点在于片面强调口头功夫，对实际能力考查不够，如果能结合情景面试、笔试等方法进行综合测评则效果更佳。

③演讲法的主要评价要素。

演讲法的主要评价要素包括以下几个方面。

a. 应聘者的素质：先进的思想素质；崇高的道德品质；丰富的知识素质；良好的心理素质。

b. 应聘者的能力：敏锐的洞察力；敏捷的思维能力；较强的信息搜集能力；较好的口语表达能力；磁石般的吸引力。

c. 应聘者的形象：仪容仪表；言谈举止。

d. 应聘者演讲的内容：内容的熟悉性，演讲的内容对于面试者来说是否熟悉，主要可以从专业角度考虑面试者对于专业知识是否能活学活用；内容的现实性，即应聘者所演讲的内容是否贴近现实生活而非照搬书本上的知识，有没有与现实情况相结合并加以思考；内容的充实性，即演讲的内容有血有肉，有说服力，并非只有空洞的框架和口号，而没有透彻的说理与分析论证。

应聘者演讲成功的标准包括以下方面：上场镇静；思路清晰，层次分明；语言流畅，逻辑性强；声音洪亮，抑扬顿挫；观点明确；动作自然；内容吸引人；口头语少；能用具体可信的事例说服人；目光交流到位。

4. 心理测试。

心理测试是通过一系列的心理学方法来测量应聘者的智力水平和个性方面差异的一种科学方法。酒店常用的心理测试方法有身体能力测试、人格测试、兴趣测试、成就测试等。

（1）身体能力测试。

身体能力测试不仅有利于预测应聘者未来的工作绩效，而且还有利于预测可能会出现的工伤、职业病等情况。身体能力测试共包括七种类型的测试:肌肉力量、肌肉张力、肌肉耐力、心肌耐力、灵活性、平衡能力、协调能力。

一般说来,从事特种体力劳动的职位需要对应聘者的身体能力进行测试,以确定应聘者是否能达到基本的身体要求。

目前,酒店在招聘员工时,要求员工必须具有健康证才能正式录用,这是身体能力测试的一种简化。酒店给员工办理健康证,只要咨询当地疾病控制中心健康体检科,确定疾控中心指定的体检医院后,就可与其中任意一家体检医院办公室联系办理健康证。

(2)人格测试。

人格测试在西方管理学和心理学界具有悠久的历史,大量的人格测试方法已开发并使用起来。一般酒店招聘时常用的有两种方法:自陈法和投射法。

①自陈法。假设前提是"只有本人最了解自己",因此其资料来源主要是依靠应聘者提供的关于自己个性的回答。这种方法最大的缺点在于应聘者可能诚信不足,即应聘者是否会美化自己的人格特征,尤其是在问卷的答案倾向性过于明显时。自陈法大多采用是非法和选择法。

②投射法。假设前提是人们对于外界刺激的反应都是有原因的,而不是偶然的,且这些反应主要取决于个体的特征。这种方法一般利用某种刺激物,要求应聘者根据刺激物进行联想,并以此来探究他们的心理状态、动机、态度等个性特征。

投射法相较自陈法,发生偏差的可能性小一些。投射法的结构使得应聘者不知道测试到底在测量什么,也不知道自己透露了些什么,故其无法故意地制造偏差。

(3)兴趣测试。

兴趣测试即对某人进行兴趣和爱好的测试。对于酒店工作,兴趣至关重要,假如一位员工对与人打交道不感兴趣,那他就无法成为一名合格的酒店服务员。因此在人员招聘中,兴趣测试也常常被应用。员工甄选中应用兴趣测试的基本依据是:如果一个人表现出与某一职业中那些工作出色的人相同的兴趣,那么,此人在这个职业中很有可能会得到满足,进而努力工作。如果一个人对某种职业根本不感兴趣,那么此人做这种工作成功的希望就很小。相反,如果工作适合一个人的兴趣,则更有利于他发挥特长,使其能力充分体现出来,做好工作。

(4)成就测试。

成就测试的目的在于测试一个人对某项工作实际上能完成到什么程度。成就测试的内容一般包括考察求职者对某项工作所具有的技能与知识。它能分辨出哪些人较有能力去执行某项工作,不管他从前的职业是什么,也不论他想升迁还是调动,成就测试均能有效地给予帮助。

目前,酒店人力资源部通常聘请外部专业咨询机构进行成就测试,并且费用比较昂贵。因此,酒店只有在选拔高级管理人员时才使用成就测试。

5.笔试

笔试是一种与面试对应的测试,是考核应聘者学识水平的重要工具。这种方法可以有效地测量应聘人的基本知识、专业知识、管理知识、综合分析能力和文字表达能力等素质及能力。

笔试在员工招聘中有相当大的作用,尤其是在大规模的员工招聘中,它可以一下子把员工的基本活动了解清楚,然后可以划分出一个基本符合需要的界限。笔试适用面广,费用较

少，可以大规模地运用。但是分析笔试结果需要较多的人力，有时应聘者会投其所好，尤其是在个性测试中显得更加明显。笔试的内容一般包括通识知识、专业知识，以及对专业能力、学习能力等方面的考查。

（二）员工配置

招聘小组对所有复试者做出评价，提出录用或不录用意见，经酒店领导批准后，对录用者发送录用通知书。对不录用者，也应发函通知，并致谢。

在录用前须澄清一些事项，如录用条件、待遇与福利、特殊工作要求等。

在发出录用通知时应附注报到须知，应聘人录用后，须进行健康检查，被录用人有严重疾病的，取消录用资格。

员工报到后，根据其在招聘中的表现，对合适的人员进行合理的岗位配置。

1. 员工配置对于酒店的意义

（1）员工配置是酒店组织有效活动的保证。

对于一个酒店来说，目标的确定为酒店的活动明确了方向；酒店组织结构的建立提供了实现目标的条件。员工的甄选和配置过程要求人力资源管理者最大限度地利用好员工的能力，科学地对员工进行管理，员工配置不适当会导致酒店组织结构不仅不能成为酒店实现目标的保证，而且会影响酒店本身的生存发展。因此，员工配置对于酒店来说无疑是关键问题。

（2）员工配置是酒店人力资源的有效开发手段。

当代社会，人力成本是酒店成本中较为重要的部分，通过员工的有效配置与合理安排，内部与外部的合理配置与再配置以及其他人才挖掘渠道的拓宽，都有利于酒店对于人才的培养和储存，而所有精简后的编制、精干的人员也越来越受到酒店的重视。在管理过程中，应通过适当甄选、配置和使用员工，实现员工与工作任务的协调匹配，从而使人力资源得到高度开发。

（3）员工配置是做好领导与控制工作的关键。

在酒店中，员工配置是以计划和组织工作为前提，是计划和组织工作的落实，又为领导和控制工作奠定了坚实的基础。

一家酒店，如果员工配置不当或不完善，如主管人员的德才与职务要求不相符，无法发挥出色的才能，就不可能营造出良好的环境，使全体员工的积极性、主动性和创造性得到高度发挥；同时，下属员工配备不合理，势必会给控制工作带来更大困难，从而加重上层主管的监督和纠偏工作。因此，就管理方面而言，员工配置是酒店其他管理职能能否顺利实现的关键。

2. 员工配置的工作内容

（1）确定员工需求量。

参照组织机构图、员工流动率，以及酒店规模档次、经营状况等因素来确定员工需求量。明确有多少事情需要多少人来完成，但是这种员工配置情况不是绝对的，也会随着酒店业或者社会经济的发展而产生变化。

（2）选择合适的员工。

根据岗位设计和分析选择符合相应条件的员工，这些员工可能来自酒店内部或外部社会。遵循把合适的人安排在合适岗位的原则，使用一系列科学的测试、评估和甄选方法。如果是为新开业酒店甄选员工,可根据酒店方对员工的需求量在社会上公开招聘。若是对现有酒店机构中的员工配置进行重新调整,则需要将需求量与内部现有人力资源状况进行分析和对比,找出预计缺额,再确定需要从外部招聘的员工类别和员工数量。

(3)员工配置的适用性分析。

员工的甄选和配置形成以后,酒店也要从使用效果和适应性方面对员工进行分析,能力的高与低、业绩的好与坏等都会影响酒店的员工管理质量以及客户的满意度。通过有效的分析也可以更好地了解员工,及时调整岗位,以实现人岗有效的匹配。

3.员工配置的注意事项

(1)酒店的档次及规模。

现代社会,酒店的档次高低越来越明晰,规模也是从小到大一应俱全,尤其是一线城市,更是囊括各种品牌、各种档次的酒店。因此,酒店管理人员在进行员工配置时就必须要考虑到酒店自身的条件达到了什么样的级别或者属于什么类型,再根据实际情况来确定配置。如果酒店规模小,配置岗位和数量多,不仅会造成人力成本的浪费,而且可能会影响工作效率甚至酒店效益;如果酒店规模大、档次高,也要考虑清楚配置岗位多而全是否会影响员工能力的发挥和整体工作效率的提高。

(2)人选的确认及多种用工形式的采用。

员工的甄选和配置是由人力资源部和用人部门共同完成的,最终的录用决策应当由两方共同决定。员工在试用期过后,基本上可以得出其具备的相关能力和技术的指标,要注意因人而异、分工不同、各司其职。不管是哪一类的用工形式,如长期正式员工、实习生、劳务工、小时工等,最好也是由用人部门经过具体情况分析后再进行合理的员工配置、招聘和录用,既能够在人力成本上节约,也能够最大限度地发挥员工的能力,有利于提高劳动效率和酒店效益。

(3)工作程序的安排。

用人部门在员工甄选过程中除了要注重前期的能力、素质外,也要注重后期的潜力挖掘和培养。服务创新对于酒店的长远发展有着深远的意义。在工作过程中,要善于发现、总结、完善工作程序,不能因为要按照工作流程进行而生搬硬套,不去思考客人的真正需求在哪里。服务的创新不仅可以来自管理人员,而且可以来自一线服务人员,能够按需供给,使客人感到备受关注和酒店特色的个性化服务,这是管理者在做该项工作时必须考虑的问题。

项目总结

　　本项目是酒店员工招聘。学习内容涵盖酒店员工招聘的概念、作用及原则;酒店员工招聘的步骤及员工配置等,增强学生对酒店员工招聘的认识,进一步加强对酒店人力资源管理认知,酒店通过招聘并为岗位配置了合适的员工,可节省日后在培训、用人等方面耗费的时间与精力,也才有可能最大限度地避免人员的流失。通过情景模拟、实训任务、案例分析等学习,培养学生员工招聘能力,从而提升自身的工作态度、人格品质和职业道德。

实训任务

实地调研酒店员工招聘的流程

一、实训目的

以校园招聘为例，掌握酒店员工招聘的实际流程，学会分析招聘应注意的事项，对招聘进行合理的评价，增加分析问题的逻辑能力、人际交往能力、团队合作能力。

二、实训内容

(1)寻找2家不同类型的本地酒店，调研员工招聘的流程。

(2)上述2家酒店分别采访1名人力资源部管理人员，访谈校园招聘应注意的问题。

三、实训步骤

(1)学生组建项目小组。

(2)各项目小组确定调研的2家本地酒店，利用课余时间外出调研，需要拍照及拍摄视频。

(3)项目小组以PPT的形式在课堂上讲解调研内容、分析及总结。

(4)任务总分为100分，教师评分占50%，学生评分占50%。

四、实训评分表（总分100分）

酒店员工招聘流程调研实训评分表

评分点	评分标准	分值	评分
讲解内容	(1)对酒店招聘流程的讲解清晰、要点突出。(2)与酒店人力资源部管理人员访谈的内容具体，访谈效果好。(3)对酒店进行校园招聘时应注意的事项总结全面，具有说服力	40	
现场讲解	熟练、清晰、自然、有感染力	30	
PPT制作	美观、简洁、创新、突出内容	20	
团队精神	分工、合作、互助	10	

案例分析

××酒店集团的招聘

××酒店集团是国内一家发展中的酒店集团，它于2010年创立，现在拥有30多家连锁经营酒店，在发展的十几年中，集团通过外部招聘来的中高层管理人员，大约有50%的人不符合岗位的工作要求,工作绩效明显低于从集团内部提拔起来的人员。在过去的3年中,集团从外聘的中高层管理人员中有9人不是自动辞职就是被集团辞退。

外聘的集团营销二部经理因年度考核不合格而被免职之后,终于促使集团董事长召开了一个由行政副总裁、人力资源部总监出席的专题会议,分析这些外聘高管频繁离职的原因,并试图提出一个全面的解决方案。

首先,人力资源部总监就招聘和录用过程做了一个简要回顾,集团是通过职业介绍所或者报纸上刊登招聘广告来获得职位候选人的。人员挑选的工具包括一份申请表,三份测试卷(一份智力测试和两份性格测试),以及有限的个人资历检查以及必要的面试。

集团行政副总裁认为,他们在录用某些职员时,犯了判断上的错误,他们的履历看起来不错,他们面试时说得是头头是道,但是工作几个星期之后,他们的不足也就暴露出来了。

集团董事长则认为,没有根据工作岗位的要求来选择适用的人才。"从离职人员的情况来看,几乎我们任用的人都能够完成领导交代的工作,但他们很少在工作中有所作为,有所创新。"

人力资源部总监提出了自己的观点,他认为集团在招聘过程中过分强调了人员的性格和能力,而并不重视应聘者过去在酒店业方面的记录,例如,在7名被录用的部门经理中,有4人来自与其任职无关的行业。

集团行政副总裁指出,大部分被录用的职员都有一些共同的特征,例如,他们大都在30岁左右,而且经常跳槽,曾多次变换自己的工作;他们雄心勃勃,并不十分安于现状;在加入本集团后,他们中大部分人与同事的关系不是很融洽,与直属下级的关系尤为不佳。

会议结束后,集团董事长要求人力资源部总监:"彻底解决集团目前在人员招聘中存在的问题,采取有效措施从根本上提高集团在人员招聘上的质量。"

请思考:
1.××酒店集团在人员招聘中存在什么问题?
2.你对改善这些问题有什么更好的建议?

项目四 →

酒店员工培训

项目引言

当今社会,人才竞争激烈,社会发展日新月异,对于劳动密集型企业的酒店来说,人才的培养是重中之重。高素质的人才是企业发展和竞争的关键所在。培训是一种投资,高质量的培训更是高回报的投资。因此,做好员工培训工作,培养优质的人力资源是企业成功的必由之路和发展动力。本项目通过学习酒店员工培训的概念、作用、原则和类型,酒店员工入职培训和在职培训内容、方法、实施以及效果评估,酒店培训体系的概念、内容、酒店岗位技能训练和培训技巧,增强对酒店员工培训的认知和重视,为做好酒店培训工作给予指导。

任务一 酒店员工培训概述

◇ 学习目标

知识目标:

(1)了解酒店培训的概念。

(2)明确酒店员工培训的作用。

(3)掌握酒店培训的原则。

(4)掌握酒店新员工培训的类型与内容。

能力目标:

(1)会分析培训类型。

(2)会根据培训内容的不同选择不同的培训类型。

素质目标：

(1)培养合作意识、敬业精神、匠心精神。

(2)促进主动学习，端正学习态度。

◇课前任务

课前思考：培训对于学员来说就是学习，思考学习的重要性和必要性，课前小组讨论，每组派代表发言，教师做总结性发言。

案例导入

培训经理的悲哀

某知名酒店是一家高星级酒店，本应该很重视人才的培养，然而该酒店除了培训经理，没有其他专职的培训人员，培训开展得十分艰难。酒店生意不好时往往会因为培训费用高而不重视培训，生意好时觉得没必要培训。该酒店投诉多，但是生意仍然很好，所以有的领导认为不培训也可以。员工因为知识的欠缺、技能不熟练、服务态度不好等而被投诉，按照管理制度，员工自己承担后果，这样员工吃一堑长一智，时间长了，似乎也变得优秀了。再加上员工每天工作非常忙，也很累，也不想在下班或者上班空闲时间参与培训。部门领导看到部门运营好像也算正常，有问题时也及时给予相关员工批评、教育与相应的指导，对于培训经理的工作不是很配合。培训工作似乎成了培训经理一厢情愿的事情，培训经理常常为之感慨不已，却也无可奈何。

请思考：

你怎么看待该酒店培训经理的无奈？

81

酒店员工培训是酒店人力资源管理中的一个核心环节。企业的竞争归根结底是人才的竞争，员工的培养与训练是促使人才养成的重要手段。有效的培训举措在极大程度上决定了员工素质的提升，而要确保培训实效，首先需要充分认识到培训的重要性，进而建立起科学合理的培训体系保证培训工作在人力资源管理过程中贯彻落实。

一、酒店员工培训的概念与作用

酒店员工培训是指酒店为了员工在工作岗位上的表现能达到组织的要求，而实施的有计划、有组织的，以改进员工的知识、技能、态度和社会行为，提升员工工作绩效和组织效益为目的一种学习过程。酒店培训对于企业和个人而言都有着非常重要的意义。

（一）个人层面

有着良好职业素养的员工对于酒店来说至关重要，这也是酒店培训工作一直追求的目

标。酒店员工尤其是基层员工流失率高，对服务行业的认可度偏低，服务意识有待提高，专业知识和技能也需要提升。所以做好培训工作是当务之急。

1.培训可强化服务意识，培养员工良好的职业素养

服务意识是指企业员工在与一切企业利益相关的人或企业的交往中所体现的为其提供热情、周到、主动的服务欲望和意识，即自觉主动做好服务工作的一种观念和愿望，它发自服务人员的内心。

服务意识在服务性工作中尤为重要。通过培训强化员工的服务意识，培养员工良好的职业素养。酒店员工的工作就是借助酒店出售服务，服务好别人也是提高自己。有良好服务意识和职业素养的员工对工作、对客人都会有客观的认识和正确的态度，才会站在客人立场上去考虑问题，想客人之所想，急客人之所急，进而为客人提供热情而周到的服务。

2.培训可增长知识，有利于员工自身的发展

当今社会科技发展迅速，新知识、新技能日新月异。这是一个知识更新速度不断加快的时代，活到老学到老是非常有必要的。现代酒店企业都有一套成熟的培训知识体系，内容既有广度，又有深度。从基层员工、基层管理者、中层管理者到高层管理者都有相应的培训，同时也覆盖酒店各个工种。

"大数据""人工智能"等热词广受关注和热议，也催生着酒店业产生新的变化。酒店业的发展势必会对员工的要求越来越高，同时员工也有自我发展、自我实现的需要。为了应对时代的变化，保持培训学习的热情和行为，不仅可以增长知识，更有利于自身的发展和个人价值的实现。企业培训内容的升级，不仅是自身知识在增长，也是自身资历在升级，有时也会伴随着自己职位的晋升。

3.培训可提高技能，促进员工职业能力的提升

服务技能的学习与训练是一个较为长期的过程。有时员工在培训中学会了并不代表在工作中就可以做好。只有通过培训，在工作中实践，再培训，再实践才能练就娴熟的服务技能。服务技能得到提高，员工会在工作中更自信，职业能力更强，服务质量更高。

（二）企业层面

培训使员工受益，对于酒店的发展同样有着积极的作用。因为受到良好培训的员工就是酒店发展所需要的最宝贵的财富和力量之源。

1.提升企业美誉度

培训的目的就是使员工有更好的服务意识、更端正的工作态度、更强的责任感、更丰富的知识、更娴熟的服务技能。这样职业素养越高的员工，能力越强，越能给客人提供更优质的服务。有这么优秀的员工，客人就会有良好的入住体验和较高的满意度，客人的忠诚度也自然更高。金杯、银杯，不如客户的口碑。有了美誉度，企业的经济效益、社会效益都会有长足的发展。

2.增强企业凝聚力

企业文化也是培训的必备内容。企业文化是指在一定的条件下，企业生产经营和管理活动中所创造的具有该企业特色的精神财富和物质形态。它包括企业愿景、文化观念、价值观念、企业精神、道德规范、行为准则、历史传统、企业制度、文化环境、企业产品等。其中，价

值观是企业文化的核心。

企业文化是企业的灵魂,是推动企业发展的不竭动力。通过企业文化培训创造团结、友好、和谐的工作氛围,增强员工对企业的认同感和归属感,使企业的向心力和凝聚力得到增强。另外,企业管理人员也会承担培训师职责,管理层与员工层的双向沟通,也同样会增强企业向心力和凝聚力。凝聚力强的企业更容易获得人才的青睐,更能留住人才。

3.促进企业可持续发展

酒店业市场一直都在发展变化,竞争日趋激烈,导致员工相应的知识、技能都随之发生改变。酒店员工需要及时调整自己的知识和技能,以增强自身的应变能力和适应能力。企业更要助力员工更快转变、适应变化,这也是企业的责任。培训便是首要助力的手段。企业第一资源要素是人力资源,是产生核心竞争力的关键。企业通过培训帮助员工成长,有了优秀的员工,企业才有可能在竞争中立于不败之地,从而促进企业可持续发展。

二、酒店员工培训的原则

为了切实把培训工作做好,起到培训应有的作用,达到想要的效果,在对酒店员工进行培训时就应该把握以下原则。

(一)实效性原则

实效就是实用、实效的意思。满足员工实际需要就是首要原则。从员工角度来讲,成年人学习目的明确,有工作压力,时间紧。那些不考虑员工实际需要和工作时间、针对性不强、一味为了培训而组织的培训,往往不仅起不到作用,而且也会让员工不重视甚至反感。从酒店角度来说,培训需要解决问题,控制成本。因此,培训务必讲究实效,注重培训学习与实际工作紧密结合,员工在实际工作中缺什么补什么,以提升员工工作能力、改善绩效为目的,才能取得良好的成效。

(二)正激励原则

培训要提高员工的知识和技能,也要激发员工的工作热情和积极的工作动机。但要员工保持工作热情和积极的工作动机,仅靠培训还不够,必须与绩效考核相结合,加强考核是保证员工培训质量的重要举措,也是检验效果的必要手段。多奖励少惩罚,正向激励的最终效果是最优的。比如英语能力在星级酒店是员工必备的技能,为了让每位员工熟练掌握英语会话能力,做到在工作中能与外国客人沟通交流,有的酒店自己组织内部英语考试,并开展相应的英语培训,有需要的可以参加,也可以自学。考试每年不止一次。通过考试的员工可根据酒店相关制度每月加对应工资。这一举措极大地激励了员工积极参与培训学习,而且也提高了员工的英语水平。

(三)差异性原则

在实际工作中,由于这样或者那样的原因,酒店的培训组织者往往比较倾向大一统的培训形式,就是全员一起参加培训,这样对于组织者来说比较省事,但是效果不尽如人意。差异性原则有两层含义:内容的差异化与人员的差异化。酒店应因员工不同、员工岗位不同、员工级别不同,培训内容和方法也要有所不同。"有教无类,因材施教"思想对于酒店培训员工具有深远的指导意义,值得借鉴。

（四）渐进性原则

任何知识的传授不是一次两次就能够完成的，而是长期的过程。社会一直都在进步，酒店也一直都在发展，知识的更新非常快。员工所应具备的知识、技能和要求也都在发生变化。另外由于酒店工作的特殊性与季节性，不可能所有的员工同时有时间参与培训，所以员工的培训需要长期跟进、更新。那种一次性培训内容过多的填鸭式的培训，员工难以消化，也容易产生厌烦情绪。

对于企业而言，要想保持企业发展跟上时代的步伐，就需要保持较强的学习心态，才能不被时代所淘汰。有计划、有组织、循序渐进地推进培训工作，有质有量才是优质的培训。

三、酒店员工培训的类型与内容

（一）酒店员工培训的类型

根据标准，员工培训可以分为不同的类型。酒店在实施培训时，员工有别，培训内容有别，可选择不同的培训类型，采用不同的培训方法，提升培训效果。

1. 根据培训层次，可分为初级、中级和高级培训

初级培训侧重于一般性的知识和专业技能。初级培训适合基层员工。比如前台接待员一般培训内容有仪容仪表、礼节礼貌、服务意识、职业道德、办理入住登记/离店手续、销售技能、企业文化等。

中级培训可适当增加有关理论课程。中级培训适合酒店督导层，督导层一般指一线管理者包括领班、主管和部门经理。督导层的培训内容主要有沟通技巧、团队建设、培训技能、冲突管理、管理理论等。

高级培训则应侧重于学习新理论、新观念、新方法。高级培训适合酒店管理的决策层，包括酒店总经理、副总经理及各部门总监。高级培训的内容主要是宏观经济观念、市场与竞争、企业发展战略、人力资源发展战略、投资管理、经营决策等一系列宏观层面的主题。

2. 根据培训与工作的关系，可分为在职培训、脱产培训和半脱产培训

在职培训即人员不离开工作岗位，在实际的工作中接受培训。员工利用业余时间或在工作中抽出时间去接受各种形式的培训，工作和学习两不误。也有的酒店会指派员工对另一名员工进行某种技能的培训，也可以通过师父带徒弟式的在岗学习，一边工作一边学，即做中学，学中做。在职培训内容与岗位要求直接对接，目的在于掌握所在岗位所必需的知识和技能，从而更快适应工作，更好地胜任工作。它是企业对员工最常见的一种培训方式，会贯穿员工的整个职业生涯。

脱产培训也称为脱岗培训，是指受训者脱离工作岗位，在专门培训场所接受的集中培训。脱产培训一般时间比较充足，学习内容系统性强。脱产培训时间可长可短，看具体情况而定。一般来说，脱产培训是极少数员工参加的培训，一般是公司的核心管理层或骨干或储备人才才有可能享有的待遇。比如，有的酒店集团为了培养人才设有专门的培训学院，会定期组织集团旗下的储备人才参加培训，这时受训者就要暂时离开工作岗位。也有的会安排组织少数员工参加外部培训机构或者一些高校组织的培训进修活动，具体的安排以组织方为主。脱产培训对于酒店来说成本偏高。

半脱产培训介于上述两种形式之间。受训者既要占用一定的业余时间,又要占用一定的工作时间。

3.根据培训地点,可分为店内培训和店外培训

店内培训是由酒店人力资源部组织,各部门配合参与,利用酒店内部现有的场地和资源,对员工进行培训。酒店有计划实施的绝大多数培训均为店内培训。

店外培训主要是委托外部机构组织的培训,包含选送员工到旅游院校进修、学习,或去培训机构获取职业资格证书或岗位证书,也包含派送员工去集团组织的其他地点的培训,有时酒店也会组织员工去国内外酒店参观、考察、学习。

(二)酒店员工培训的内容

1.态度培训

态度培训主要是帮助员工树立正确的服务意识、工作理念和态度。服务态度是反映服务质量的基础,优质的服务是从优良的服务态度开始的。

(1)酒店服务意识培训。

在服务行业工作中,服务意识是非常有必要强化的。服务意识是发自服务人员内心的,是服务人员的一种本能和习惯,是可以通过培养、教育训练形成的。只有提高了员工对服务的认识,增强了服务的意识,才能激发起员工在工作中的主观能动性,做好服务才有思想基础,从而能积极主动地为客人提供优质的服务。

(2)职业道德培训。

职业道德的概念有广义和狭义之分。狭义的职业道德是指在一定职业活动中应遵循的、体现一定职业特征的、调整一定职业关系的职业行为准则和规范。良好的职业道德是每一个员工都必须具备的基本品质,也是企业对员工最基本的规范和要求。有良好职业道德的员工,都会爱岗敬业,有责任感。在进行职业道德培训时,酒店要做到理论与实践相结合,专业知识与行为习惯培养相结合。

(3)组织文化培训。

组织文化是企业个性化的根本体现,它是企业生存、竞争和发展的灵魂。组织文化能激发员工的使命感、提升员工的归属感、加强员工的责任感、赋予员工的荣誉感和实现员工的成就感,因此组织文化培训有着非常重要的意义。

2.知识培训

知识培训是为帮助员工理解和运用与工作有关的陈述性知识和程序性知识而进行的培训。知识培训的目的是使员工具备胜任工作该有的知识结构。尤其是一线员工,他们代表着酒店的形象,要为客人提供高质量的、个性化的服务,必须具备相应的专业知识。

(1)专业知识培训。

具备专业知识是酒店员工从事本职工作的基础。它的内涵也非常丰富。岗位不一样,相应的专业知识也不一样。具体来讲主要有仪容仪表、工作职责和内容、工作要求、企业文化、组织结构、顾客心理学、情绪控制、管理理论知识等胜任工作所应具备的知识储备。当然因岗位不同,所要掌握的知识各有侧重。

（2）关联知识培训。

员工要想更好地工作，除了具备对客服务的专业知识，还必须熟知自己的企业，了解企业基本情况、经营方针、发展战略、规章制度等。其中规章制度的培训，必须对员工详细说明，必要时需要做出充分的解释，比如员工手册、绩效考核、薪酬制度。这些关联知识的培训，既可以规范员工行为，又可以激发员工工作激情和动力，促使员工工作努力的方向与企业发展的方向一致。

3.技能培训

技能培训是为帮助员工确立正确的思维与行为习惯，使员工掌握工作中所需要的专门技术和技能而进行的培训。技能培训主要包括技能理论培训、技能操作培训和智力技能培训等。

（1）技能理论培训。

技能理论培训是将员工所学技能的理论基础知识传授给员工，使得员工能更好地理解技能，并应用到实践工作中。技能理论培训一般采取个人自学和集中培训相结合的方式。

（2）技能操作培训。

技能操作培训需要员工在一定的时间内亲自动手反复操练，并在正式工作中仍要继续被跟踪指导，直至完全能够独立工作为止。技能操作培训一般适合安排在业余时间或者酒店经营的淡季。通过老带新的方式，熟手指导、激励、督促生手反复操作直至熟练掌握。

（3）智力技能培训。

86

智力技能含义丰富，分为一般智力技能和特殊智力技能。一般智力技能是指认识活动的技能，比如观察力、判断力、想象力、创造力。特殊智力技能是在专门领域中形成并发展的智力技能。作为一名酒店员工，销售能力、情绪控制能力、突发问题处理的能力也是必须具备的能力。

实训任务

研讨酒店员工培训的重要性

一、实训目的

熟悉培训的原则、类型与内容，认识培训的意义，提升对培训学习的认可，培养良好的学习态度。

二、实训内容

（1）讲述培训应该遵循的原则，并说明原因。

（2）讲述自己对培训类型和内容的看法。

（3）举例说明酒店员工培训的重要性或者学生学习的意义。

三、实训步骤

（1）学生组建项目小组。

（2）每小组派代表以PPT的形式在课堂上讲解。

(3)各组互评并探讨总结。

(4)任务总分为100分,教师评分占50%,学生评分占50%。

四、实训评分表(总分100分)

酒店员工培训实训评分表

评分点	评分标准	分值	评分
讲解内容	(1)对酒店培训知识的讲解清晰准确。 (2)所举事例真实可信、说服力强	40	
现场讲解	熟练、清晰、自然、有感染力	30	
PPT制作	美观、简洁、创新、突出内容	20	
团队精神	分工、合作、互助	10	

案例分析

培训经理的困惑

某酒店新任培训经理小吴,名牌大学毕业。入职到该酒店后小吴发展得很顺利,自己工作也一直很努力,领导非常赏识,没过几年就从人力资源部文员提拔为培训经理。小吴对领导的重用很是感激,工作热情高涨,对自己所负责的培训工作很是用心,认为自己对同事比较了解,便根据自己多年对同事的了解以及大学里所学的关于培训方面的知识,做了详细的培训计划,得到了主管领导的认可,并获得批准执行。但是在实际实施过程中,他发现同事参与并不积极,并没有取得预期效果。

请思考:

1.他的培训工作问题出在哪里?

2.小吴该怎样改进自己的工作?

87

任务二　酒店培训体系

◇学习目标

知识目标:

(1)理解培训体系的概念。

(2)了解酒店培训技巧的概念。

(3)掌握酒店培训体系的构成。

能力目标：

(1)掌握酒店培训技巧并能够独立开展培训。

(2)能够根据员工培训需求选择合理的培训方式和技巧。

(3)具备搭建酒店培训体系能力。

素质目标：

(1)通过设计培训课程,提升学生组织、协调、沟通能力。

(2)通过讲授培训课程,提升学生语言表达能力、PPT制作、团队合作能力等。

◇课前任务

小组(3~4人)调研并了解一家星级酒店的培训管理、课程设置、讲师培养、培训实施等情况。调研结果要求形式多样,如选择运用文本、表格、图示、照片、视频、PPT等形式呈现。

案例导入

A酒店的培训现状

A酒店是武汉的一家四星级酒店,在制定年度培训计划时,人力资源部主要根据外部市场环境的变化和企业内部员工的绩效情况,以调查问卷的方式,结合各部门主管申报的培训项目或计划,在年初制订当年的培训计划;由于每年都有大量新员工加入,公司对新员工的培训投入精力较大,而老员工(尤其是高层管理者)的培训相对较少;公司的培训方式基本以"师带徒"模式和授课方式为主;培训内容以传授岗位操作的基本知识和技能为主;培训大多安排在周末;培训课程结束后,除偶尔会对参训的员工进行考试外,没有对培训效果进行实质性评估;当酒店经营业绩下滑或管理者感觉服务质量下降时,酒店就会突击开展全员培训,当生意状况正常时,又因要确保经营所以基本上不安排培训;在选拔人才方面,酒店更倾向于从市场上直接招聘所需人才。

请思考：

A酒店目前在培训上存在哪些问题?

一、培训体系概述

(一)培训体系的定义

许多优秀企业的成功案例及相关的研究结果都表明,员工工作绩效的好坏及工作积极性的高低,很大程度上取决于他们所受到的培训状况。高素质的员工必然会给企业带来好的效益,而高素质员工的培养则得益于企业完善的培训体系的支持。

培训体系是指在企业内部建立的、与企业的发展以及人力资源管理相配套的员工教育与职业发展机制,它是由培训管理、课程设置、讲师培养、培训实施等系统构成一个运作整体。

(二)培训体系的意义

企业建立培训体系的最终目的是持久有效地将培训进行到底,让培训发挥最大的效果,让培训走上正规化,灌输到每一个员工的思想里,并成为一种提升自己和企业竞争力的必备工具。具体来说,建立培训体系的意义有以下几点。

(1)使培训工作责任明确,分工合理,加强部门间横向配合,减少协调成本,提高培训工作运行效率。

(2)有利于克服培训的随意性,规范和加强培训管理,提高培训质量,增强培训效果。

(3)有利于对培训进行整体规划,并结合员工职业生涯,使人才培养工作更加符合人才成长规律,提高员工参加培训的积极性和主动性,促进培训的长期可持续发展。

(4)有利于使培训目标与企业经营战略更好地结合。

企业的经营战略是一项综合了企业的目标、政策和行动计划的规划。培训活动不仅着眼于当前所需知识和技术的传授,更着眼于企业未来的发展,辅助企业实现其经营战略。具有战略性、计划性和长期性的培训方式,能更好地将培训活动与企业的发展战略相结合,使培训真正符合企业的需要。

二、酒店培训体系内容

(一)培训体系的管理系统

培训管理系统是培训体系的基础,其作用在于规范酒店的培训活动,是保证培训工作顺利进行的制度依据。培训管理系统包括内部培训机构设置、培训需求调查管理、培训课程管理、培训讲师管理、培训学员管理、培训资源管理、培训经费管理、培训实施管理、培训评估管理、各类人员培训管理等多个方面。培训管理系统应充分体现培训的过程及培训结果评估将与员工的绩效考核相结合。

1.酒店的培训机构的设置

(1)初级设置:一般由人力资源部主管兼顾,有些还会设置一个培训专员或培训经理。这是大部分中小型酒店所采用的方式。

(2)中级设置:单独设立培训部门或者培训中心,通常会有3~5人负责培训,各自有分工。这是大型酒店企业所采用的方式。

(3)高级设置:设有企业大学或者学院,有自己的课程库、讲师队伍和课程评估体系。这是大型连锁酒店集团所采用的方式,代表企业有香格里拉酒店管理培训中心(也称香格里拉学院)、如家管理大学(上海)、洲际英才学院、万豪酒店管理学院(安徽)等。

2.培训管理的三个环节

培训管理中培训前、培训中、培训后的管理工作如表4-1所示。

表 4-1　培训前、培训中、培训后的培训管理工作

培训前	培训中	培训后
研究培训战略	实施培训技巧	讲师培训反馈
制订培训计划	控制培训场面	学员培训评估
了解培训需求	配合培训讲师	培训跟进课程
策划培训项目		与管理层沟通
设计培训课程		建立跟进机制
作出培训安排		提供跟进工具

（二）培训体系的课程系统

培训体系的课程系统即培训的课程体系。课程是灵魂，培训的核心内容就是课程。培训体系的课程系统包括课程设置、教学设计、讲义编写、课件制作、教学资源库等。

1. 课程设置

课程设置是课程系统的基础，需针对酒店的不同部门、不同岗位、不同类型的员工来确定培训主题、设置课程，使之成为相互关联的系统。培训课程设置的主体思路如下。

（1）按照部门职能类型设置课程。如技术研发类、人力资源类、行政管理类、操作技能类、通用管理类、职业素质类、销售业务类、专项培训类等。

（2）按照员工的职业成长规律设置课程。如新员工入职培训、基础岗位技能培训、工作技能提升培训、员工成长发展培训等，形成循序渐进的职业成长课程系列。其设置的依据是岗位说明书和作业指导书对现有岗位进行有效的岗位分析，提取该岗位的核心胜任技能及关键技能。

（3）按管理层级的进阶方向设置课程。如储备管理者、中级管理层、高级管理层等。

2. 教学设计

教学设计也称课程设计、培训教案，是以课时或课题为单位，对教学内容、教学步骤、教学方法等进行的具体设计和安排的文案。

3. 讲义编写

讲义编写是指根据教学设计，将培训讲授的内容完整地编写出来。通常会将教案与部分讲义内容综合起来形成讲师的教学文本。

4. 课件制作

课件制作针对培训主题设计 PPT 演示文稿及与之相配套的动画、图片、表格等。

5. 教学资源库

教学资源库是指为达到更好的培训效果而运用的培训的辅助资料，包括视频、游戏、案例、道具等。

（三）培训体系的讲师系统

培训讲师是课程的演绎者，主要职责是将该课程的核心精髓传达给学员。培训讲师系统包括培训讲师的来源与选拔、激励与管理、评估与考核、学习与发展等方面。

　　酒店的培训师分为培训讲师和岗位训练导师两类：培训讲师主要包括酒店专职讲师、部门管理人员兼任讲师、外请社会机构的讲师、外聘专家的个人讲师；岗位训练导师主要包括优秀的酒店一线员工和基层管理者。

　　一个好的讲师必须对课程涉及内容有很深刻的了解，同时配合适当的授课技巧。培训讲师系统专门针对企业培训师制定人员选拔方案，进行专业培训，规定培训任务，同时给予相应的培训待遇。人力资源部会适时督导培训师的工作，组织对培训师的评估，定期考核培训师的授课水平，优胜劣汰，以此保证酒店培训师队伍的长期稳定发展。

　　（四）培训体系的实施系统

　　人力资源部根据培训体系的规划，适时组织酒店培训并督导各部门培训工作的运行，主要任务是调研培训需求、发布培训课程、选定培训师、准备培训资料、布置培训场地、管理课堂纪律、进行培训反馈、评估培训成效等。

　　培训效果评估是最受酒店关注的问题。没有评估的培训很容易就变成了"赔训"，无法达成预先设定的培训目标。评估结果将直接作用于培训课程的改进和培训师调整等方面。评估应从四个方面考察。

　　第一层评估，反应层面。

　　这类评估主要是考核学员对培训讲师的看法，培训内容是否合适等。这是一种浅层评估，通常是通过设计问卷调查表的形式进行。

　　第二层评估，学习层面。

　　这类评估主要是检查学员通过培训掌握了多少知识和技能。可以通过书面考试或撰写学习心得报告的形式进行检查。

　　第三层评估，行为层面。

　　这类评估关心的是学员通过培训是否将掌握的知识和技能应用到实际工作中，提高工作绩效。此类评估可以通过绩效考核方式进行。

　　第四层评估，结果层面。

　　这类评估的核心问题是通过培训是否对企业的经营结果产生影响。结果层面的评估内容是一个企业组织培训的最终目的，也是培训评估最大的难点。因为对企业经营结果产生影响的不仅仅是培训活动，还有许多其他因素都会影响企业的经营结果。

二、酒店培训技巧

（一）酒店培训技巧的概念

　　作为培训体系中的培训师，无论哪个层次，无论专职兼职，无论在培训的哪个环节，良好的培训技巧都能够帮助其更好地发挥培训效能。这里提出的培训技巧主要是指培训师的教学技能，它是培训师提高培训质量、使培训达到预期效果的保证。一次培训成功与否，不仅要看培训内容对学员是否具有吸引力，更重要的是看培训师对培训技巧的巧妙运用。培训由多种技巧，课堂讲授是常用的方法之一。

（二）酒店培训技巧的内容

　　针对开展培训时的流程，下面将酒店培训技巧分为开场技巧、培训过程技巧、培训结束

技巧三个方面来介绍。

1. 开场技巧

"好的开始是成功的一半。"一个好的开场白,能够使培训师迅速在学员的心目中树立起良好的形象。拉近彼此之间的距离,为培训的顺利开展做好充分铺垫。

（1）开场的常见形式。

①开门见山:简单明了,直接切入主题。

②幽默开场:让学员面带笑容地进入培训。

③故事开场:吸引学员的注意力,提高学员积极性。

④提问开场:吸引学员的注意力,以问题带出培训主题。

⑤自我解嘲:拿自己举例,拉近与学员距离。

⑥双向沟通:通过沟通引导进入主题。

⑦揭示事实:用事实讲道理,说服力强。

⑧独特创意:能迅速吸引学员注意力,感觉新颖。

（2）开场禁忌。

开场语言要避免出现以下这样的语言方式。

①过分谦卑:如一开口就是"对不起……"

②说得太长、太多:半个小时还在绕圈子,进不到正题来。

③过分自我:以一种居高临下的态度,比如"根据你们的学习需求,领导认为我是主持此次培训的最佳人选"。

④自辩开场:如"今天的课程我主持,由于……的关系,我准备得并不是太充分。"

⑤时间把握不当:如在 11:30 时还说早上好。

⑥消极负面:如"我将不会耽误大家很多时间……""我将尽量简短……"

⑦太过正式:如"各位女士、各位来宾"。

2. 培训过程技巧

在培训过程中,除了内容严谨、合理,符合培训需求等要求,在技巧上可以从赢得学员信任、有效讲授、掌控课堂、课堂激励、细节观察五个方面来提高培训过程性效能。

（1）赢得学员信任的技巧。

①尊重学员。要想得到学员的信任,需要对学员保持适当的尊重,而不是看低或嘲讽他们。

②表露真诚。培训师要愿意做学员的镜子,让所有学员借自己来反思他们的思想和行为。要乐于表达自己当下的感情。

③保持客观。意见要不偏不倚,控制在最合适的程度上。当培训师遭遇学员的质疑的时候,要敏锐地发现问题根源,直面不和谐并及时制止。要通过对话,使问题表面化,然后找到根源并消解对抗。

（2）有效讲授的技巧。

通过大量数据研究,连续讲授 15 分钟,学生记住讲授内容的 41%;连续讲授 30 分钟,学生能记住讲授的前 15 分钟内容的 23%;而连续讲授 40 分钟,学员则只能记住前 15 分钟内容的 20%。因此在讲授中我们应该注意以下技巧。

①语言标准,清晰准确,音量、语速适中。

②用词准确,语言流畅。

③尽量将书面化或专业性的文字转换为口语化或通俗的语言。

④言简意赅。长篇大论很有可能成为学员的"催眠曲"。

⑤配合面部表情或肢体语言。

(3)掌控课堂的技巧。

重视课堂中学员的意见,充分尊重学员,达到充分沟通。首先,以一种可接受的、亲切的态度开始谈话;其次,确认需要更正的行为并指出这些行为可能带来的后果;再次,注意倾听学员的意见;最后,充分表达培训期望。

其中显得尤为重要的是注重聆听。部分培训师在培训中注重讲授,容易忽略学员的表达和互动,将课堂变为了"一言堂"。避免这样的情况的方法就是培训师在培训中需要与学员互动,及时解答学员的问题和疑问,而互动中聆听来自学员的信息在这些环节里面是最重要的。在聆听的过程中注意聆听和沟通的礼仪礼节礼貌,从眼神、鼓励、记录和确认等多方面让学员感受到被尊重,充分表达,有效互动。

(4)课堂激励技巧。

培训过程中有效而适宜的激励,能够提高培训人员积极性,也能够使培训提高效能。以一种尊重的态度提出诚恳的激励,能与学员之间形成友好和谐的关系,活跃课堂气氛,使学员树立信心。例如:采用的激励方式,可以从精神激励、物质激励、故事激励等多种形式展开。

(5)细节观察的技巧。

"细节决定成败",每个人的细微动作、表情等都是一种"肢体语言"。所以,培训师需要具有细节观察的技巧,了解一些特定的肢体语言的寓意。这样有助于培训师尽快了解学员对待培训的真实想法,并及时采取调整措施。

3.培训结束技巧

精彩的结尾更容易得到学员热情的回应,使他们记住培训内容,并将目光投放到未来工作和生活中。为了避免"草草收场、匆忙结束"及"要结束时,又开始一个新话题"等不好的培训结束现象,下面从结束培训的步骤和常见的集中结尾形式来介绍培训结束技巧。

(1)结束培训的步骤。

①快速回顾和总结在培训中已经完成了的任务和达成的目标。

②听听学员的意见,让他们回忆已经学到的知识,并且大家一起分享。

③回想培训中被暂时"搁置"的问题。

④通过培训所学的知识制订计划。

⑤最后对学员表示感谢,并结束培训。

(2)几种常见的结尾形式。

①以总结结束培训。

②以启发性的故事结束培训。

③以感人的诗文和高昂的口号结束培训。

（三）酒店班会微课培训技巧

下面重点介绍一种当下各酒店在班前会和班后会上可以快速实施开展的一种培训——微课培训。

1.微课培训的概念

微课培训是指时间在5分钟以内、有明确的培训目标、内容短小、集中说明一个问题的小培训，是将知识点按照一定逻辑分割成很多个小知识点，将技能、流程按照一定的顺序分割成很多个小的动作、步骤、技巧。微培训内容可以是一个知识点、一组动作、一段语言或对话、一个情景、一项小技巧等。

2.微课培训的意义

（1）时间短，可操作性强。5分钟即可完成一次培训。

（2）易于员工记住、掌握，知识碎片化、技能微型化。

（3）可通过循环培训完成系统内容的学习，化整为零。

3."微课"培训的类型

（1）讲授类。此类适用于培训师运用口头语言向学员传授知识，讲授某个知识点、操作标准、流程规范等。如讲授主动服务意识、酒水的分类、站姿标准等。

（2）演示类。此类适用于培训师在课堂教学时，把实物或直观教具展示给学员看，或者做示范性的实验，或通过现代教学手段，通过实际观察获得感性知识以说明和印证所传授知识。如演示西式铺床如何包角、红葡萄酒开瓶等。

（3）练习类。此类适用于学员在培训师的指导下，依靠自觉的控制和校正，反复地完成一定动作或活动方式，借以形成技能、技巧或行为习惯。如练习接受电话预订、中餐10人摆台定位等。

（4）实验类。此类适用于学员在培训师的指导下，使用一定的设备和材料，通过控制条件的操作过程，引起实验对象的某些变化，从观察这些现象的变化中获取新知识或验证知识。如产品试做、根据预设模拟处理现场问题。

（5）情景表演类。此类适用于在培训师的引导下，组织学员对教学内容进行戏剧化的模仿表演和再现，以达到学习交流和娱乐的目的，促进审美感受和提高学习兴趣。如情景演示、小品剧、微电影。

4.微培训的课程步骤

（1）切入课题。

切入课题要新颖、迅速。由于微课时间短少，因此在设计微课时要注意切入课题的方法、途径，力求新颖、迅速，而且要与题目关联紧密，以把更多的时间分配给内容的讲授。

（2）讲授或演示。

讲授线索要鲜明、表达要清晰。在微课的设计中，要求尽可能只有一条线索，在这一条线索上突出重点内容。在讲授重点内容时如需罗列论据，罗列论据必须做到精而简，力求论据的充分、准确，不会引发新的疑问。在设计微课时要注意巧妙启发、积极引导，力争在有限的时间内，圆满完成微课所规定的教学任务。演示要规范、精准，配合讲解说明。

（3）学员训练及行为评估。

让学员重复、复制知识或技能，培训师给予指导及评价。系统训练学员，给予指导及评价。

（4）结尾。

结尾归纳要点,要快捷。好的微课小结可以起到画龙点睛的作用,可以加深学员所学内容的印象,减轻学员的记忆负担。在微课的小结中,因为前面重点内容的讲授占用了较多的时间,因此,微课小结不在于长而在于精,小结的方法要科学、快捷。

实训任务

设计并讲授5分钟的微课培训课程

一、实训目的

锻炼学生的课程设计及技能培训能力。

二、实训内容

参照培训体系,可以选择任一环节和内容来展开微课培训设计。

三、实训步骤

（1）以小组为单位,搜集查阅选定内容的知识点和技能点,完成课程准备工作。

（2）现场课程培训展示,每组至少5分钟。

（3）同学们相互模拟员工,并参与自评、互动点评。

（4）教师根据每位同学的实训情况进行点评总结。

（5）任务总分为100分,教师评分占50%,学生评分占50%。

四、实训评分表（总分100分）

讲授5分钟的微课培训课程

评分点	评分标准	分值	评分
讲解内容	（1）知识要领讲解清晰、准确。 （2）培训课程准备充分、安排合理、培训效果良好	40	
现场讲解	熟练、清晰、自然、有感染力、互动性强	30	
PPT制作	美观、简洁、创新、突出内容	20	
团队精神	分工、合作、互助	10	

案例分析

××集团的培训观

××集团是一家规模不大的民营企业,这几年经营业绩比较平衡,没有很大的起伏。××集团没有设置专门的培训管理人员,也很少对员工进行正式的培训。集团

董事长的观点是：培训对提高员工技能、改进态度、解决经营管理问题是起作用的，但在民营企业，尤其是像他们这种规模和经营性质的民营企业，培训不会有回报，原因如下。

第一，民营企业员工的高流动性使培训的收益得不到保证，更为糟糕的是这些接受培训的员工有可能投奔到竞争对手的企业中去，这种培训投资是在为自己培养竞争对手。

第二，现在的劳动力市场是供大于求，企业员工现有的技能水平不能满足需求时完全可以到市场上招聘一些更高水平的员工，解聘和招聘可以代替培训。

第三，民营企业的资金有限，如果投资培训，无疑占用一部分资金，可能会影响其他能更快、更明显带来效益的部门或项目的运营。

请思考：

1. 如何评价××集团董事长的培训观？
2. 民营企业应不应该重视员工培训？为什么？

任务三　酒店员工入职培训

◇学习目标

知识目标：

(1)了解酒店员工入职培训内容和方法。
(2)熟悉酒店员工入职培训实施及培训效果评估。

能力目标：

(1)会分析如何根据培训内容选择培训方法。
(2)会运用相应的培训方法讲解所学知识。

素质目标：

(1)提升自主学习能力。
(2)增强学习积极性、沟通能力。

◇课前任务

作业展示：学生讲述自己读书生涯中遇到的教学效果最好的一位教师，并演示该教师讲授某个知识点的环节，最后由其他学生及教师点评。

案例导入

谁该为这起投诉负责？

小罗更衣后匆匆去前台接待部报到，边走边看手表，今天是他第一天上班。"我终于被录取了，这可是当地最好的酒店。"小罗心里想着。

前一天，小罗和另外 20 位新员工一道参加了人力资源部举办的入店培训课，小罗认为培训非常成功，非常专业化。小罗心里清楚，在新的酒店必须认真对待培训，这里同他过去工作过的酒店大不相同。

员工手册规定：酒店将为每位新员工制订培训计划并选派一名有经验的培训员同新员工一道工作，监督指导。

小罗心里既兴奋又紧张，他决心好好干，工作上达到标准并积极参加培训，争取获得良好的第一印象。

这时小罗已来到前台的员工出入口，他又看了看手表，8：58，前台经理在欢迎信中规定小罗的工作时间是 09：00—18：00。

当他走到办公室前时，听到身后有人说："请问你有什么事吗？"

"我是新来的，今天报到。"

"你是小罗吧，我是马东，这里的领班。欢迎你！"马东微笑着同小罗握手。

"赵经理（前厅部经理）马上就来。我现在很忙，你请坐吧，你可以利用这个时间看看培训档案，上面有所有工作程序介绍。"马东将一大本档案放在小罗面前，走出了办公室。小罗傻眼了，他随手翻了翻档案，里面全是专业名词，内容也很繁杂，全把它记住太难了，这时赵经理走了进来。

"你好，小罗，见过部门的同事了吧？"

"你好，先生，刚才我见过马东了，但他很忙。"

"没关系，这是大维，你今后就同他一道工作，他会告诉你应该做什么。下午5点你到我办公室来，谈谈你的感想，总结一下。"

"嗨，小罗，我叫大维，今后咱们一起工作，甭担心，没什么难的，我们这里的人都是热心肠，乐于助人。"听了这话，小罗笑了，心里轻松了许多。

大维开始了培训："先说说电话预订吧。最重要的是接电话要迅速。客人要求预订时，你必须问清以下的内容，以便正确办理预订手续：客人姓名、人数、客人联系电话、联系人电话、到达日期、航班号、付账方式，如果是旺季，还需要他们交纳保证金。"

"这么多东西需要记啊。"小罗说。

"熟了就好了，开始你可以把预订内容都记在预订单上，熟练后就可直接将预订内容输入电脑。如果你没有其他问题，给你一小时自己练一练，然后我们再进行下一个培训——接听电话。"

"看来我们有一个详细的培训计划。"小罗问道。

"也不是，很多部门培训员过分注意工作检查表和标准工作程序手册一类，我可不一样。我比较随便，培训就得随便点儿。别大题小做，很多事儿其实是常识问题，你之前也在酒店工作过，所以不会有什么问题。"

"越早进入角色越好，所以我先向你介绍预订工作程序。你自己实践一下吧，要不就忘了，预订表都在最上面靠右边的抽屉里。回头见！"

中午时分，赵经理接到杨小姐的电话，她是一家公司的行政经理，该公司是酒店主要客户之一，她很生气，因为饭店预订人员问她的公司将用何种方式付款，还要保证预订。此外，预订比往常多花了三倍时间，赵经理连忙道歉，并向她保证要亲自处理此事。

当赵经理发现是小罗负责预订时，他把小罗叫到办公室，生气地说："你刚上班我就收到一家重要客户对你的投诉，你是怎么搞的？"

小罗感到莫名其妙，他结结巴巴地说："我是按照规定程序办理预订的，怎么会错了呢？"

"你肯定有问题，不然人家不会投诉！"

请思考：

谁该为这起投诉负责？这件事情将会给小罗带来什么样的影响？

98

一、入职培训的内容

入职培训一般都由人力资源部主导完成，但对于岗位要求这项内容，则是主要由业务部门完成，人力资源部仅介绍各部门各岗位工作的基本概括及要求，如本岗位的工作性质、工作时间、需要具备哪些自身条件和能力、发展方向等。具体的岗位工作流程、岗位操作技能等由新员工所在的业务部门，根据不同新员工的特点制订培训计划，人力资源部负责检查考核培训实施过程及获得的成效。

入职培训的内容包括酒店基本概况、员工入职须知、薪酬福利待遇、岗位工作要求四个基本部分。

（一）酒店基本概况

（1）酒店的背景：如酒店的投资人或业主方、创建的背景、酒店的规模、在社会及业界的声誉与影响；酒店的经营管理方及其基本情况。

（2）酒店经营理念和发展目标：酒店宗旨、经营范围和运行模式。

（3）酒店管理架构和运作机制：酒店组织结构、各级管理人员、制服介绍、各部门基本工作程序。

（4）酒店基本规章制度：员工餐厅管理条例、员工宿舍管理条例、员工手册等各项管理制度。

（5）酒店产品知识：服务项目、设备设施及当地旅游资源知识。

（6）酒店员工职业发展：进入酒店的职业规划、员工成长方向、个人晋升通道。

（二）员工入职须知

（1）服务意识、顾客理念。

（2）作息时间，工作班次。

（3）考勤、纪律规定。

（4）仪容仪表、礼节礼貌、职业素养。

（5）工作服管理、更衣柜的分配与使用。

（6）员工用餐、员工宿舍规定。

（7）员工通道、停车规定。

（三）薪酬福利待遇

（1）培训期间工资如何计算。

（2）休假是如何安排。

（3）劳动合同何时签，办理哪些保险。

（4）员工薪金、福利、伙食、住宿条件。

（5）有哪些员工活动。

（四）岗位工作要求

（1）岗位基本概况（人力资源部培训）。

（2）岗位工作态度。

（3）岗位业务知识。

（4）岗位技能操作。

（5）岗位专业英语。

（6）岗位培训机会（人力资源部培训）。

（7）岗位晋升发展（人力资源部培训）。

除以上四个方面，入职培训还包括：新员工遇到困难时怎样与领导沟通；员工的投诉能否得到公正的处理。

二、入职培训的方法

不同类型的新员工对培训的态度和接受程度有一定差异，其入职培训的重点也会有所不同，不同的工作岗位特点对入职培训也有不同的要求，所以，入职培训要采用多种方法适应这些需求，主要方法有课程讲授、户外拓展、网络学习、资料阅读等四种。

（一）课程讲授

入职培训以课程讲授为主，为使员工乐于接受培训内容，增强课堂效果，可综合运用PPT演示、观看视频、案例分析、问答竞赛、小组讨论、情景模拟等多种教学方式。入职培训内容中的酒店制度、员工须知等内容可采用课堂讲授方法。

（二）户外拓展

户外拓展是指以自然环境为场地的、带有探险性质或体验探险性质的体育活动项目群。研究资料表明，传统课堂式学习的吸收程度大约为25％，而要求学员参与实际操作的体验式

学习吸收程度高达75％，能更加有效地将资讯传授给学员。拓展培训正是一种典型的户外体验式培训，强调学员去"感受"学习，而不仅仅在课堂上听讲。在员工参与活动项目的同时，去完成一种体验，进行自我反思，获得某些感悟，让学员将培训活动中的所得应用到工作中去。通过户外拓展培训，整合团队，发掘每个人的最大潜力，这就是拓展培训的真正意义。

运用户外拓展方式做入职培训，必须与培训师的课堂讲授相结合，如果玩玩闹闹，很难达到理想的效果。

（三）网络学习

网络学习，就是指通过计算机网络进行的一种学习活动，它主要采用自主学习的方式进行。相对传统学习活动而言，网络学习具有教学资源丰富、不受时间和空间限制、可以自主安排学习的特点。

为使新员工能更加方便地学习入职培训的相关内容，酒店可将入职培训的内容上传到网上，以文本、PPT、图像、录音、视频、微课等形式呈现，员工可自行安排时间自学。酒店可通过网上记录了解新员工的学习情况，进行网上互动与新员工交流，设定网上测试了解新员工是否已掌握培训内容。

（四）资料阅读

即将入职培训的相关内容打印出来，作为资料发给员工学习。这一方法对于学习能力较强的员工或中、高层管理人员比较适用。

入职培训虽然都是针对新员工，但新员工之间却存在着很大的差异，如性别、年龄、经验、工龄、文化程度、操作技能、思想态度的差异等。酒店针对不同的员工特点进行入职培训时，在培训内容的选择、培训方法的运用方面要尽可能符合不同员工的特点与需求，进行个性化设计，使新员工入职培训取得更好的实施效果。

三、入职培训的实施

（一）拟定培训内容，组织培训资料

这是开展入职培训最基础的工作。人力资源部按照入职培训的四个基本内容，即酒店基本概况、员工入职须知、薪酬福利待遇、岗位工作要求，在酒店的现有文件、资料中整理出符合培训入职的内容，通过汇总，编辑成为入职培训的专用教材。资料不足时要专门组织人员编写，也可委托第三方完成。这部分的主要工作是列出培训主题和内容，完成文本资料。

（二）设计培训方案，制作培训素材

基于酒店新员工入职的多样性特点，要分析本酒店的入职特点与管理需求，根据实际情况量身定制入职培训方案，或制定几套备选的入职培训方案。

与入职培训方案相配合，要精心制作与之需求对应的培训素材，常见的培训素材有PPT演示与动画、案例故事、图形表格、图像影像、情景视频等。如此才能使入职培训的内容统一完整，才能丰富入职培训的教学过程，激发员工兴趣，吸引员工学习。制作培训素材是一项系统工程，内容多，要求高，还需不断地更新。制作培训素材有如下几个途径。

（1）在人力资源部设置培训经理或培训师，由专职人员完成此项工作，并可不断完善修订，使培训素材日趋完备。

（2）广泛参考相关书籍、报刊等出版物，网络上搜索相关资料，进行提炼整理。

（3）记录、整理酒店中曾经发生的真人真事，编制酒店案例用于培训教学。

（4）将培训制作素材的工作任务进行适当分解，由人力资源部与酒店中高级管理人员共同完成这些工作。

（5）在日常工作中注意发现问题、收集整理鲜活案例，日积月累，确保培训素材能与时俱进。酒店规定人力资源部和业务部门管理人员必须定期提交一份相关培训素材，并将此任务列入对管理人员的考核评估依据。

（三）制定培训流程，确定培训人员

新员工的入职培训不仅是人力资源部的事情，更是各业务部门的重要工作任务。因此要规范新员工入职培训的实施流程，明确各相关部门和人员的工作职责，以确保入职培训的有序实施。

1.新员工就职前的准备工作

（1）致新员工欢迎信（人力资源部负责）。

（2）让本部门其他员工知道新员工的到来。

（3）准备好新员工办公场所、办公用品。

（4）准备好给新员工培训的部门内训资料。

（5）为新员工指定一位资深员工作为新员工的工作导师。

（6）准备好布置给新员工的第一项工作任务。

2.部门岗位培训

（1）到职后第一天。

①到人力资源部报到，进行新员工须知培训（人力资源部负责）。

②到部门报到，经理代表全体部门员工欢迎新员工到来。

③介绍新员工认识本部门员工，参观酒店。

④介绍部门结构与功能，以及部门内的特殊规定。

⑤描述新员工工作职责和要求。

⑥讨论新员工的第一项工作任务。

⑦派入职导师陪新员工到公司餐厅吃第一顿午餐。

（2）到职后第五天。

①一周内，由入职导师向新员工传授岗位工作的基本操作技能。

②一周内，部门经理与新员工进行非正式谈话，了解新员工上岗后的感受，重申工作职责，谈论工作中出现的问题，回答新员工的提问。

③对新员工一周的表现作出评估，并确定一些短期的绩效目标。

④设定下次绩效考核的时间。

（3）到职后第三十天。

①一个月内，新员工参加部门安排的技能培训，帮带人员在工作中指导新员工掌握各项操作技能。

②部门经理与新员工面谈，讨论试用期一个月来的表现，填写评价表。

（4）到职后第九十天。

人力资源部经理与部门经理一起讨论新员工表现,是否适合该岗位,填写试用期考核表,并与新员工就试用期考核表现谈话,告知新员工公司绩效考核要求与体系。

3.公司整体培训（人力资源部负责）

公司整体培训内容主要包括:公司历史与愿景、公司组织架构、主要业务;公司政策与福利、公司相关程序、绩效考核;公司各部门功能介绍、公司培训计划与程序。

（四）入职培训效果评估

人力资源部作为入职培训的组织者,全程跟进各部门的入职培训过程,对照入职培训方案和实施计划,检查入职培训是否在按计划进行,员工反馈如何,效果如何。每月进行入职培训执行情况的总结,并提交检查结果在相关会议上公布。人力资源部可建立新员工入职培训 QQ 群或微信群,要求部门按时汇报入职培训情况,上传入职培训实施过程、相关资料或短视频,新员工入职培训追踪表、新员工入职培训反馈表分别如表 4-2 和表4-3所示。

表 4-2　新员工入职培训追踪表

新员工姓名:＿＿＿＿＿＿＿＿　　　　　　入职部门:＿＿＿＿＿＿＿

序号	培训内容	完成确认（负责人签名）
1	(1)让本部门其他员工知道新员工的到来; (2)准备好新员工办公场所、办公用品; (3)准备好给新员工培训的部门内训资料; (4)为新员工指定工作导师	
2	经理代表全体部门员工欢迎新员工到来,介绍新员工认识本部门员工,参观公司	
3	介绍部门结构与功能,以及部门内的特殊规定	
4	描述新员工工作、职责和要求,讨论新员工的第一项工作任务	
5	指派资深员工陪新员工到公司餐厅吃第一天的午餐	
6	一周内,部门经理与新员工进行非正式谈话,重申工作职责,谈论工作中出现的问题,回答新员工的问题。对新员工一周的表现作出评估。设定下次绩效考核的时间(30 天后)	
谈话记录		

部门经理签名:　　　　　　　　　　　　　　　日期:

备注:请在培训结束后的第二天将该表反馈给人力资源部。

表 4-3 新员工入职培训反馈表

（到职后新员工一周内填写）

新员工姓名：_____ 入职部门：_____

a）你是否已了解部门的组织架构及部门功能？ 是□ 否□

b）你是否已清晰了解自己的工作职责及岗位描述？ 是□ 否□

c）你是否已熟悉公司大楼的情况？ 是□ 否□

d）你是否已认识部门里所有的同事？ 是□ 否□

e）你是否觉得部门岗位培训有效果？ 是□ 否□

f）你今后在工作中遇到问题时，是否知道如何寻求帮助？ 是□ 否□

g）你是否已接受了足够的部门岗位培训，并保证可以很好地完成任务？ 是□ 否□

h）你认为在岗位培训中，可以改进的地方是：

i）在今后的工作中，希望接受更多以下方面的培训：

入职培训的主要目的就是使新员工能直接上岗，开始工作。所以对于新员工培训效果的评估相对而言也应简单易操作，评估对象主要是新员工，评估的方式主要有笔试、口试和技能实操。入职培训的理论知识以及需要识记的部分都比较适合笔试。英语会话能力适合口试，通过角色扮演的方式就能很好地检验新员工的学习效果。评估新员工操作标准和流程的掌握通过技能实操的方式最为有效。在后续的工作中还需要对其学习效果进行追踪。

实训任务

实操培训方法

一、实训目的

学会根据不同的培训内容选用不同的培训方法，提升培训能力。

二、实训内容

（1）学生可自己选择所讲内容，所讲内容可以是一个知识点或一个小技巧或其他。

（2）所讲内容必须健康、正能量。

三、实训步骤

（1）小组团结协作，课前做好资料收集、确定讲解内容与方法等准备工作。

（2）项目小组以 PPT 的形式或其他形式在课堂上展示，时长最长不能超过 8 分钟。

（3）任务总分为 100 分，教师评分占 50％，学生评分占 50％。

四、实训评分表（总分 100 分）

调研酒店人力资源管理特点实训评分表

评分点	评分标准	分值	评分
讲解内容	（1）内容讲解得清晰、准确。 （2）灵活运用至少两种方法、知识性与趣味性兼备	40	
现场讲解	熟练、清晰、自然、有感染力	30	
PPT 制作 其他形式	美观、简洁、创新、突出内容 有创意、主题突出、让人印象深刻	20	
团队精神	分工、合作、互助	10	

案例分析

华为新员工入职全方案：180 天详细培训计划

新员工的前 6 个月的培养周期往往体现出企业对于人才培养的重视程度，但许多企业往往只将重点放在前 15 天，导致员工的离职率高峰出现在入职第 6 个月到 1 年，让企业蒙受损失，如何快速提升新员工的能力，取决于前 180 天管理者做了什么。

第一阶段：新员工入职，让他知道来干什么的（3～7 天）

为了让员工在 7 天内快速融入企业，管理者需要做到下面七点。

（1）给新员工安排好座位及办公的桌子，拥有自己的工作场所，并介绍位置周围的同事相互认识（每人介绍的时间不少于 1 分钟）。

（2）开一个欢迎会或通过聚餐介绍部门里的每一人，相互认识。

（3）直接上司与其单独沟通，让其了解公司文化、发展战略等，并了解新员工专业能力、家庭背景、职业规划与兴趣爱好。

（4）HR 主管告诉新员工的工作职责及给自身的发展空间及价值。

（5）直接上司明确安排第一周的工作任务，包括每天要做什么、怎么做、与任务相关的同事和部门负责人是谁。

（6）对于日常工作中出现的问题及时发现及时纠正（不作批评），做得好的及时给予肯定和表扬（反馈原则）；检查每天的工作量及工作难点在哪里。

（7）让老同事（工作 1 年以上）尽可能多地和新员工接触，消除新员工的陌生感，让其尽快融入团队。关键点：一起吃午饭，多聊天，不要在第一周谈论过多的工作目标及给予工作压力。

第二阶段：新员工过渡，让他知道如何能做好(8~30 天)

转变往往是痛苦的，但又是必须的，管理者需要用较短的时间帮助新员工完成角色过度，下面提供五个关键方法。

(1)带领新员工熟悉公司环境和各部门人，让他知道怎么写规范的公司邮件，怎么发传真，电脑出现问题找哪个人，如何接内部电话等。

(2)最好将新员工安排在老同事附近，方便观察和指导。

(3)及时观察其情绪状态，做好及时调整，通过询问发现其是否存在压力。

(4)适时把自己的经验传授给他，让其在实战中学习，学中干、干中学是新员工十分看重的。

(5)对其成长和进步及时肯定和赞扬，并提出更高的期望。

第三阶段：让新员工接受挑战性任务(31~60 天)

在适当的时候给予适当的压力，往往能促进新员工的成长，但大部分管理者却选了错误的方式施压。

(1)知道新员工的长处及掌握的技能，对其讲清工作的要求及考核的指标要求。

(2)多开展公司团队活动，观察新员工的优点和具备的能力。

(3)犯了错误时给其改善的机会，观察新员工处于逆境时的心态，观察其行为，评估培养价值。

(4)如果实在无法胜任当前岗位，看看是否适合其他部门，多给新员工机会，管理者很容易犯的错误就是一刀切。

第四阶段：表扬与鼓励，建立互信关系(61~90 天)

管理者不要吝啬自己的赞美语言，表扬一般遵循三个原则：及时性、多样性和开放性。

(1)当新员工完成挑战性任务或者有进步时，及时给予表扬和奖励，表扬鼓励的及时性。

(2)采用多种形式的表扬和鼓励，要多给新员工惊喜，创造不同的惊喜感，表扬鼓励的多样性。

(3)向公司同事展示新员工的成绩，并分享成功的经验，表扬鼓励的开放性。

第五阶段：让新员工融入团队主动完成工作(91~120 天)

对于新员工来说，他们不缺乏创造性，更多的时候管理者需要耐心地指导他们如何进行团队合作，如何融入团队。

(1)鼓励新员工积极踊跃参与团队的会议并在会议中发言，当他们发言之后作出表扬和鼓励。

(2)对于激励机制、团队建设、任务流程、好的经验要多进行会议商讨、分享。

(3)与新员工探讨任务处理的方法与建议，当新员工提出好的建议时要肯定他们。

(4)如果出现与同事间的矛盾要及时处理。

第六阶段：赋予员工使命，适度授权（91～179天）

过了前三个月，一般新员工会转正成为正式员工，随之而来的是新的挑战，当然也可以说是新员工真正成为公司的一分子，管理者的任务中心也要随之转入以下五点。

（1）帮助下属重新定位，让下属重新认识工作的价值、工作的意义、工作的责任、工作的使命、工作的高度，找到自己的目标和方向。

（2）时刻关注新下属，当下属有负面的情绪时，要及时调整，要对下属的各个方面有敏感性；当下属提出负面的、不成熟的问题时，要转换方式，从正面解决问题，实现思维转换。

（3）让员工感受到企业的使命，放大公司的愿景和文化价值、放大战略决策和领导意图等，聚焦凝聚人心和文化落地、聚焦方向正确和高效沟通、聚焦绩效提升和职业素质。

（4）当公司有重大的事情或者振奋人心的消息时，要引导大家分享；要随时随地激励下属。

（5）开始适度放权让下属自行完成工作，发现工作的价值与享受成果带来的喜悦，放权不宜一步到位。

第七阶段：总结，制订发展计划（180天）

六个月过去了，是时候帮下属做一次正式的评估与发展计划，一次完整的绩效面谈一般包括下面的六个步骤。

（1）每个季度保证至少1～2次1个小时以上的正式绩效面谈，面谈之前做好充分的调查，谈话做到有理、有据、有法。

（2）绩效面谈要做到明确目的，员工自评时应表达做了哪些事情，有哪些成果，为成果做了什么努力，哪些方面做得不足，哪些方面和其他同事有差距。

（3）领导的评价包括：成果、能力、日常表现，要做到先肯定成果再说不足，谈不足的时候要有真实的例子做支撑（依然是反馈技巧）。

（4）协助下属制定目标和措施，让他做出承诺，监督检查目标的进度，协助他达成既定的目标。

（5）为下属争取发展提升的机会，多与他探讨未来的发展，至少每3～6个月给下属评估一次。

（6）给予下属参加培训的机会，鼓励他平时多学习，多看书，每个人制订出成长计划，分阶段去检查。

第八阶段：全方位关注下属成长（每一天）

度过了前90天，一般新员工会转正成为正式员工，随之而来的是新的挑战，当然也可以说是新员工真正成为公司的一分子。

　　(1)关注下属的生活,当他受打击、生病、遭遇生活变故、心理产生迷茫时多支持、多沟通、多关心、多帮助。

　　(2)记住部门每个同事生日,并在生日当天部门集体庆祝;记录部门大事记和同事的每次突破,给每次的进步给予表扬、奖励。

　　(3)每月举办一次各种形式的团队集体活动,增加团队的凝聚力。关键点:坦诚、赏识、感情、诚信。

　　(资料来源:http://hr.yjbys.com/peixunfazhan/538274.html)

请思考:

　　1.请你谈谈你对华为新员工入职方案的看法。

　　2.华为新员工入职培训方案对其他酒店新员工入职培训方案有哪些启发和借鉴?

任务四　酒店员工在职培训

◇学习目标

知识目标:

(1)了解酒店员工在职培训内容和方法。

(2)熟悉酒店员工在职培训实施及培训效果评估。

能力目标:

(1)会运用相应的培训方法讲解所学知识。

(2)会制订培训计划。

(3)初步学会如何做效果培训评估。

素质目标:

(1)增强学习积极性、提升自主学习能力。

(2)增强团队精神、爱岗敬业。

◇课前任务

　　资料查询:学生采用多种方式查询与调研酒店在职员工培训内容、方法、实施以及评估等相关知识,并在课前将调研结果提交到线上讨论,教师在课堂上进行点评与总结。

案例导入

实习生小刘入职酒店做收银工作。小刘进行了严格的入职培训：学会了检查电脑、打印机、计算器、验钞机、POS 机、扫描仪等设备工作是否正常，并做好相关设备的清洁保养工作；准确熟练地收点客人现金、支票，支付宝和微信收费熟练操作；打印客人各项收费账单，及时、准确地为客人结账并根据客人的合理要求开具发票等收银所需要掌握的知识和技能。

小刘正式独立上岗之后却写下了这样的日志：学习收银大半个月了，今天独自一人收银，真是激动得心颤手抖。我害怕出错，每输入一个字都要多停顿一下，看看有没有错误。小心谨慎点好，就算出错也会是小的，容易解决的。就像刚才，本来就害怕出错，可有时越是害怕越出错，留底的酒单没有单独拿出来，POS 机和工作手机也没有收起来，餐券也没有收拾，最后算账的单子还是同事帮忙打印的，所以不能慌，越慌越忙，越忙越乱。作为收银员一定要收拾东西，分类的单子要整理有序，不要让其他人随意动你的单子，用完的东西一定要放好。自己也感到疑惑为什么培训时学得好好的，也觉得挺简单的，结果上班就不行了。真是忙乱的一天！

请思考：

请分析实习生小刘为什么会有如此感受？酒店培训工作应该怎样改进？

酒店员工在职培训主要是指相对于入职员工而言的已经在职员工的培训。员工在职培训是对已在工作岗位上具有劳动关系的劳动者进行的再教育活动，也称职工教育。在职培训一直贯穿工作始终，是在职员工学习的重要途径，也是企业人力资本投资的重要形式。

一、在职培训的内容

在职培训内容主要是在入职员工培训内容的基础上进行升级，入职员工培训的目的主要帮助新员工熟悉工作、企业和新环境，并尽快适应工作、能正式上岗等。而在职培训的主要目的是帮助员工能更好地胜任工作，能有进一步的职业发展，能为企业的发展做出更大的贡献。目的不同，内容就有不同。在培训实施过程中，需要根据岗位、职位的不同而有所差异，也会根据实际情况而进行适度的调整。下面根据职位的不同来描述酒店员工的在职培训内容。

（一）基层员工

（1）岗位职责，工作内容。

（2）操作标准，工作流程。

（3）语言能力：主要是英语沟通能力。

(4)突发问题的处理:酒店在经营过程中,常会有一些突发问题发生,需要员工能够及时应对,妥善解决。为了一线基层员工能及时妥善解决突发问题,酒店会总结出许多突发问题及其解决方案,并加强培训。

(5)企业文化:企业文化主要是企业经营哲学、价值观念、企业精神和道德、企业制度和使命等。

(6)安全知识培训:安全无小事,预防为主,防患于未然。酒店安全知识培训主要包括:保证客人人身安全、财产安全和个人隐私;保证员工人身安全、财物安全和酒店财产不受危害等。

(7)情绪控制与管理:情绪控制与管理的重要性以及如何更好地控制与管理情绪。

(二)督导层(领班、主管、部门经理)

(1)沟通技巧:高效沟通的理论、基本原则与技巧。

(2)面试与招聘:面试与招聘的意义、如何进行面试与招聘、雇佣最合适的员工。

(3)培训能力:培训和发展员工的意义、确定培训需求分析、有效培训员工。

(4)团队建设:组建团队、高效辅导、团队打造、员工激励。

(5)冲突管理:冲突的界定、产生冲突的原因分析、如何有效解决冲突、如何避免冲突的策略。

(6)客户关系维护与管理:区分客户、发展客户关系、维护客户关系、提升客户关系。

(三)高层管理者

(1)决策能力:开放的提炼能力、准确的预测能力和判断能力。

(2)计划能力:计划的前瞻性与周密性。

(3)领导力:感召力、前瞻力、影响力、决断力、控制力。

(4)综合协调能力:如何提升综合协调能力。

(5)创新精神:新方法、新观点、创新思维。

(6)全球视野:国际经济理念与模式。

二、在职培训的方法

不同的培训对象、培训内容和培训目的,需要采用不同的培训方法和技术。每种培训方法都有其优点和缺点。只有选择合适的培训方法才会取得良好的培训效果。常见的方法有以下几种。

(一)讲授法

讲授法主要通过讲解的形式向培训对象传授知识,是一种传统的、常用的培训方法。这种方法适用于理论知识培训。常用的方式有课堂讲授、讲座、会议报告。

(二)角色扮演

角色扮演是指在一个模拟真实的工作场景中,使学员进入角色去训练技能和处理问题的方法。学员可以通过扮演各种实际工作中的角色,亲自参与并体验解决各种实际问题,训

练必备技能，也可以通过对表演的观察，发现他人在特定环境中的反应和行为，判断其是否符合角色的身份和素质要求，并从中获得启发。角色扮演结束后，培训师进行点评。

（三）演示法

演示法也可以称为示范法，即通过模拟工作现场或在真实的工作环境中利用设施，使用实际设备及器具、用品进行操作、展示和讲解的培训方法。这种培训方法比讲授法更为直观，多用于技能培训和训练。

（四）案例分析法

案例分析法是指把实际工作中出现的问题作为案例，交给受训学员研究分析，培养学员的分析能力、判断能力、解决问题及执行业务能力的培训方法。酒店会把很多曾经在酒店运营中发生的真实事情或者有可能发生的事情，总结为案例。在培训中，培训师会引用这些案例，让学员分析、思考、互相讨论与辩论。学员充当主角，培训师则更似导演或教练，帮助、引导、启发学员去分析判断，并做出总结和评估。

（五）游戏培训法

游戏培训法由于本身的趣味性而广受欢迎。游戏培训法是指让学员参与一些经过精心设计的游戏，使学员在寓教于乐中学习知识和技能、开阔思路与提升能力。游戏培训法蕴含酒店管理与服务工作的原理、知识与技能。游戏培训法的优点是生动、具体，员工参与性强、热情高，培训内容容易掌握，培训效果好；其缺点是设计开发难度高。

三、在职培训的实施

有效的培训是一个具有完整性和科学性的系统过程，它包括四个阶段，即培训需求分析、制订培训计划、实施培训计划和评估培训效果。四个环节之间、相互联系、相互制约、相互作用的整体。每个环节和要素都会影响培训的实效。

（一）培训需求分析

员工培训需求分析为企业培训工作提供了运作的基础。它是在企业培训需求调查的基础上，由培训部门、主管人员等相关工作人员等采用各种方法与技术、对各种组织及其成员的目标、知识、技能等方面进行系统的鉴别与分析，以确定是否需要培训及需要培训哪些内容的一种活动或过程。培训需求分析是实施在职培训的基础，又是衡量培训效果的主要依据。培训需求分析一般包括三个层次：组织分析、任务分析和员工分析。

1.组织分析

组织分析是在全局上把握整个组织的培训需求。组织分析主要是指分析完成组织任务所需的知识和技能与现有情况之间的差距，确定组织的培训需求和内容。

2.任务分析

任务分析是针对具体工作要求的培训需求分析。通过任务分析研究要确定各个职位的工作任务及其要达到的标准，以及成功完成这些任务所必需的知识、技能和态度。那么员工所具备的素质与工作要求之间的差距就是从任务角度分析而获得的培训需求。

3.员工分析

员工需求分析可以根据绩效考核数据进行,主要分析现有能力和水平与要求之间的差距。通过分析员工工作绩效的表现,可以发现员工在知识和技能方面的缺陷,并分析其原因,在此基础上,可以确定谁需要培训以及培训的主要内容。

不同的组织有不同的培训需求主体,但一般来说,任何组织和单位的培训都必须通过培训部门、部门主管和在职员工来进行。人力资源部主要负责组织培训。部门主管了解自己的员工,是实施培训重要的参与者。同时,应鼓励本部门的员工提出自己的培训需求和计划,在职员工通过对自身工作能力的评估,提出提高自身工作相关技能、知识和能力的培训需求。

(二)制订培训计划

根据培训时长,酒店培训计划可以分为年度培训计划、半年培训计划和季度培训计划等。根据培训范围和内涵,酒店培训计划又可以分为全面培训计划和专项培训计划等。酒店培训计划的内容主要包括培训目的与目标、培训内容、培训安排、培训方式、培训预算等。

1.培训目的与目标

培训目的是根据培训需求来确定的,是对培训活动导向性的描述。培训目标是为了达到培训目的而设定的通过培训期望达到的标准。目标越清楚详细、具体可行、可衡量,就越能为整个培训工作提供明确的指导方向和战略战术,不仅对培训过程、培训方法和评估手段具有提示作用,也是培训成效的保证。

2.培训内容

培训计划中最重要的部分是明确培训内容。酒店培训内容十分丰富,具体培训内容主要取决于当时的培训对象和他们的培训需求。

3.培训安排

培训安排主要是指时间上的安排,即培训项目放在什么时间开展,培训需要花多长时间等。培训安排还包括其他培训条件及安排,如场地、设施、设备及培训资料等。

4.培训方式

酒店应根据培训内容选取合适的培训方式。如确定是采取店内还是店外培训,是课堂讲授还是在岗指导培训,是线上还是线下式培训,是短期的集中培训还是长期的工作指导式或者师徒制式的培训,又或者是综合式的培训,需依据具体情况而定。

5.培训预算

在培训计划中需要编制出培训预算,以便获得资金支持,保证培训的顺利实施。同时培训预算也是培训评估的重要依据。培训预算主要包括培训地点的租金、培训资料费、培训教师课酬。如果店外培训还包括差旅费、住宿费等。

(三)实施培训计划

1.培训准备工作

联系学员,确定参加学员人数、告知及回答学员相关问题;落实培训场地、配备设施以及

学员报到时要发放的资料；联系培训师，告知培训师培训要求，要与之沟通好接送、食宿安排、酬金等问题，确保培训师能按时参加培训以及所讲内容与培训目的和要求相契合等，需要提前做好的准备工作。

2. 培训进行中的管理

组织学员报到及准时参与培训；再次确认出席开班仪式的领导及相关工作人员，举行开班仪式；上课前检查设施设备；培训期间接待好培训师；培训期间为学员提供必要的服务；关注培训现场，做好日常的管理，确保培训顺利进行等。

3. 培训结束与总结

培训结束后，还有几项工作要做：首先是举办结业仪式，在结业仪式上需要结业致辞、颁发结业证书；其次是欢送学员，为学员送行并对学员的付出表示感谢，希望学员学有所获；最后对培训做出总结，总结出成效、找到问题与不足，以备整改。

（四）评估培训效果

培训目的是提高员工岗位工作胜任力以及工作绩效。实施和完成培训并不是培训工作的结束，培训评估和反馈才是培训系统的最后一个环节。培训是否达到预期目标，培训效果如何，下一步培训该如何改进和优化，培训是否落实到位等都需要对培训效果进行科学的评估。

1. 评估标准及方法

酒店非常重视培训效果评估。没有评估的培训很容易就变成了"赔训"，无法达成预先设定的培训目标。世界上应用较广泛的培训评估工具就是柯氏四层评估模型，该模型从四个方面进行评估。

第一层评估，反应层面。

这类评估主要是考核学员对培训讲师的看法，培训内容是否合适等。这是一种浅层评估，通常是通过设计问卷调查表的形式进行。

第二层评估，学习层面。

这类评估主要是检查学员通过培训掌握了多少知识和技能。可以通过书面考试或演示法或撰写学习心得报告的形式进行检查。

第三层评估，行为层面。

这类评估关心的是学员通过培训是否将掌握的知识和技能应用到实际工作中，提高工作绩效。此类评估可以通过观察法和绩效考核方式进行。

第四层评估，结果层面。

这类评估的核心问题是通过培训是否对企业的经营结果产生影响。结果层面的评估内容是一个企业组织培训的最终目的，也是培训评估最大的难点。因为对企业经营结果产生影响的不仅仅是培训活动，还有许多其他因素都会影响企业的经营结果。

2. 评估对象

培训结束之后一般会对培训师、课程或内容、培训安排、学员学习效果等进行评估。学员评教表如表4-4所示。

表 4-4　学员评教表

为进一步提升培训质量,请您抽出宝贵的时间对我们的教学进行评估,谢谢支持!

姓名:＿＿＿＿＿＿　　　　培训课程:＿＿＿＿＿＿　　　　评价时间:＿＿＿＿＿＿

序号	评价项目	评价内容
1	对本培训的整体印象	优　良　中　差
2	对培训师授课水平的评价	优　良　中　差
3	对课程内容的评价	优　良　中　差
4	对培训形式的评价	优　良　中　差
5	对培训场地的评价	优　良　中　差
6	本课程您认为最有效的是什么?	
7	本课程对您来说最没有帮助的是什么?	
8	本课程是否满足您的要求,如果不是,请问为什么?	
9	您认为您从本次培训中学到了什么?	
10	您认为该如何改进此类培训?	
11	您认为有必要提出的意见和建议是什么?	
12	您认为哪位或哪几位培训师适合做下一次培训的培训师? 为什么?	

项目总结

本项目是酒店员工培训。学习内容涵盖酒店员工培训的概念、作用、原则和类型;酒店员工入职培训和在职培训内容、方法、实施以及效果评估;酒店培训体系的概念、内容、酒店岗位技能训练和培训技巧,增强对酒店员工培训的认知和重视,为做好酒店培训工作给予指导。通过情景模拟、实训任务、案例分析等学习,提升学生的员工培训能力,提升表达能力、培养匠心精神等。

实训任务

教师教学效果评估

一、实训目的

掌握培训评估内容及方法,将所学知识应用于实践,增加人际交往能力、沟通能力和团队精神。

二、实训内容

(1)选取某一门课程或者某一位教师的教学效果进行调研。

(2)小组商讨决定调研方式或方法。

(3)分别在本班和其他班级各10人,总共30人左右进行调研。

三、实训步骤

(1)小组集体商讨并作调研准备工作。

(2)项目小组根据其方案，进行调研。

(3)项目小组以 PPT 的形式在课堂上讲解调研内容、分析及总结。

(4)任务总分为 100 分，教师评分占 50％，学生评分占 50％。

四、实训评分表（总分 100 分）

酒店人力资源部调研实训评分表

评分点	评分标准	分值	评分
讲解内容	(1)调研方式科学合理，效果好。 (2)对所调研内容讲解清晰、有理有据。 (3)对教师教学效果评估客观公正、有说服力	40	
现场讲解	熟练、清晰、自然、有感染力	30	
PPT 制作	美观、简洁、创新、突出内容	20	
团队精神	分工、合作、互助	10	

案例分析

酒店餐饮部员工"突发问题处理"专题培训计划

培训时间	培训内容	培训目的	培训方法	培训者
第一天	(1)客人点菜单没有的食品； (2)客人点酒试酒后表示不满意； (3)客人环顾四周； (4)客人反映菜品味道不好； (5)客人反映用餐后不舒服； (6)上错菜； (7)要求退菜等	(1)增强对服务工作的认知与认可，培养良好的服务态度； (2)提升观察能力，准确把握客人需求；	小组讨论； 演示法； 角色扮演； 案例分析法	全体餐饮部员工
第二天	(1)饮料、酒洒在客人身上； (2)客人忘记买单； (3)客人带宠物进餐厅； (4)客人反映菜品内有异物； (5)小朋友在餐厅奔跑； (6)早餐等位等		小组讨论； 演示法； 角色扮演； 案例分析法	全体餐饮部员工

续表

培训时间	培训内容	培训目的	培训方法	培训者
第三天	(1)客人在餐厅抽烟； (2)客人醉酒； (3)客人谈论生日； (4)客人自带生日蛋糕； (5)客人在开餐外时间用餐； (6)客人临时加菜； (7)客人损坏酒店设备等	(3)掌握处理突发问题的技巧，提升服务水平； (4)规范员工行为准则，培养良好的职业素养；	小组讨论； 演示法； 角色扮演； 案例分析法	全体餐饮部员工
第四天	(1)客人饮酒过量，仍要添酒； (2)客人在大堂吃牛排； (3)客人反映咖啡太烫； (4)客人反映鸡尾酒味道不好； (5)客人穿浴袍用餐等	(5)提升服务质量，为酒店赢得好的口碑	小组讨论； 演示法； 角色扮演； 案例分析法	全体餐饮部员工

(注：本案例中培训内容均来源于万豪酒店集团。)

请思考：

1.如果是你，你该如何应对？请选择其中一或两个情景，现场展示如何处理突发问题。

2.上述案例对你有何启示？

项目五 →

酒店员工激励

项目引言

员工的潜能是酒店的一笔巨大财富,酒店管理者如果能充分调动员工的积极性,激发员工的潜能,将极大地提高酒店的服务质量和劳动生产率,改善酒店的市场形象,提高酒店的竞争力,为酒店创造巨大的利润。这些都有赖于员工激励,员工激励是管理者实现其管理目标的重要手段。

任务一 激励认知

◇学习目标

知识目标:

(1)理解激励的概念。

(2)了解激励的功能。

(3)掌握典型的激励理论。

能力目标:

(1)会分析影响激励效果的三个基本因素。

(2)会辩证地分析激励对酒店人力资源管理的作用。

(3)会灵活运用激励的理论进行员工激励。

素质目标:

(1)培养诚信意识、以人为本思想、奉献精神。

(2)提升分析问题、解决问题的能力。

◇课前任务

资料查询:学生通过访谈等方式调研酒店在人员潜力开发上有哪些措施,这些措施是如何应用的?

案例导入

波特曼丽嘉酒店的管理理念

上海波特曼丽嘉酒店的 800 名员工有充分的理由为自己的酒店感到自豪。上海波特曼丽嘉酒店曾被《Travel＋Leisure》杂志连续两次评为"世界 500 强酒店",并在由翰威特咨询公司,《亚洲华尔街日报》及《远东经济评论》杂志联合举办的三届"亚洲最佳雇主"和"中国最佳雇主"评选中荣登榜首。两次荣膺"亚洲最佳商务酒店"的殊荣,并四次蝉联"中国最佳商务酒店"。

对于到波特曼丽嘉来探寻成功秘诀的人们,总经理狄高志喜欢勾画出一个三层金字塔,来解释一切的基础来自员工满意度:"从下至上依次为员工满意度、顾客满意度和酒店赢利,所以我最重要的工作就是要保证酒店的员工们在每天的工作中都能保持愉快的心情,他们的努力决定一切。"

波特曼丽嘉并不讳言与所有的商业机构一样,其经营的最终目标是不断实现赢利;每位员工也明确了解自己是促成总体经营结果的一部分。他们的制服口袋里装着酒店统一的信条卡,其中酒店对员工承诺的第一条写着:"在丽嘉,我们的绅士和淑女是对客服务中最重要的资源。"而这一点,也正体现了上海波特曼丽嘉酒店处理一切员工事务的精髓要义。

员工激励作为现代人力资源管理的一个重要职能,其目标就是为员工创造一个满意的工作环境,促使员工保持旺盛的精力和较高的积极性,挖掘员工的能力和潜力,提高劳动生产力。

一、激励概述

激励是指为了达到企业的目标,运用各种有效手段,满足员工的生理、愿望、兴趣、情感等需要,从而最大限度地激发员工的工作积极性、主动性和创造性,挖掘员工潜力的管理手段。

(一)激励的五个要素

1.激励主体

激励主体指施加激励的组织或个人。

2.激励客体

激励客体指激励的对象。

3. 激励目标

激励目标指激励主体期望激励客体的行为所实现的成果。通常为企业的目标和员工的需要，两者应该一致。

4. 激励因素

激励因素又称激励手段，或激励诱导物，指那些能够激发激励客体积极性、主动性、创造性，激励客体进行工作的东西，可以是物质的，也可以是精神的。激励因素反映人的各种欲望。

5. 激励环境

激励环境指激励过程所处的环境因素，它会影响激励的效果。

（二）影响激励效果的三个基本因素

1. 激励的时机

激励的时机是指给激励对象施以刺激的时间，应根据员工的具体需要而定，在员工最需要的时候施以激励，其效果也就越好。

2. 激励的频率

激励的频率是指在一定时期内对激励对象施以刺激的次数。激励的次数要恰如其分，过多或过少都会达不到应有的效果。

3. 激励的程度

激励的程度是指激励手段对激励对象刺激力的大小。激励手段越符合员工的需要，刺激力就越大。

二、激励功能

（一）有利于企业吸引优秀的人才

在现代企业竞争中，人才成为各个企业争夺的焦点，各企业特别是那些竞争力强、实力雄厚的企业，不惜运用各种手段，如提高薪金、增加保险福利、提供住房、提供职业上升渠道等，吸引企业需要的人才。

（二）有利于鼓舞员工士气

"明察秋毫而不见舆薪，是不为也，非不能也。"就是说，一个人如果眼睛能发现细微的毫毛，却坚持说他看不见一车柴薪，是因为他不想这么干，并不是因为他没有这个能力。一个人能力再高，如果激励水平很低，缺乏足够的自驱力，也必然不会有好的工作业绩；反之，一个人能力一般，如果受到充分的激励，发挥出巨大的热情，也必然会有出色的表现。由此可见，激励对工作人员积极性的调动有着极为重要的影响。

（三）有利于员工素质的提高

通过激励来控制和调节人的行为趋向，会给学习和实践带来巨大的动力，从而使个人素质不断提高。

比如，对坚持不懈、努力学习科学文化知识的员工进行大力表彰，对安于现状、得过且过、不思进取、吃饱了混天黑的员工给予必要的惩戒，无疑有助于形成良好的风气，增加全体员工的知识素养，提高他们的精神境界。对忠于职守、业务熟练、工作中有突出贡献的员工进行一定的奖励,对不懂业务又不肯钻研、工作中有重大失误的员工给予适当的惩罚,无疑能发挥奖一励百、惩一儆百的作用,有助于全体员工业务素质的提高。

（四）有利于加强组织的凝聚力

行为学家们通过调查和研究发现,对一种个体行为的激励,会导致或消除某种群体行为的产生。也就是说,激励不仅仅直接作用于个人,而且还间接影响其周围的人。

激励有助于形成一种竞争气氛,对整个组织都有着至关重要的影响。

三、激励理论

（一）马斯洛需求层次理论

1943年,美国著名心理学家马斯洛提出了需求层次理论,他认为每个人都有五个层次的需要,按先后顺序分别如下。

第一层次:生理需求。

这一层次包括衣、食、住等方面的要求,这是个人维持生存最为基本的需求。如果这些需要得不到满足,人类的生存就成了问题。

在这个意义上说,生理需要是推动人们行动的最强大的动力。

第二层次:安全需求。

这一层次是员工对于保护自身的生命和财产安全、防止意外事故、避免恐惧和职业病的侵袭等方面的需要。

第三层次:社交需求。

这一层次的需求包括两个方面的内容:

一是爱的需求,即人人都需求与亲友之间、同事之间的关系融洽或保持友谊和忠诚;

二是归属的需求,即人都有一种归属于某个集体或群体的需求,希望成为群体中的一员,并相互关心和照顾。

第四层次:尊重的需求。

这一层次包括内部尊重和外部尊重。内部尊重表现为个人希望在各种不同情境中有信心和能力自主地处理各种问题;外部尊重表现为个人受到别人的尊重、信赖和肯定的评价,有一定的威信和社会地位。

第五层次:自我实现的需求。

这一层次是最高层次的需求,它是指挖掘自身潜能、实现个人理想和抱负,发挥个人的能力到极限的需求。

一般而言,酒店基层员工比较重视生理需求、安全需求和社交需求,而中基层管理人员更加看重尊重需求和自我实现的需求。企业管理者要有针对性地了解员工的需求,并根据不同情况合理给予满足。

1. 马斯洛需求层次理论的基本观点

(1)五种需求从低级到高级排列,按层次逐级递升。只有当低层次的需求得到基本满足后,高一层次的需求才会出现。追求更高层次的需求就成为驱使行为的力量。相应地,获得基本满足的需求就不再是一股激励力量,但任何一种需求都不会因为更高层次的需求的发展而消失。各层次的需求相互依赖和重叠,高层次的需求发展后,低层次的需求仍然存在,

只是对行为影响的程度大大减小。

（2）五种需求可以分为高、低两级，其中生理需求、安全需求和社交需求都属于低一级的需要，这些需要通过外部条件就可以满足；而尊重的需求和自我实现的需求是高级需求，他们是通过内部因素才能满足的。同一时期，一个人可能有几种需求，但每一时期总有一种需求占支配地位，对行为起决定作用。

2.马斯洛的需求层次理论对酒店管理者的启示

（1）生理需求启示。

如果员工还在为生理需求而忙碌时，他们所真正关心的问题就与他们所做的工作本身无关。员工希望酒店提供良好的食宿条件、稳定的薪水收入、健康舒适的工作环境。所以酒店可采用增加工资、提高福利待遇、给予更多的业余时间和工间休息、改善劳动条件等来激励员工。

（2）安全需求启示。

对于员工来说，安全需求表现为工作安全而稳定，以及有医疗保险、失业保险和退休福利等。对于员工的安全需求有一部分应该由国家构建的社会保障体制提供保障，如养老保险、医疗保险、失业保险等。除此之外，酒店要有雇佣保证，为员工提供安全稳定的工作环境，让员工能够安心、放心工作，让员工未来有保障。

（3）社交需求启示。

对于社交需求，酒店员工追求的是良好的企业人际关系。组织内和谐融洽的关系，酒店可通过建立工资协商机制、员工生日祝贺制度、员工互助制度等，让员工找到归属感。

（4）尊重需求启示。

对于满足尊重需求的员工，他们关心的是成就、名声、地位和晋升机会。酒店可通过公开奖励、口头表扬、颁发荣誉奖章、在公司的刊物上发表表扬文章、公布优秀员工光荣榜、晋升等手段来激励员工。

（5）自我实现需求启示。

对于满足自我实现需求的员工，他们把酒店的工作作为毕生的事业，在自己的岗位上发挥最大的潜能，为酒店创造更大的价值。酒店可通过赋予员工更多的责任感、更多的自主权或者安排特别的任务来激励员工。

（6）不同的员工有不同需求，同一个员工在不同时期有不同的需求，酒店管理者要在工作中了解员工的真正需求，找出相应的激励因素，采取积极的组织措施，来满足员工的需求，以引导员工的行为，实现组织的目标。

（二）赫兹伯格双因素理论

赫兹伯格认为，激发人的动机的因素有两类：保健因素和激励因素。

1.保健因素

保健因素包括公司的政策与行政管理、工作条件、人际关系、薪金与福利等。保健因素若处理不好，员工得不到基本满足，就会不满意；但是即使处理得当，也仅能消除员工的不满情绪，并不能使人满意。

2.激励因素

激励因素包括成就、赏识、挑战性的工作、增加的工作责任以及成长与发展的机会等。

激励因素如果不理想,员工不满意,就会严重影响工作的效率;这类因素若得到改善,员工就会满意,从而提高工作积极性。

例如,酒店未能给员工提供住宿,员工就会不满意,酒店给员提供住宿,消除了不满,但并不能使员工满意,提供住宿满足基本需要,不能调动员工的主动性,起不到激励的作用。酒店没有晋升渠道,员工不满意,工作不积极,如果酒店给员工晋升机会,员工满意,会提高工作积极性。

赫兹伯格双因素理论对管理的基本启示有以下两个方面。

(1)保健因素是基础,只有使保健因素维持在职工能接受的水平,保证基础牢固,激励因素才能够充分发挥作用。但是保健因素即使获得满足,它的激励作用往往是很有限的、不能持久的。

要改善保健因素,消除不满,可以从增加工资、改善劳动条件、给予更多的业余时间和工间休息、提高福利待遇等方面入手。

(2)要调动员工的积极性激励因素是关键。

要注意工作的安排,量才录用,各得其所,对员工进行精神鼓励,给予表扬和认可,给予成长、发展、晋升的机会。改善激励因素,产生满意。

(三)斯金纳的强化理论

强化理论是美国的心理学家和行为科学家斯金纳、赫西、布兰查德等人提出的一种"操作条件反射"理论。

该理论认为,人或动物为了达到某种目的,会采取一定的行为作用于环境。当这种行为的后果对他有利时,这种行为就会在以后重复出现;不利时,这种行为就会减弱或消失。人们可以用这种正强化或负强化的办法来影响行为的后果,从而修正其行为,这就是强化理论。

1.强化的类型

强化包括正强化、负强化和自然消退三种类型。

(1)正强化,又称积极强化。

正强化就是奖励那些符合组织目标的行为,以使这些行为得到进一步加强,从而促进组织目标的实现。正强化的刺激物不仅包含奖金等物质奖励,还包含表扬、晋升等精神奖励。

为了使强化达到预期的效果,例如,酒店用奖金(或休假、晋级、认可、表扬等),以表示对员工努力进行安全生产的行为的肯定,从而增强员工进一步遵守安全规程进行安全生产的行为。

(2)负强化,又称消极强化。

负强化就是惩罚那些不符合组织目标的行为,以使这些行为削弱甚至消失,从而保证组织目标的实现不受干扰。例如,酒店安全管理人员告知员工若不遵守安全规程,就要受到批评,甚至得不到安全奖励,于是员工为了避免此种不期望的结果,而认真按操作规程进行安全作业。

(3)自然消退,又称衰减。

对于不希望发生的行为,除了直接惩罚外,还可以从"冷处理"或"无为而治"角度使这种行为自然消减。如开会时,管理者不希望下属提出无关或干扰性的问题,在他们举手要发言时,可以忽略他们的举手表现,这样举手行为必然会因为得不到强化而自行消失。

从某种意义上说,撤销原来的正强化也是一种冷处理。例如酒店曾对职工加班完成生产定额给予奖酬,后经研究认为这样不利于员工的身体健康和企业的长远发展,因此不再发

给奖酬，从而使加班的员工逐渐减少。

正强化是用于加强所期望发生的行为，负强化和自然消退的目的是减少和消除不期望发生的行为，这三种类型的强化相互联系、相互补充，构成了强化的体系。

2. 强化的原则

在组织管理过程中，管理者运用强化手段来调动员工的积极性，必须遵循下列原则。

（1）以正强化方式为主。

正强化导致愉快的感受，需要被满足，行为出现的频率和强度增加；负强化伴随着不愉快的感受，被激励对象为了回避这种感受，行为会逐渐消退。虽然这两种强化方向都能对员工的行为进行控制和改造，但从整体效果上来说，宜多用正强化，慎用负强化。

（2）采用负强化（尤其是惩罚）手段要慎重。

负强化应用得当会促进生产，应用不当则会带来一些消极影响，可能使人由于不愉快而出现悲观、恐惧等心理反应，甚至发生对抗性消极行为。因此，在运用负强化时，应尊重事实，讲究方式方法，处罚依据准确公正，这样可尽量消除其消极作用。

（3）注意强化的时效性。

采用强化的时间对于强化的效果有较大的影响。一般而言，强化应及时，及时强化可提高行为的强化反应程度，但须注意及时强化并不意味着随时都要进行强化。不定期的、非预料的、间断性的强化，往往可取得更好的效果。

（4）因人制宜，采用不同的强化方式。

由于人的个性特征及其需要层次不尽相同，不同的强化机制和强化物所产生的效应会因人而异。因此，在运用强化手段时，应采用有效的强化方式，并随对象和环境的变化而做出相应调整。

（四）期望理论

著名管理学家弗莱姆的期望理论认为，员工是否受到激励与两个因素有关，即期望值与效价。

期望值就是一个员工希望做一件事情时心理期望的价值大小。效价就是他期望做的这件事情是否容易实现。对一个员工来说激励效果的大小与期望值和效价成正比。

作为管理者，在发现员工的激励因素的时候一定要发现高期望值、高效价的因素，这样对员工的激励才是有效激励。如果发现期望值高，但是低效价，就没有什么激励作用。或者高效价，是比较好实现的，但又不是员工需求的，同样也没有激励作用。

管理者应努力把员工的低效价提高为高效价，把员工的低期望值提高为高期望值，使之变成激励因素。

实训任务

调研本班激励情况

一、实训目的

学会应用理论解决激励中的问题，提升解决问题的能力。

二、实训内容

(1)调查与深入研究本班学生学习积极性以及包括奖学金在内的激励状况。

(2)在班级组织研讨,深入分析目前的激励状况,研讨如何有效激励。

三、实训步骤

(1)学生组建项目小组。

(2)项目小组在本班进行调研,至少访谈50%的学生。

(3)项目小组以PPT的形式在课堂上讲解调研内容、分析及总结。

(4)任务总分为100分,教师评分占50%,学生评分占50%。

四、实训评分表(总分100分)

调研班级激励情况实训评分表

评分点	评分标准	分值	评分
讲解内容	(1)对本班现有的激励措施调研了解比较全面; (2)能运用激励理论深入地分析现有激励措施; (3)能提出有效的激励措施,完善原有的激励体系	40	
现场讲解	熟练、清晰、自然、有感染力	30	
PPT制作	美观、简洁、创新、突出内容	20	
团队精神	分工、合作、互助	10	

案例分析

张华已经在睿智酒店工作了6年。在这期间,他工作勤恳负责,技术能力强,多次受到酒店的表扬,领导很赏识他,并赋予他更多的工作和责任,几年中他从普通的餐厅服务员升到了餐厅主管。虽然他的工资不是很高,住房也不宽敞,但他对自己所在的酒店还是比较满意的,并经常被工作中的创造性要求所激励。酒店经理经常在客人面前赞扬他:"张华是我们酒店的服务骨干,是一个具有创新能力的人才……"

去年7月份,酒店餐厅经理职位空缺,张华在有条件晋升之列,但晋升机会却给了一个学历比他低、工作业绩平平的老同志。他想问领导原因,谁知领导却先来找他:"张华,你年轻,机会有的是。"最近张华在和同事们的聊天中了解到餐厅新聘用了两位餐厅领班,但工资仅比他少100元。尽管张华平时不是个计较的人,但对此还是感到迷惑不解,并开始为自己在酒店的前途感到忧虑。

请思考:

张华忧虑、困惑的原因是什么?

🏛 任务二　酒店激励机制与方法

◇学习目标

知识目标：
(1)掌握员工激励的方法。
(2)了解不同员工的激励策略选择。

能力目标：
(1)会综合运用激励手段调动员工的工作积极性。
(2)会诊断酒店员工激励中存在的问题，完善激励机制。

素质目标：
(1)提升学生分析问题和解决问题的能力。
(2)提升危机意识和创新能力。

◇课前任务

资料查询：搜集优秀企业激励员工的成功案例，在课堂上进行分享。

案例导入

　　有一天，松下幸之助在一家餐厅招待客人，一行人都点了牛排。待他们都吃完主餐后，松下幸之助便让助理去请烹调牛排的主厨过来。助理这才注意到，松下幸之助的牛排只吃了一半，心想过一会儿的场面可能会很尴尬。主厨很快就过来了，他的表情很紧张，因为他知道请自己来的人是大名鼎鼎的松下幸之助先生。

　　"有什么问题吗，先生？"主厨紧张地问。

　　"对你来说，烹调牛排不成问题。"松下幸之助说，"但我只能吃一半。原因不在于厨艺，牛排真的很好吃，但我已80高龄了，胃口大不如以前"。

　　此时，大家都很困惑，面面相觑，过了一会才明白这是怎么回事。

　　如果你是那位主厨，听到松下幸之助如此说，会有什么感受？

　　（资料来源：http://wiki.mbalib.com/wiki/尊重激励法）

　　对于激励制度的高度重视也体现了对人才的重视。只有把激励制度运用到酒店的实际管理当中去,有序建立开放的、完善的、符合员工需求的激励制度,酒店本身才能在激烈的市场竞争中站稳脚跟,并不断发展壮大。

一、酒店激励机制

酒店激励机制是指在酒店企业员工激励中所形成的机理和制度,它是酒店企业人力资源管理的重要内容。激励机制的根本作用是可以正确地诱导员工的工作动机,使他们在实现组织目标的同时实现自身的需求,提高其满意度,从而使他们的积极性和创造性继续保持和发扬下去。建立有效的激励机制主要包括以下几个方面的工作。

1. 创建企业文化

企业管理在某种程度上就是用特定的企业文化塑造人、管理人,酒店文化是酒店人力资源管理中的一个有效且重要的运行机制,只有当酒店自身文化内涵能够真正渗透每一位员工的价值观时,他们才能把酒店的发展壮大当成自己的发展奋斗目标,因此用员工认同的可行文化来管理企业,这样才能为酒店的长远发展提供动力,得到员工的支持。员工处在酒店优秀文化氛围中更易发挥自己的最大潜能,创造出更大的价值。这必将有利于人际关系和工作氛围等软环境得到提升,也将对酒店员工的工作效率和工作目标产生积极有利的影响。

2. 为员工进行职业生涯规划

职业不仅是谋生的手段,也是个人存在的意义和价值的证明。选择一个合适的职业,度过一个成功的职业生涯,是每个人的追求和向往。酒店管理者应该根据员工的实际情况和需要,为每一位员工设计好他的职业发展规划,使员工能够看到自己未来的发展方向和发展目标,并且适当地给员工提供培训、晋升、转岗等机会,帮助员工实现职业生涯目标,基层员工通过自己的不懈努力逐渐从服务员做到领班、主管、部门经理,甚至高层,这大大增强了个人的自信心,给予员工施展自己的才华的机会。

3. 建立科学的薪酬体系来激励员工

在员工的心目中,薪酬不仅仅是一定数目的金钱,还代表了身份、地位、个人能力和成就。合理而有效的薪酬制度不但能有效激发员工的积极性和主动性,促进员工努力实现组织的目标,提高组织的效益,而且能在激烈的竞争中吸引人才,并组建一支素质良好的员工队伍。

由于酒店大多数普通员工是收入不高的基层工作者,他们通常比较重视能满足基本需求的工资和奖金,酒店可采取基薪+综合奖金的薪酬制度,要充分利用奖金的促进效用,实行差别化奖励措施,通过丰厚的奖金来激发员工,调动员工的积极性。

4. 建立以经济利益为核心、措施多样化的激励机制

物质需求是人们从事任何社会活动的源动力。因此,物质奖励是工作激励的主要方式,也是目前酒店业内部运用得最普遍的一种激励方式。

一方面,把同一级别的工资按档次分开,为得到高档次的工资,处于同一级别的工作人员必然会积极投入到工作中去。能积极提出合理化建议,以及在工作上能将技术不断革新的员工应给予一定的报酬奖励,从而激发员工的积极性和创造性,也必将有利于酒店管理及生产上的改进和发展。

另一方面，也可采用员工持股分红的管理形式，将员工的自身利益与酒店的赢利情况紧紧联系在一起，员工工作的主动性和创造性就会最大限度地发挥出来，这样不仅提高了劳动生产效率，也增加了酒店的经济效益，达到了个人与酒店共赢的最终目标。

二、酒店员工激励方法

1. 目标激励

目标激励就是通过确定工作目标来激励员工，设立明确的目标，使员工了解努力的方向，从而自觉地表现出酒店期望的行为的方法。

（1）制定目标时要做到具体而清晰。

员工清晰地知道目标是什么，才会使员工看到前进的方向。

（2）目标的制定要切实可行。

目标的制定不能盲目追求"高大上"，要考虑实现的可行性，要使员工通过努力能够实现。

（3）要将目标分解为阶段性的具体目标。

总目标会使人感到目标遥远，如果同时制定出阶段性的具体目标，就能使员工看到实现的可能性，既便于目标的实施，也便于检查。

（4）企业目标与员工的需要应该一致。

要将酒店的目标转化为各部门、各班组以及员工个人的具体目标，使目标和责任联系起来，再加上检查、考核、奖惩等一系列手段，才能使目标起到应有的激励作用。

2. 榜样激励

榜样的力量是无穷的。通过树立先进、表彰标兵、评比"明星员工"等方法，使企业形成一种积极向上的氛围，大家学先进、赶先进、超先进，从而激发员工的积极性。

3. 情感激励

情感激励就是通过对下属的关爱，建立良好的感情纽带，从而激发员工积极性的方法。一个领导能否成功，不在于有没有人为你打拼，而在于有没有人心甘情愿地为你打拼。管理者要时常关心员工的生活、工作，经常和员工谈心，建立良好的关系，特别是在员工遇到困难时，应及时给予帮助，就会得到员工的更多回报。

4. 尊重激励

尊重激励就是尊重每一位员工，对待员工有礼貌，不嘲笑、不轻视员工，尊重员工的人格，认真听取员工的建议，让员工感到自己对组织的重要性。

5. 强化激励

强化激励就是通过对某种行为给予肯定或否定的评价，并结合一定的强化物，以鼓励某种行为重复出现或使行为消失消退的方法。奖金、晋升、培训等就是通过正强化使员工优秀的行为得以发扬；而批评、降级等处罚一定要明确其目的是以教育为主，使某种不良行为得到矫正。

6. 工作激励

工作激励是指通过分配恰当的工作，对员工进行工作指导，尽量使工作丰富化，增加工作的内涵，减少工作的枯燥感，从而满足员工自我实现和尊重的需要，激发员工的内在的工作热情。

7. 成长激励

提供员工成长和发展的机会,使员工在得到物质奖励的同时,实力不断增强,能力得到不断的提高,自信心得到不断提升。例如,可以送优秀员工去高等院校脱产学习,也可以组织优秀员工去更高星级的酒店带薪培训。同时,做好本酒店员工系统的、高质量的、高效的培训。

8. 差别激励

根据员工各方面的差异对他们实行个别化的奖励方法。如按照技术差别、员工等级差别及贡献大小实行差别激励,从而给员工制造一定的压力,使压力变为动力。在不甘落后的心理作用下,员工努力提高自己的级别,形成人人争先、奋发向上的局面。

9. 晋升激励

通过提升员工的行政职务,以及员工的技术职称,实施酒店内部员工星级制激励员工。晋升对人的激励作用是非常大的。晋升同时伴随着地位、荣誉、薪酬、尊重等多方面的提升。可以说,晋升激励是所有激励中最有力、最持久的方式。

10. 信任激励

上下级之间的相互理解和信任是一种强大的精神力量,它有助于人与人之间的和谐相处,有助于单位团队精神和凝聚力的形成,对员工的信任主要体现在平等待人、尊重下属的劳动、支持员工的工作、给员工充分授权等方面。

11. 物质激励

通过满足个人物质利益需求,来调动个人完成组织任务,实现组织目标的积极性和主动性。物质激励的内容包括薪酬激励、福利激励、股权激励等。

(1)薪酬激励。

薪酬激励是物质激励的基础。科学地设计企业员工的薪酬结构,且将员工的薪酬与绩效挂钩,从而更好地激发员工的积极性。

(2)福利激励。

福利激励是指企业的领导者根据企业的经济效益制定有关福利待遇的发放标准,确保满足员工的生理需求与安全需求,激励员工为企业多做贡献。

(3)股权激励。

股权激励是通过让公司员工获得公司股权的形式,或给予其享有相应经济收益的权利,使他们能够以股东的身份参与企业决策、分享利润、承担风险,从而勤勉尽责地为公司的长期发展服务。

实训任务

调研本地酒店常用的激励方法和员工态度

一、实训目的

通过对企业的访问,使学生了解激励方法在企业管理中的应用。

二、实训内容

(1)通过对企业的走访，了解该企业所应用的激励方法。

(2)访问企业员工，了解他们对现有激励方法的态度。

三、实训步骤

(1)以小组为单位走访企业领导，了解有关企业的激励方法。

(2)走访员工，了解上述激励方法的实施效果。

(3)项目小组上交调研报告。

(4)任务总分为100分，教师评分占50%，学生评分占50%。

四、实训评分表（总分100分）

调研酒店激励方法实训评分表

评分点	评分标准	分值	评分
调研过程	(1)访谈酒店5家以上； (2)访谈酒店员工10人以上	30	
调研报告	(1)报告分析全面； (2)能够发现问题； (3)提出的解决措施具体有效	50	
团队精神	分工、合作、互助	20	

案例分析

海底捞的员工激励

海底捞虽然是一家火锅店，但它的核心业务却是服务。在将员工的主观能动性发挥到极致的情况下，"海底捞特色"日益丰富。海底捞的员工激励措施与效果主要概括为以下几点。

一、良好的晋升通道

海底捞为员工设计好在本企业的职业发展路径，并清晰地向他们表明该发展路径及待遇。每位员工入职前都会得到这样的承诺："海底捞现有的管理人员全部是从服务员、传菜员等最基层的岗位做起来的，公司会为每一位员工提供公平公正的发展空间，如果你诚实与勤奋，并且相信用自己的双手可以改变命运，那么，海底捞将成就你的未来。"该措施满足了员工对自我实现的需要，激励了员工对美好未来的追求。

二、独特的考核制度

海底捞对管理人员的考核非常严格，除了业务方面的考核之外，还有创新、员工激情、顾客满意度、后备干部的培养等方面的考核，每项内容都必须达到规定的标准。

这几项不易评价的考核内容,海底捞都有自己衡量的标准。例如员工激情,总部不定期会对各个分店进行检查,观察员工的注意力是否放在客人的身上,观察员工的工作热情和服务效率。如果有员工没有达到要求,就要追究店长的责任。海底捞通过独特的考核制度,既规范了管理人员的管理行为,又使得管理人员可以通过不同的措施,激励员工的工作热情。

三、尊重与关爱,创造和谐大家庭

海底捞的管理层都是从最基层提拔上来的,他们都有切身的体会,都能了解员工的心理需求。这样,他们才能发自内心地关爱员工,并且给予员工工作与生活上的支持和帮助,同时也比较容易得到员工的认可。

在海底捞,尊重与善待员工始终被放在首位。海底捞实行"员工奖励计划",给优秀员工配股。此外,海底捞的管理人员与员工都住在统一的员工宿舍,并且规定,必须给所有员工租住正式小区或公寓中的两居室或三居室,不能是地下室。所有房间配备空调、电视、电脑,宿舍有专门人员管理、保洁,员工的工作服、被罩等也统一清洗。若是某位员工生病了,宿舍管理员会陪同他看病、照顾他的饮食起居。同时,海底捞的所有岗位,除了基本工资之外,都有浮动工资与奖金,作为对员工良好工作表现的鼓励。考虑到绝大部分员工的家庭生活状况,公司有针对性地制定了许多细节上的待遇。

在尊重与善待员工的问题上,海底捞还有不少"创意",例如,将发给先进员工的奖金直接寄给他的父母。

在如此和谐的文化与工作氛围的激励下,员工们的热情日益高涨,提出很多建议。并且,只要是合理的,公司都会采纳。这些激励措施既满足了员工的基本需求,也满足了他们尊重的需求与自我实现的需求,激发了员工的主人翁意识。

(资料来源:https://www.360kuai.com/pc/9e64b59f6c6c5ca87?cota=3&kuai_so=1&tj_url=so_vip&sign=360_57c3bbd1&refer_scene=so_1)

请思考:

海底捞在激励员工时都用了哪些激励手段?对你有什么启示?

任务三　酒店员工职业生涯规划

◇学习目标

知识目标:

(1)了解和员工职业生涯规划的含义和步骤。

(2)熟悉酒店在员工职业生涯规划过程中的管理措施。

能力目标：

掌握职业规划书的编写。

素质目标：

了解酒店员工每一阶段的素养要求，从而明确努力的目标。

◇ 课前任务

查找资料，每一位同学制作一份毕业五年内职业规划书。

案例导入

如何管理"00后"员工

"00后"早已"占领""饮品圈"了，Cosplay、蹦迪、剧本杀……这些看不懂的流行，有些茶饮品牌店已经用来搞定"00后"员工了。

还有些品牌店，用一套"主角光环激励法"，让离职率降到10％，而单店营业额提升15％。

都说"00后"不好管，这些品牌店是怎么做到的？

让年轻人"开心上班"，他把年会聚餐改成了蹦迪

CoCo都可郑州区域负责人，在郑州开设有100多家CoCo都可门店，总体企业员工有700多人，其中70％以上都是"95后"，20％是"00后"。

最近，该负责人分享了一套"你开心就好"管理哲学，其中有三条做法：

第一条是鼓励公司内部恋爱。

在办公室恋情普遍被禁止的情况下，但该负责人却支持，"谈恋爱就是年轻人的需求，拦也拦不住"。据不完全统计，员工内部认识并结婚的，就接近100对。

第二条是注重年轻人的小众爱好。

生活条件相对优沃的"00后"，从小就个性鲜明，爱好小众文化，该负责人专门组织活动、联系各种资源，比如开展内部的王者荣耀比赛、开设Cosplay变装日、开美妆穿搭课……因为他知道，这些是年轻人彰显个性的方式。

第三条是企业管理"游戏化"。

"00后"们讨厌说教，不喜欢束缚，该负责人就把企业文化和当下热门的剧本杀做了结合，年轻人在游戏中自然而然地完成了企业文化培训，用盲盒来发节日福利，用蹦迪来代替年会聚餐，甚至他亲自上台做DJ。

这些年轻人，可能会为了一句话甚至一种情绪，第二天就不来上班了；相对于工资，他们更注重开心……因此该负责人在管理员工的时候，经常说"你开心就好"。

130

这句话听起来似乎像是"躺平哲学"，其实真正做到并不容易，需要管理者有强大的同理心。相比于客户体验，该负责人把很多心思都花在了提升员工的"工作体验"上。他相信，有了快乐的工作体验，就能借助年轻员工的个性需求形成公司的凝聚力。其实不少品牌都总结出了"带好年轻人"的方法。

离职率降到10%，他让"00后"感受到"主角光环"

某茶饮品牌创始人本人就是"95后"，在他开设的100多家门店中，"00后"的比例已经超过60%。身为"95后"，他更懂得年轻人的"嗨点"，创业3年多，他也总结了一套年轻人的管理方法，今年施行后，不仅离职率从30%降低到了10%，平均单店营业额也提升了15%。

1. 老板和高管组成"夸夸群"

在该创始人看来，认可和赞美，是管理当中一种最无形又最有效的管理工具。

来自中青校媒的调查显示，有七成"00后"，"嘴上说躺平，其实很想赢"，甚至会偷偷努力。

如何激发他们把"我想努力"变成工作能力？

该创始人认为，老板和管理者，一定要及时给予员工认可和赞美，这样才能提升和促进他们对工作的热情，你认可他们，赞美他们，照顾他们的心理诉求，他们才会心甘情愿跟着你干。

2. "光照在我身上，我就是主角"

当代年轻人，想要的都是那种"光照在我身上，我就是主角"的感觉。"哪怕我只是一个实习生，我也希望在公司会议上有发言的机会，有表达想法的契机。"因此，该企业每月的表彰会，都会让完成任务的员工上台发表感言，并对其认真赞美、给予荣誉，当场发钱，同时还会把优秀员工的成绩发到所有员工群，给其充分的"主角光环"。

3. 明确标准：晋升不靠谁，就靠你自己

中青校媒的调查还显示，近七成"00后"找工作最看重成长空间。

从入职第一天，该企业的员工就知道自己的未来。以店员举例，店员分为实习茶饮师、正式茶饮师（还分ABC三个层级）、金牌茶饮师、店助、实习店长、店长、助理督导、督导、区域督导，这时也可以到公司选择培训/运营/市场等部门。

很多门店队伍不好带，问题其实出在管理上，考核标准不明晰，员工能不能晋升全看店长的心情。"我们把标准量化出来了，晋升不靠谁，就靠你自己。"

公司每月有晋升考试，理论＋实操通过就可以升级加工资，"老师"也会有奖励。

4. 把员工当客户"来宠"

"宠爱"客户，家家都在做。但员工同样也应该是被服务的客户，管理者应去体会他们的需求，去支持和理解他们。

在迪士尼、海底捞等企业，早已把员工当客户来对待。迪士尼前高级副总裁在

《每个人都是服务专家》一书中认为，好顶级服务，最重要的是相信"员工就是第一层顾客"。

要拿出钻研客户的精力，来深入了解"00后"的喜好和特点，做到站在他们的角度来看问题，而不是以自我为中心，自以为是、故步自封。

（资料来源：《如何管理00后员工》，https://zhuanlan.zhihu.com/p/410143918）

一、酒店员工职业生涯规划概述

（一）职业生涯规划的含义

根据中国职业规划师协会定义，职业生涯就是一个人的职业经历，它是指一个人一生中所有与职业相联系的行为与活动，以及相关的态度、价值观、愿望等连续性经历的过程，也是一个人一生中职业、职位的变迁及工作、理想的实现过程。职业生涯是一个动态的过程，它并不包含在职业上成功与否，每个工作着的人都有自己的职业生涯。

（二）酒店员工职业生涯规划的意义

1. 职业生涯规划有利于酒店员工更快成长

酒店员工职业生涯规划可以帮助员工认识自身的个性特质，现有和潜在的资源优势，从而明确个人职业发展的目标，并有利于酒店制订更为科学合理的培训开发计划，从而促进员工更快地成长。

2. 职业生涯规划有利于酒店提高人力资源价值

酒店帮助员工更好地实现职业发展，有利于酒店人尽其才，避免人力资源的浪费。积极有效的职业生涯规划管理对员工具有激励作用，是酒店留住高素质员工的法宝。有效地开发并留住符合要求的酒店后备管理人才和大量的技术骨干，对他们进行职业生涯规划和管理，是酒店未来发展的基础。

二、酒店员工职业生涯规划实施

（一）影响酒店员工职业生涯规划的因素

1. 职业生涯发展阶段

职业生涯发展阶段理论大多是把人的职业生涯按照时间划分为几个不同的阶段，有代表性的是舒伯的职业发展五阶段理论。

1）成长阶段

成长阶段大体上可以界定在从一个人出生到14岁这一年龄段上。在这一阶段，个人通过对家庭成员、朋友以及老师的认同，以及与他们之间的相互作用，逐渐建立起了自我的概念。

这一阶段一开始，角色扮演是极为重要的，在这一时期，儿童将尝试各种不同的行为方式，而这使得他们形成了如何对不同的行为做出反应的印象，并且帮助他们建立起一个独特

132

的自我概念或个性。

这一阶段结束时,进入青春期的青少年(这些人在这一阶段已经形成了对他们的兴趣和能力的某些基本看法)就开始对各种可选择的职业进行带有某种现实性的思考了。

2)探索阶段

探索阶段发生于15—24岁这一年龄段上。在这一时期,个人将认真地探索各种可能的职业选择。他们试图将自己的职业选择与他们对职业的了解,以及通过学校教育、休闲活动和工作等途径中所获得的个人兴趣和能力匹配起来。

在这一阶段的开始时期,他们往往做出一些带有试验性质的较为宽泛的职业选择。随着个人对所选择职业以及对自我的进一步了解,他们的这种最初选择往往会被重新界定。

到了这一阶段结束的时候,一个看上去比较恰当的职业就已经被选定,他们也已经做好了开始工作的准备。

人们在这一阶段以及以后的职业阶段需要完成的最重要任务也许就是对自己的能力和天资形成一种现实性的评价。类似地,处于这一阶段的人还必须根据来自各种职业选择的可靠信息来做出相应的教育决策。

3)确立阶段

确立阶段发生在24—44岁这一年龄段上,这是大多数人工作生命周期中的核心部分。有些时候,个人在这期间(通常是希望在这一阶段的早期)能够找到合适的职业并随之全力以赴地投入到有助于自己在此职业中取得永久发展的各种活动之中。人们通常愿意(尤其是在专业领域)早早地就将自己锁定在某一已经选定的职业上。然而,在大多数情况下,在这一阶段人们仍然在不断地尝试或试图去实现与自己最初的职业选择所不同的各种职业和理想。

25—30岁这一年龄段,个人应确定当前所选择的职业是否适合自己,如果不适合,就准备进行一些变化。例如某人可能已经下决心将自己的职业选定在零售业,但是在以某商店新雇佣的助理采购员身份进行了几个月的连续工作之后,可能会发现,像市场营销调研这种职业更适合自己。

30—40岁这一年龄段,人们通常就进入了稳定的阶段。

4)维持阶段

45—65岁这一年龄段,许多人就很简单地进入了维持阶段。在这一职业后期,人们一般都已经在自己的工作领域中创立了一席之地,因而他们的大多数精力主要就放在维持这一位置上。

5)下降阶段

当临近退休的时候,人们就不得不面临职业生涯中的下降阶段。在这一阶段,许多人都不得不面临这样一种现状:接受权力和责任减少的现实,学会接受一个新角色,学会成为年轻人的良师益友。再接下去,就是几乎每个人都不可避免地要面对的退休,这时,人们所要考虑的就是如何去打发原来用在工作上的时间。

舒伯的理论从发展的角度,对职业生活的全部发展阶段和特点进行了宏观描述。当然,由于个体和环境存在很大差异,上述的年龄界限并不是明确的,不同的人,有快有慢,甚至还可能出现反复现象。

133

职业阶段与心理需求如图 5-1 所示。

图 5-1　职业阶段与心理需求

2. 职业锚

按照埃德加·沙因的观点，职业发展实际上是一个持续不断的探索过程，随着一个人对自己越来越了解，他就会越来越明显地形成一个占主要地位的职业锚（career anchor），即当他不得不做出选择的时候，他无论如何都不会放弃的职业中的那种至关重要的东西或价值。

职业锚可划分为如下几种类型。

1）技术型

这类人往往出于自身个性与爱好考虑，并不愿意从事管理工作，而是愿意在自己所处的专业技术领域发展。我国过去不培养专业经理的时候，经常将技术拔尖的科技人员提拔到领导岗位，但他们本人往往并不喜欢管理工作，更希望能继续研究自己的专业。

2）管理型

这类人有强烈的愿望去做管理人员，同时经验也告诉他们：他们有能力达到高层领导职位，因此，他们将职业目标定为有相当大职责的管理岗位。成为高层管理人员需要的能力主要包括以下三个方面。

（1）分析能力。

在信息不充分或情况不确定时，判断、分析、解决问题的能力。

（2）人际能力。

影响、监督、领导、应对与控制各级人员的能力。

（3）情绪控制力。

在面对危急事件时，不沮丧，不气馁，并且有能力承担重大的责任，而不被其压垮。

3）创造型

这类人需要建立完全属于自己的东西，或是以自己名字命名的产品或工艺，或是自己的公司，或是能反映个人成就的私人财产。他们认为只有这些实实在在的事物才能体现自己的才干。

4）自由独立型

有些人更喜欢独来独往，不愿在大公司里彼此依赖，很多有这种职业定位的人同时也有相当高的技术型职业定位。但是他们不同于那些简单技术型定位的人，他们并不愿意在组织群体中发展，而宁愿做一名咨询人员，或是自主创业，或是与他人合伙开业。

5）安全型

有些人最关心的是职业的稳定性与安全性，他们为了安定的工作、可观的收入、优越的福利与养老制度等付出努力。目前我国绝大多数的人都选择了这种职业定位，很多情况下，

134

这是由社会发展水平决定的,而并不完全是本人的意愿。相信随着社会的进步,人们将不再被迫选择这种类型的职业锚。

3.外部环境

虽然人习惯于用政治、经济、社会、技术等维度来分析环境因素,但是对于员工职业生涯规划来说,某些产业或者行业的发展状况、劳动力市场的供需情况、传统文化中的择业观念、现有的工作环境等具体因素的影响同样重要。

知识链接

职业倾向测试

（二）酒店员工职业生涯路径类型

职业生涯路径,又称职业生涯通道,是指一个人选定某一职业后,职业生涯所经历的岗位和层次所形成的链条。

酒店职业生涯路径包括横向路径和纵向路径,根据酒店岗位的特点,从职业发展相似性的角度来看,可以将其分为技术类和管理类两大类,分别对应的路径是技术类路径和管理类路径。

酒店的管理类路径,如前台员工—前台领班—前台主管—前台经理—前厅副经理—前厅部经理。

酒店技术类路径又分为专业技术类和操作技术类,前者主要适合工程部,如电工工程师等,主要职业路径是学徒—初级工—中级工—高级工—工程师—高级工程师;后者适合厨房,如厨师等,主要职业路径是学徒—初级工—中级工—高级工。

（三）酒店员工职业生涯规划的步骤

职业生涯规划从个人角度和企业角度来看,可以划分成两个方面的内容。

1.员工自我职业生涯设计和职业能力开发

1）自我评估

员工可通过各种信息和测试确定自己的职业兴趣、性格和行为倾向,从而对自己的个人需求、职业能力做出全面分析。

2）实际检验

通过对外部社会环境和企业内部环境情况分析,员工要了解企业如何评价其技能和知

识，以便不断调整自己以适应组织和社会的需要。这种信息由部门经理通过与员工进行职业生涯发展面谈和对员工进行绩效考核来提供。

3）目标设定

员工通过自我评估和检测后会形成符合自身特点的短期、中长期职业生涯目标。如获取理想的职位，发挥自身业务和技能专长，争取更多的培训和发展机会等。

4）行动方案

为实现以上目标，员工应该采取相应的措施，包括不断学习，提高实际工作能力，并通过变换岗位，掌握自我分析和自我完善的技巧，抓住机遇，创造条件，获取新能力，促进自我职业生涯发展。

5）评估与反馈

评估与反馈是个人对自己的不断认识过程。有偏差时要随时调整。

2. 企业对员工的职业生涯开发与管理

1）企业目标与员工个人目标的协调

员工的需求是多样化的，不同的员工有不同的主导需求，企业只有准确地把握员工的主导需求，才能采取有针对性的措施。尤其是企业的骨干员工，他们在个人职业发展方面的愿望更为迫切，职业计划更为清晰，企业应重点把握和了解。

企业在制定目标时，要包含员工个人目标，要通过有效的沟通，使工了解企业目标，要让员工看到实现企业目标给自己带来的直接利益。在企业目标实现后，要兑现对员工的承诺。

2）帮助员工制订职业计划

通过将企业中的各项工作进行分门别类的排列，形成一个较为系统的反映企业人力资源配给状况的图表。在设计员工职业目标的过程中，应采取开放式的互动设计平台。从员工的自我诊断、评价、分析入手，进而由所在部门根据其工作效率、表现、绩效及优缺点的分析做出初步设计草案，再提交人力资源部门做进一步的分析和评价。在综合各方面意见及征询本人意见的前提下，形成一个阶段性的员工职业生涯管理的目标和计划。

必须为员工提供职业指导。通过管理人员、外请专家或向员工介绍和提供自测工具等方法，帮助员工分析发展与晋升的可能性和方向。

3）帮助员工实现职业计划

企业在帮助员工实现职业计划方面可以发挥重要的作用，有很多工作可以做。基于个人业已形成的职业兴趣、潜能挖掘、个人从业背景及资质分析，结合当前职业发展及行业发展趋势，结合企业文化、企业绩效、岗位评估、职级划分等内容对员工进行切合实际的职业生涯设计和规划。具体措施包括以下几个方面。

（1）在招聘时重视应聘者的职业兴趣，并提供较为现实的发展机会。

既要强调职位的要求，又要关注应聘者的愿望和需求，特别是注重了解应聘者的职业兴趣和对未来的职业发展计划。同时，企业要真实地向应聘者介绍企业的情况以及未来可能的发展机会。

（2）实行岗位竞聘，建立人才平等竞争、优胜劣汰的选拔机制，从而达到人才高效聚集、动态平衡和良性循环的目标。

（3）提供阶段性的岗位轮换，建立和完善人力资源的交流体系，为员工提供多样化的工作内容，培养员工持久的工作动力，使员工获得认识评价自身能力的客观依据，拓宽员工的职业生涯发展渠道，为将来承担更重要的工作打好基础。

（4）实施多样化、多层次的培训。

培训可以培养员工，还可以凝聚员工，促进员工发展。要突出员工开拓创新及素质培训，实行渗透式教育和专门教育；突出中高级管理人员素质的培训，有针对性地进行系统的管理、科技、财务方面的培训，达到更新观念、丰富知识、提高能力的目的，为企业的可持续发展打好基础；突出员工个人的需求，注重培训的实际效果，同时鼓励员工参加各种在职、在岗培训。

（5）实行以职业发展为导向的考核。

员工绩效考核注重评价态度和能力，着眼于帮助员工明确努力和改进的方向，促进员工不断成长和进步。管理人员考核注重执行力、工作业绩、管理能力和学习能力的综合考核，着力于形成管理梯队，为企业培养优秀的职业经理人和接班人。

（6）加强员工的晋升和调动管理。建立合理的晋升和调动管理制度，保证员工得到公平竞争的机会。

案例分析

洲际酒店集团：梦想之梯管理培训生项目

洲际酒店集团进入中国市场后，在不同的市场情况下，运行过不同类型的管理培训生项目。

一、招聘

1.招聘对象

国内及国外大学本科以上应届或历届学生。

2.招聘标准

(1)具有中国国籍，有志于在国内发展。

(2)有一定服务行业工作或实习经验。

(3)有基本的领导潜质。

(4)热爱酒店行业。

3.招聘情况

2012年第一批管理培训生共有16位，大部分具有海外留学经历。

4.招聘方式

笔试—面试—评估中心。

其中，评估中心是由洲际酒店总部提供模板。学员被设定在一个虚拟的酒店环境中，通过各种测试对候选人的领导力潜质做出较准确的判断。

　　另外，在筛选过程中，洲际酒店会邀请其他地区（如新加坡地区）的往届管理培训生与候选人进行接触与交流。在进行筛选的过程中，候选人更有机会了解洲际酒店文化。

　　二、入职

　　洲际酒店集团对管培生在澳门举行了盛大的入职典礼——Future Leader Meet the Current Leader。在洲际总经理年会上，大中华区 CEO 向洲际酒店全体总经理介绍管培生，所有的管理层欢迎学员的到来。提升了学员强烈的归属感和期待感。

　　三、轮岗

　　在上一年的 I-Grad Future Leaders Programme 中，由运营总裁们提名挑选出洲际酒店旗下的 11 家酒店，作为本次管理培训生项目实施的首批试点"精英酒店"。学员在项目中将进行时长为 12～18 个月的培养。其中分为三次 4～6 个月的不同阶段培养。学员在酒店中的课程由总部制定，酒店为学员执行课程。

　　1. 了解熟知

　　在第一阶段的 4～6 个月的培养中，学员将在酒店的各个部门进行工作，例如客房服务部、餐饮部、市场与销售部和其他业务支持部门。酒店员工一对一对学员进行在岗培训，使学员对酒店的大致工作情况进行了解和认知。

　　2. 深入提高

　　在结束了第一阶段对企业所有部门的了解和跟进之后，经理、项目总监和学员根据学员个人的特征及企业运营需要，定位一个部门展开第二阶段的工作。学员将通过在线课程和岗位操作对该部门的专业知识和内容进行深入掌握。另外学员将增加领导力培训，学员可以在这段时间，获得实战经验，成为一位有效的团队领导者，能够承担团队工作，为酒店直接设置业务目标。

　　3. 展现才能

　　在第三阶段，学员有机会尝试在管培生项目结束之后的工作——团队管理。例如，人力资源管培生可能会被委派进行校园招聘的项目策划和推动，或者餐饮部管培生可能会策划一次特殊主题的市场推广等。

　　四、培训及辅导

　　在每家"精英酒店"中，都设有一位培训监督对学员每日培训进程进行控制。总部挑选具有管理经验的酒店人力资源总监担当培训监督。人力资源总监会随时就学员的培训情况向总部反馈，并且每月定期与总部项目总监进行电话会议。

　　另外，每位学员配有一位酒店经理，作为一对一教练，每个月对其进行一次教练辅导课程。总部与相应的酒店总经理签订合同，保证其对管培生进行相应的教练辅导。所挑选的酒店经理均为洲际酒店认证的教练，同时亦为所在酒店的最高层管理者。

　　总部管培生项目总监每三个月会与酒店经理进行一次项目进程回顾，对于项目中遇到的问题、能够优化的内容以及学员的心理变化进行了解和把控。

五、阶段性成果及成功的因素

学员在刚进入管理培训生项目时的职级为领班。计划项目结束时,能够胜任初级经理的岗位。现在第一期学员刚进入第二阶段,已经有两位学员担任 Duty-Manager 的职位。并且,目前学员在客房服务部、餐饮部、销售与市场部和人力资源部等部门分布比较均匀,并未出现部门集中选择的情况。经过一年的执行,尚未有学员离职。目前参加到管培生项目中的酒店是去年的三倍多,达到 38 所酒店。

洲际集团的培训管理生计划已经持续多年,主要有以下四个方面的成功元素。

1. 优秀的评估中心

本次洲际酒店在管培生的选拔中,评估中心所挑选出的学生获得了酒店管理层的好评。学生在评估中心的用户体验也非常好,即使没有入选,也同样给予他们一次非常好的经历。

2. 对内部酒店的筛选

找到一个合适学员发展的环境比发展本身更加重要,而这一次所选择的 11 家酒店,都为培养管培生提供了很好的发展土壤,也为企业保留学员起到重要作用。

3. 重视性的入职过程

对于学员而言,一个好的开场能够让他们感受到自身是被重视和期待的,激发了学员内心的归属感和努力成长的原动力。

4. 酒店管理层对学员的实时控制和支持

酒店总经理在项目中亲自担任学员教练,对学员的想法进行梳理,教学员发掘自身能力,管理学员的期望,起到了正面的作用。具有激发性的教练在学员工作中遇到困难时能够起到正面引导的作用。同时,作为高层管理者,除了其丰富的经验外,也能及时从学员的反馈中辨别及控制学员或酒店部门出现的偏差。

(案例来源:《中国管理培训生项目现状与发展调研报告》)

知识链接

喜达屋的管理之道:人才是核心竞争力

项目总结

本项目是酒店员工激励。学习内容涵盖激励的概念、作用，激励理论的类型、具体内涵，酒店员工激励的方法与技巧等，将调动员工的积极性，发挥员工的潜能，提高酒店的服务质量和劳动生产率，提升酒店的竞争力，为酒店创造更大的利润。通过情景模拟、实训任务、案例分析等学习，提升学生的激励能力，培养学生诚信意识、以人为本思想、奉献精神等。

实训任务

调研酒店行业员工的职业发展路径

一、实训目的

了解酒店业不同岗位工作人员发展需要的知识、能力和心态。

二、实训内容

调研酒店管理岗位人员的职业发展路径，并分析和分享。

三、实训步骤

(1)教师联络合作酒店(备选尽量丰富，包括星级酒店、经济型酒店、餐饮企业等)的主管级以上管理岗位人员，邀请其配合学生展开调研工作。

(2)学生分组。

(3)每组学生负责采访一位酒店管理岗人员，了解其发展的路径和需要具备的素养。

(4)每组代表同学在全班分享。

(5)各组互评并探讨总结。

(6)任务总分为100分，教师评分占50%，学生评分占50%。

四、实训评分表(总分100分)

酒店行业员工的职业发展路径实训评分表

评分点	评分标准	分值	评分
讲解内容	(1)该管理人员岗位成长史； (2)每个阶段需要具备的知识、技能和态度； (3)对我们学习的建议	40	
现场讲解	熟练、清晰、自然、有感染力	30	
PPT制作	美观、简洁、创新、突出内容	20	
团队精神	分工、合作、互助	10	

案例分析

酒店人力资源管理的"痛":员工流失率

2020年,新冠肺炎疫情暴发,中国酒店人力资源状况几何?流失率高、跳槽频率高的问题是否有所缓解?2021年11月26日,由中瑞酒店管理学院酒店业研究中心主持发布了《中国酒店人力资源现状调查报告(2021)》(以下简称报告),并对上述问题给出了相应的答案。

2020年,员工流失率虽然略有缓解,但是情况也并不乐观。对比不同管理模式酒店,国外酒店集团员工流失率相对最高,员工流失率低于10%的国际酒店占16%,在所有模式中最低;员工流失率高于40%的国际酒店占11%,相对最高。对比不同档次酒店,档次越高,流失率也越高。奢华型酒店员工流失率在41%以上的比例为12%,在所有档次中最高;员工流失率在10%以下的比例为9%,在所有档次中最低。

对比不同层级员工的流失率情况,仍以基层员工的流失率最高。流失率在41%及以上的酒店占8%,为所有层级员工中最高,流失率小于等于10%的酒店占30%,为所有级别员工中最低,且低了40到50个百分点。对比各岗位员工流失率情况,前台接待员工的流失率相对最高,11%的酒店前台接待员工流失率在41%以上,在所有岗位中最高,38%的酒店前台接待员工流失率在10%以下,在所有岗位中最低;其次是餐饮服务员和客房服务员。总体上看,各岗位员工流失率相比2019年均有所上升,其中前台接待和客房服务员的流失率上升幅度相对较大。

可喜的是,员工离职频率在2020年略有缓解。不足1年就离职的员工数量在2020年有所下降,工作1~3年离职的员工数量则有所上升,二者均回归到了2018年的水平。2020年,在酒店业充满动荡和危机的情况下,不少酒店人都表示越来越珍惜工作机会,因为他们深知跳槽也不一定会有更好的机会。

对于离职的原因,排在首位的依然是"薪酬与福利低"(占78%),在员工自身的原因中,"员工对酒店期望值过高"这一因素由2016年的56%下降到2020年的30%,降幅为26个百分点,说明员工对酒店的期望不如从前,侧面反映出酒店行业在员工心目中的地位有所下降。事实上,随着外卖员等新型工种的出现,确实有不少人宁愿选择风吹日晒送外卖,也不愿意从事酒店工作。曾经受"万人追捧"的酒店业如今"跌落神坛",这背后的原因值得酒店人深思。

(资料来源:https://www.traveldaily.cn/article/149438)

请思考:

酒店业应该从哪些方面入手降低员工流失率?

项目六 →

酒店员工绩效管理与薪酬管理

项目引言

酒店业的发展面临着众多的机遇和挑战,酒店的绩效与薪酬管理作为酒店人力资源管理中的核心内容,是一项涉及面广、政策性强、操作难度大,且需要与酒店战略目标高度契合的工作。有效的绩效和薪酬管理体系才能为酒店吸引人才、保留人才和激励人才;才能使员工发挥主动性、积极性,并给酒店带来长远利益;才能增强酒店的竞争力,提高整个酒店的经济效益,实现酒店的整体目标。

任务一 酒店员工绩效管理

◇学习目标

知识目标:

(1)理解并掌握酒店绩效管理的概念及作用。

(2)熟悉酒店绩效管理的流程、考核形式及考核内容。

(3)了解酒店绩效考核的方法。

能力目标:

(1)能够初步应用酒店绩效管理的相关方法。

(2)能够对特定酒店的绩效管理系统做出简单而科学的评判。

素质目标:

(1)培养学生大局意识、诚信意识、创新意识。

(2)提升企业文件方案编写能力。

◇ 课前任务

资料查询:请学生通过各种渠道和途径收集酒店绩效相关案例,课前提交,在线分析讨论,教师在课堂上进行答疑。

案例导入

优秀的新员工要离职

A 酒店是一家当地知名的品牌酒店,坐落于城中心的商圈,地理位置优良。开业数年,该酒店西餐厅的生意一直很好。来当地旅游外籍客人,都慕名下榻该酒店;一些外商企业也纷纷将这家酒店作为举行各种活动、会议的定点酒店。

王辉是本地刚毕业的大学生,学习的是酒店管理专业,于是应聘了该酒店西餐厅服务员的工作。他发现这里的一些年长的老员工很多都是跟随老板创业的,一直工作到现在,待遇很丰厚,老员工们非常稳定。因为是新人,老员工们都可以给他安排工作,但秉持着"万事开头难"的想法,王辉努力完成主管和经理安排的各项工作,还不得不接受老员工们给他安排的任务。由于王辉的英语口语表达能力比较强,在几次接待外宾的餐会上,王辉凭借流利的口语以及热情周到的服务,得到了外籍客人的称赞,经理也对他进行了口头表扬。而餐厅的老员工都不太能用英文流利对话,所以每次只要有外宾接待任务,都会让王辉来。

3 个月的试用期过去,到了王辉转正的时候,他了解到,即使转正,他的工资也不会比这些工龄长、业务能力不如自己的老员工高,他觉得自己辛苦的这几个月不值得,十分失望,产生了辞职的想法,经理极力挽留并许诺只要他留下来努力工作一段时间,等到年终绩效考核的时候,他如果得到优异的分数,就可以为他申请晋升和涨薪;或者等到老员工离职,有了职位空缺,他也可以升职。

但王辉觉得这里的老员工十分稳定,并且这些老员工都是老板的"心腹",据说酒店的评估都是由老板的秘书来做,自己和老板不太熟悉,怎么可能得到高分。即使是绩效评估能得到优异的成绩,老员工们一般不会轻易离职,离职的通常都是一些新员工,自己等到有空缺升职的概率极小。经理表示会和人力资源部反映,请他再好好想一想。

(资料来源:企业实践案例来源)

请思考:

酒店人力资源部应该如何制定合理的绩效考核办法?

一、酒店绩效管理概述

（一）酒店绩效管理的概念

绩效，是指个体或群体在一定时期和环境中的工作行为、方式、结果及其产生的客观影响，是在实现预定目标过程中所取得的成绩与成效的综合。在组织中，绩效通常用来评定员工工作完成情况、职责履行程度和成长情况等。

酒店绩效管理是指酒店管理者和员工为达到组织目标共同参与的绩效计划制订、绩效辅导沟通、绩效考核评价、绩效结果应用、绩效目标提升的持续循环过程，绩效管理的目的是使个人、部门的绩效目标与酒店整体绩效目标一致，并通过不断改善员工的工作行为，提高员工和部门的工作效率，充分挖掘员工和团队的积极性、创造性和潜力，从而持续提升个人、部门和酒店整体的工作效能，确保酒店战略目标的达成。

（二）酒店绩效管理的作用

绩效管理作为员工绩效管理与组织绩效管理的整合，其有效实施将会在酒店本身、酒店员工、酒店管理者和酒店文化四个层面发挥重要意义和作用。

1. 对酒店

绩效的完成程度代表了酒店战略执行的程度，有效的绩效管理将有力支持酒店的竞争优势，增强酒店竞争力。清晰全面地理解酒店战略目标、绩效管理体系，并且有计划性地实施，有针对性地改进，才能够有效地促进酒店达成短期战略目标，并对长期目标及时做出修正和调整。

2. 对酒店员工

酒店的发展离不开员工的不断成长与发展。在酒店绩效管理的过程中，与员工沟通是进行有效绩效管理的重要手段。在充分考虑员工现阶段经验能力、关注员工意愿的前提下，根据考核结果对员工将来的发展方向提出建议，制订计划，进而达到促进员工发展的目的。

绩效管理对酒店员工实现个人职业目标具有指导意义，在修正偏差的同时能提高员工的工作技能，通过绩效辅导与反馈，可以实现员工规划自身发展及职业生涯的目的，使个人发展与企业发展充分融合。

3. 对酒店管理者

对酒店管理者而言，绩效管理是实现酒店计划目标的重要过程。这一过程主要是不断发现问题，找出差距，对目标进行及时调整和纠正的过程。它可以帮助酒店管理者，提高自身管理技能，实现管理目标；客观、真实、准确地评价员工，激励员工，提高员工的工作积极性；更高效地利用培训预算、时间和资源，充分利用团队优势，改进团队表现。

4. 对酒店文化

酒店属于服务型企业，员工形成一种良好的服务意识对酒店的可持续发展尤为重要。可以说酒店文化是凝聚酒店与员工关系、获取持续顾客源的纽带。有效的绩效管理可以加强员工与酒店之间的联系，将个人目标与酒店整体目标联系起来，提升工作效率，加快实现目标，有利于形成良好的酒店文化，促进酒店的良性发展。

（三）酒店绩效管理的特点

按管理主体来划分，绩效管理可分为两大类：一类是激励型绩效管理，侧重于激发员工的工作积极性，比较适用于成长期的企业；另一类是管控型绩效管理，侧重于规范员工的工作行为，比较适用于成熟期的企业。但无论采用哪一种考核方式，其核心都应有利于提升企业的整体绩效，而不应在指标的得分上斤斤计较。

1. 多因性

工作绩效的优劣不是由员工的态度、能力这些个体的主观能力的单一因素决定的，而是受制于客观上的多种因素。

2. 多维性

需要从多个不同方面和维度对员工的绩效进行考核分析，不单考虑工作行为，还要考虑工作结果。如销售部员工不仅要考虑员工的销售额，还应将其沟通协调能力、团队合作精神、服从合作态度等因素考虑进去。

3. 动态性

在不同的考评期间，绩效考评者尤应注意工作任务实现的难易程度、工作的物理环境以及人际关系变化对绩效的动态影响。

（四）酒店绩效管理的现状

1. 考评标准不清晰

传统的绩效考评一般是以评分或优、良、中、差几个等级对员工的表现进行考核，没有具体的行为过程描述，员工无法知晓明确的改进方向。主观性的打分或排名的绩效评估，与顾客满意指数、销售额、破损率、OTA评分等客观的数据相比缺乏可信度。员工认为管理者对自己的日常工作缺乏深入了解，对工作职责的真正要求也不明确。只有分数或排名的绩效考核结果，会导致员工对评估结果的漠然，仅以分值评判欠缺公平性。

2. 反馈沟通欠缺时效性

大多数酒店的绩效管理考评和反馈都是在年底进行的。考评者容易受"近因效应"的影响，缺乏对员工整年的业绩回顾，无法进行全面具体的剖析，很难针对员工下一阶段的工作行为提出建设性的意见，也不能及时发现员工的负面情绪，不能及时鼓励和正面引导员工。

3. 绩效考核中往往都有"潜规则"

许多酒店在考评打分低或排名靠后可能是因为考评者存在偏见。这些偏见往往源于考评者的个人喜好，以及"光环效应""草叉效应""集中趋势""溢出效应"等因素的影响，最后致使绩效考核的结果缺乏客观性。

4. 过于与薪酬挂钩

酒店的绩效管理中，单次的绩效评估结果往往与员工的薪酬、晋升等紧密挂钩。会让一部分员工产生逆反心理，认为依据一年一度的评估而进行的工资调整和职位升迁做不到公平公正。员工只担忧过去的表现是否会影响自己的收入，而不抱希望于通过绩效考核来促使自己在酒店有更长远的发展。

二、酒店绩效管理方案

(一)绩效管理系统流程

绩效管理不单指制定绩效考核指标和分数标准，以及在某个阶段对员工进行考核打分。绩效考核是一个循环，这个循环分为五步，包括绩效计划、绩效进展监控、绩效考核、绩效反馈沟通、绩效结果应用，它是一个闭环的绩效管理系统，如图 6-1 所示。

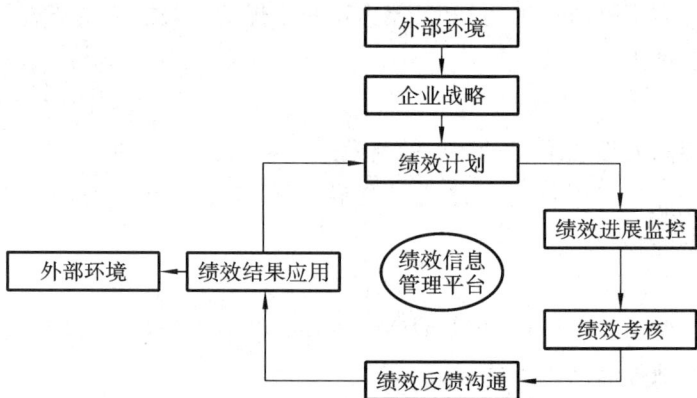

图 6-1　绩效管理系统

1. 绩效计划阶段

绩效计划就是在明确上一阶段绩效的前提下，以酒店战略目标为导向，管理者和被管理者通过充分沟通，共同制定下一阶段的绩效目标，设定明确的绩效期望值，同时确定项目和任务的优先级别，并确保与酒店的战略和目标保持一致。

绩效目标不需要冗长，但必须明确员工要完成的工作内容、衡量的标准、与酒店战略目标的关联度，以及何时完成等。

绩效计划应该是一个连续的过程，而不是在一年内进行一两次的活动，在绩效进展监控下或环境变化时，绩效计划也有调整的空间，酒店整体的绩效目标在整个组织中是层层分解的，最后落到每位员工身上。

2. 绩效进展监控阶段

计划实施过程是考核者与被考核者确保共同实现绩效目标的过程。这一过程有着诸多变数，如被考核者在工作完成过程中碰到意料不到的困难，绩效计划在实施时发现不可行等。这时为了确保绩效目标的顺利完成，需要监督人员在监控绩效进展情况过程中及时发现问题，并给予帮助，必要时要根据业务环境的变化调整工作重点。

3. 绩效考核阶段

绩效考核的依据是绩效计划中设定的绩效目标，实施绩效考核的目的是考察被考核者绩效计划完成情况，为晋升、加薪、职业发展及制订下一步工作计划提供依据。

4. 绩效反馈沟通阶段

绩效反馈沟通在绩效管理系统中是非常必要的。通过与被考核者的面谈沟通，可以让被考核者了解绩效管理者对自己的期望,了解自己的业绩完成情况,认识自己有待改进的地方,同时,可以提出自己的想法,促进自身发展。

5.绩效结果应用阶段

绩效反馈沟通完成后,便有一个完整的、经理和员工双方都认可的评估结果。绩效评估结果主要有以下四个用途。

(1)薪酬的调整与分配。

(2)员工职位的变动。

(3)员工的培训与开发。

(4)为其他过程提供反馈信息。

这些过程包括人力资源规划、工作分析、薪酬管理等。考虑到绩效评估结果应用的复杂性和重要性(绩效管理的成败与否,很关键的一点在于绩效评估结果如何应用),我们把绩效评估结果的应用作为一个重要的过程,该过程紧接着绩效考核和反馈,是整个绩效管理系统一个周期运行的终点。在绩效评估结果的应用过程之后,又开始下一个循环,由绩效计划开始。

在执行层面,绩效管理的过程涉及绩效管理委员会、人力资源部、部门绩效监督管理小组及员工,具体的操作实施流程如图 6-2 所示。

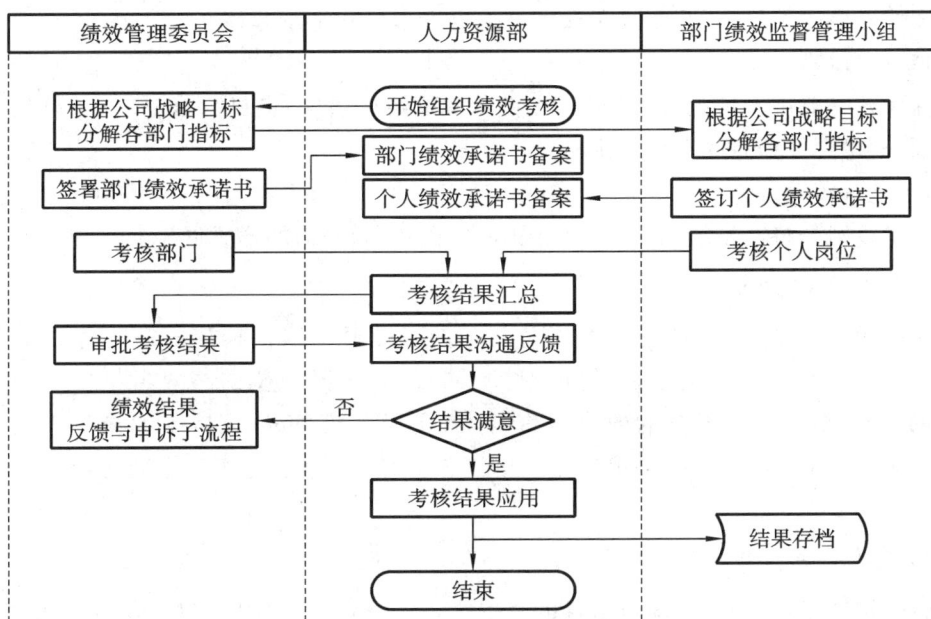

图 6-2 绩效管理流程

(二)绩效考核的形式

1.按绩效考核的时间不同分类

按绩效考核的时间不同,绩效考核可分为定期考核、日常考核。

（1）定期考核。

定期考核是按照固定周期进行的考核，如月度考核、季度考核、年度考核等。

（2）日常考核。

日常考核一般对员工平时的出勤、工作数量、服务质量以及工作行为等所进行的经常性考评。

2. 按绩效考核的主体不同分类

按绩效考核的主体不同，绩效考核可分为自我考核、上级考核、下级考核、同级考核。

（1）自我考核。

自我考核是被考核者对自己的工作表现和结果做出的总结。

（2）上级考核。

上级考核是考核者的直接上级对下属员工的评价。

（3）下级考核。

下级考核是考核者的直接下级对其进行的反馈。

（4）同级考核。

同级考核是同级别员工相互考评。

3. 按绩效考核的性质不同分类

按绩效考核的性质不同，绩效考核可分为定性考核和定量考核。

（1）定性考核。

定性考核一般用于难以定量的工作内容，考核结果以优、良、中、合格、不合格等等级标准进行划分，得到一个总的考核结果。

（2）定量考核。

定量考核则是将考核结果通过量化的方式，以数据、分值的形式展现。

（三）绩效考核的内容

酒店绩效考核的内容，体现了酒店对员工的工作要求以及期望。绩效考核的考核对象、考核目标、考核范围等复杂多样，同时，不同级别、不同岗位的绩效考核内容和指标也不尽相同，因此酒店绩效考核的内容是否科学、合理以及客观，直接影响员工绩效考核的质量。一般而言，绩效考核内容包括员工的工作业绩、工作态度和工作能力，具体如图6-3所示。

（四）绩效考核的目的

酒店的发展需求不同，其绩效考核的目的也不同，但主要集中在四个方面：报酬决策、员工目标、培训需要和提升晋级。

要将绩效考核与酒店战略目标紧密联系起来，使酒店各级管理人员对酒店经营战略目标达成共识，充分调动管理人员、基层员工的积极性和责任感，通过提高部门整体业绩，促进酒店管理水平和整体业绩的提升。

绩效考核，从本质上说，具有对员工表现进行反馈的功能，正确识别考核的目的并采用有效的绩效考核指标体系，对酒店目标的实现具有推动作用。

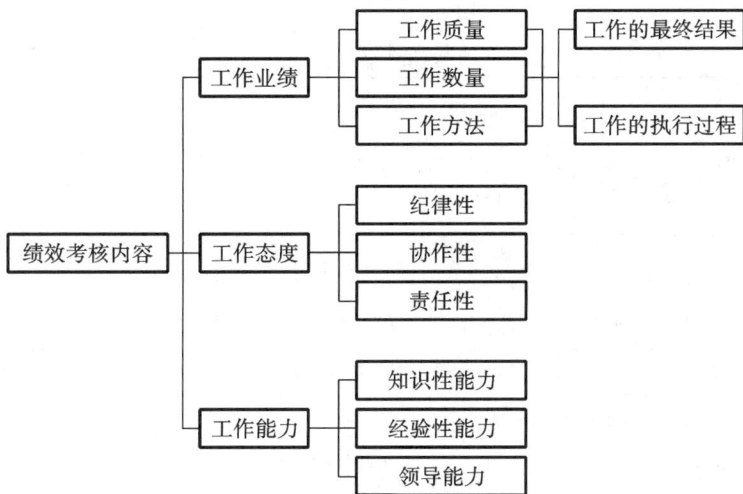

图 6-3 绩效考核的内容

三、酒店绩效考核方法

(一)酒店员工的绩效考核

酒店员工绩效考核,通常也称为业绩考评或考绩,是针对酒店中每个员工所承担的工作,应用各种科学的定性和定量的方法,对员工行为的实际效果及其对企业的贡献或价值进行考核与评价。

酒店员工绩效考核是酒店人事管理的重要内容,更是企业管理强有力的手段之一。

酒店员工绩效考核的目的是通过考核提高个体的效率,最终实现企业的目标。

绩效考核不是一项孤立的活动,它与绩效管理的其他环节相互作用,互相提供服务,绩效考核提供的数据往往是其他决策的依据。

酒店员工绩效考核的方法有以下几种。

1.图尺度考评法

图尺度考评法,也称尺度考评表、图尺度评价法,是较为简单并普遍运用的工作绩效考评方法。

图尺度考评法是在绩效考评表中列出与绩效相关的各种因素,并根据绩效等级评价说明,针对每一个因素对下属员工进行相应的评分,最后将所有分值相加,从而得到其最终的工作绩效考评结果。

在实际利用图尺度考评法进行绩效考评的过程中,考评者还可以把工作职责、工作说明书做进一步的分解。例如:将秘书工作职责分解为打字、速写、接待、工作安排、文件资料管理、办公室一般性事务等内容。而每一项内容又包括更具体的内容,如"接待工作"一项中包括是否对会议、约见、公关等活动的安排做到了有效管理,是否做好了出差办理费用申请、出差食宿安排等工作。然后,对每一项职责的情况进行分级或打分。

实际上,图尺度考评法不仅可以对员工的工作职责进行考评,还可以对被认为是成功工作所必需的个人特质进行考评。图尺度考评表如表 6-1 所示。

149

表 6-1　图尺度考评表

姓名：　　　　　部门：　　　　　岗位：　　　　　评价日期：

评价项目	评价要点	评价尺度				
		优	良	中	可	差
勤奋态度	A. 严格遵守工作制度，有效利用工作时间；	14	12	10	8	6
	B. 对工作持积极态度；	14	12	10	8	6
	C. 忠于职守，坚守岗位；	14	12	10	8	6
	D. 以团队精神工作，协助上级，配合同事	14	12	10	8	6
业务工作	A. 正确理解工作内容，制订适当的工作计划；	14	12	10	8	6
	B. 不需要上级详细的指示和指导；	14	12	10	8	6
	C. 及时与同事及合作者沟通，使工作顺利进行；	14	12	10	8	6
	D. 高效地处理工作中遇到的问题及完成临时追加的任务	14	12	10	8	6
管理监督	A. 以主人公精神与同事同心协力工作；	14	12	10	8	6
	B. 正确认识工作目标，正确处理业务；	14	12	10	8	6
	C. 积极努力完善工作方法；	14	12	10	8	6
	D. 不打乱工作秩序，不妨碍他人工作	14	12	10	8	6
指导协调	A. 工作高效，不误工期；	14	12	10	8	6
	B. 业务处理得当，经常保持良好成绩；	14	12	10	8	6
	C. 工作方法有效，时间和经费的使用合理；	14	12	10	8	6
	D. 工作中没有半途而废、不了了之	14	12	10	8	6
工作效果	A. 工作成果达到预期目的或计划要求；	14	12	10	8	6
	B. 及时整理工作成果，为以后的工作创造条件；	14	12	10	8	6
	C. 工作总结和汇报准确真实；	14	12	10	8	6
	D. 工作熟练程度和技能水平高	14	12	10	8	6

1. 该员工应处于的等级是(选择其一)：[　　]A　[　　]B　[　　]C　[　　]D
A 表示 240 分以上；B 表示 200～240 分；C 表示 160～200 分；D 表示 160 分以下。
2. 考评者意见：

3. 考评者签字：　　　　　　　　　　　　　日期：　　年　　月　　日
人力资源部评定：　　　　　　　　　　　日期：　　年　　月　　日

续表

4.依据本次评价,特决定该员工: [　　]转正:在[　　]任职升职至_____ [　　]续签劳动合同　　自____年____月____日至____年____月____日 [　　]降职为_____ [　　]提薪降薪为_____ [　　]辞退	

2.目标管理法

目标管理(Management by Objective,MBO)最早由美国管理学家德鲁克在1954年提出,它的精要之处在于提供了一种将酒店的整体目标转换为酒店部门和每个成员目标的有效方式。

目标管理法的实质是考核者与被考核者共同讨论和制定员工在一定考核期内所需要达到的绩效目标,同时还要确定实现这些目标的方法与步骤。

由于目标管理法考虑到员工在绩效目标制定时的重要地位,因而成为具有"人本管理"思想酒店的首选。

实践经验也表明,酒店员工绩效考核中使用这一方法有利于改进员工工作效率,提高员工服务质量,酒店的管理者也能够根据迅速变化的竞争环境及时对员工进行引导。

目标管理法是一个不断循环的系统,具体实施起来要有六个步骤。

(1)确定酒店总体绩效目标。

管理者应根据酒店某阶段的发展战略确定本绩效考核期酒店应达到的绩效考核指标及其相应标准。根据平衡计分卡理论,科学的指标体系应从财务、客户、内部经营过程、学习与成长四个方面来确定。

(2)确定酒店部门绩效目标。

部门绩效目标要根据部门的不同特性来确定,不同部门的绩效目标会有不同,例如酒店销售部门绩效目标侧重于销售额、客户数量等。

(3)确定员工个人目标。

这一目标的确定必须是管理者和员工共同商讨决定的。一方面,管理者对部门目标进行计划,制定出员工绩效的具体目标;另一方面,管理者要酒店员工根据自己的实际情况制定本期绩效所达目标,然后双方共同商量、审议这两个目标,力图使两者吻合。

(4)员工目标实施与辅导。

确定员工个人目标后,就是员工目标的实施过程。在这一过程中,管理者必须对员工绩效目标实现情况进行辅导与监督,帮助员工顺利实现个人目标,同时还要及时发现目标制定中可能存在的不切实际的部分,并适时进行修订。

（5）员工绩效目标期末考核。

员工绩效目标期末考核是考查员工绩效目标的实际完成情况，它是员工奖惩、晋升等的依据。

（6）绩效成果总结与反馈。

对员工绩效考核的结果应形成书面说明，使之成为下一期绩效目标制定的参考依据。目标管理的优势在于它体现了人本管理思想。通过与员工持续交流与沟通，能够在帮助员工实现酒店目标的同时，实现自我的发展，从而达到酒店与员工双赢的目的。

目标管理考评体系也有一些不足之处。目标设定是非常困难的：如果员工在本期内完成了设定的目标，那么管理者在下一期会提高目标水平；如果员工在本期没有完成目标，那么管理者在下一期就倾向于将目标设定在原来的目标水平上，从而产生所谓的"棘轮效应"，即标准随业绩上升的趋势。

3.关键绩效指标法

关键绩效指标法（KPI）是对传统绩效考核理念的创新，是用于考核和管理员工绩效的定量化或行为化的标准体系。它将酒店的宏观战略目标经过层层分解，产生可操作的战术目标（可量化的关键性指标），使员工个体绩效与酒店组织目标相联系。

关键绩效指标法符合"二八管理原理"，即80%的工作任务是由20%的关键行为完成的，因此必须抓住20%的关键行为，对其进行衡量。

常用的关键绩效指标主要有数量、质量、成本和时限四种类型。

以酒店餐饮部和前台接待员的关键绩效指标为例进行说明，具体如表6-2、表6-3所示。

表6-2 餐饮部关键绩效指标

指标类型	指标举例	数据源
数量	餐厅营业额	财务部
	利润额	财务部
	新菜肴开发数量	餐饮部
质量	就餐环境	餐饮部
	菜肴口味	餐饮部
	服务规范	餐饮部
	宾客满意度	餐饮部
成本	原材料成本	财务部
	餐具破损率	财务部
时限	菜肴制作时间	餐饮部
	解决投诉时间	餐饮部
	服务响应时间	餐饮部

表 6-3　前台接待员关键绩效指标

被考核人		部门	前厅部	岗位	前台接待员	
序号	项目	绩效指标	考核指标释义	权重	数据源	考核人
1	礼貌微笑服务	仪容仪表	淡妆上岗,发型规范,按规定着装,服装整洁,均符合员工守则中仪容仪表的标准	3%	主管评价	主管
2		语言规范	使用普通话,不讲方言,语音语调平缓、亲切、热情,音量适中,尊称姓氏	2%	主管评价	主管
3		问候规范	在客人到达 10 秒内,发现客人并主动问候客人,礼貌微笑	2%	主管评价	主管
4		服务意识	目光要始终关注客人,尽量预先察觉客人需求并提前满足	3%	主管评价	主管
5	业务技能	电话预订及办理入住登记手续	接听电话使用电话礼仪;按规定办理入住登记手续,办理手续时间不超过 3 分钟	10%	抽查记录	主管
6		电话预订及结账手续	对客人换房、降低房费等要求及时请示,及时答复,记录准确,处理得当	10%	交办记录本	主管
7		结账手续	按照酒店规定的结账程序为客人快速办理结账手续,准确高效,无差错	10%	抽查记录	主管
8		业务操作	准确记录客人预定的相关信息,并按照标准操作;熟练并严格按照标准为客人办理换房、延住等	5%	抽查记录	主管
9	工作能力及业绩	客史资料的收集	熟悉酒店的各项政策和促销方案,及时收集客人的喜好信息,完善客史资料	5%	前台操作系统	主管
10		客人满意度	客人满意度调查结果平均分值在 90% 以上	15%	调查表	主管
11		Upselling	针对不同客人进行不同的销售手段,完成 Upselling 和其他销售任务	15%	财务报表	主管
12		协调沟通、责任心	有较强的协调能力,处理各种问题能够坚持原则但又不失灵活;对工作有责任心和积极性	5%	各部门评价	主管

续表

被考核人		部门	前厅部	岗位	前台接待员	
序号	项目	绩效指标	考核指标释义	权重	数据源	考核人
13	自我发展	部门会议	按时参加酒店及部门所召开的各项会议，能够认真掌握会议内容，并能按要求完成部门工作任务	5%	部门会议记录	主管
14		岗位培训	按时参加岗位相关的业务等培训，掌握培训内容并运用到工作中	5%	部门培训记录	主管
15	出勤考核	出勤率	不迟到，不早退，提前10分钟上岗	5%	人力资源部	主管

关键绩效指标法的最大优点是从众多的绩效指标中提炼出少数的关键指标，在减少对员工的束缚的同时，大大降低了绩效考核的成本，有利于提高酒店的核心竞争力。

关键绩效指标法的缺点是无法提供完整的指标框架体系来指导绩效考核，部分需量化的指标的相关参数采集成本较高，而且酒店某部门的关键绩效指标未必是其他部门的关键绩效指标，酒店各部门在经营过程中需要相互协调配合，例如前厅部与客房部在对客服务中需要密切合作。如果将其他部门的协调配合都列为本部门的关键绩效指标，会造成关键绩效指标数量的急剧增加，并且使关键绩效指标失去其本来的意义与作用。

4.360°反馈法

360°反馈法是一种全方位的绩效考核方法，也称为全方位反馈评价或多源反馈评价法。传统的绩效考核方法，主要由被考核者的上级对其进行考核。但为了给员工最准确的考核结果，应尽可能结合各方面的信息，包括管理者、同事、员工自己、下属、宾客等。

360°反馈法是由与被考核者有密切关系的人匿名对其进行的评价，被考核者同时也对自己进行评价。然后，由专业人员根据这些评价，对比被考核者的自我评价，向被考核者提供反馈，以帮助其提高业务能力和工作业绩。

360°反馈法的信息来源如图6-4所示。

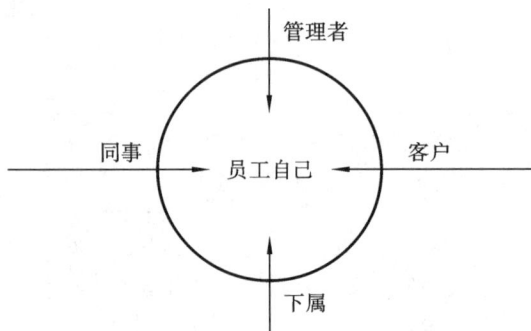

图6-4 360°反馈法的信息来源

使用360°反馈法对酒店营销部经理进行考核,就需要收集营销总监、销售部员工、酒店其他部门经理和酒店客户的评价,并且销售部经理也要对自己做出评价。人力资源部工作人员对比各种评价,对销售部经理进行反馈,促使其提高绩效,具体如图6-5所示。

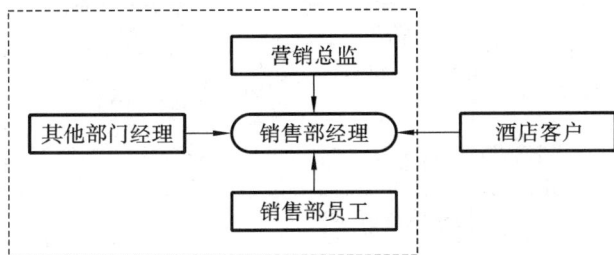

图 6-5　360°反馈法对酒店营销部经理的考核

酒店一般管理人员的绩效考核也可以使用360°反馈法,具体考核如表6-4所示。

表 6-4　管理人员 360°反馈法绩效考核表

要素	项目	分值	得分
个人素质(30分)	爱岗敬业	3	
	领导能力	3	
	业务知识	3	
个人素质(30分)	创造能力	3	
	酒店意识	3	
	店规店纪	3	
	人际关系	3	
	沟通能力	3	
	仪容仪表	3	
	表达能力	3	
部门管理(30分)	员工管理	3	
	现场督导	3	
	员工培训	3	
	设备管理	3	
	档案管理	3	
	环境卫生	3	
	工作效率	3	
	差错事故	3	
	客人意见	3	
	部门合作	3	

要素	项目	分值	得分
营业指标（34分）	营业收入	10	
	成本费用	10	
	GOP（总毛利润）	14	
其他任务（6分）	例会情况	3	
	特殊任务	3	
加减分数（2分）	奖励或处分	1.5	
	述职效果	0.5	
合计得分			

（资料来源：王凤生，《高星级酒店绩效管理实务》，中信出版社，2008年版）

360°反馈法的信息来源于酒店内外不同层面，可以打破单纯由上级对下属进行考核的局限性，防止出现"一言堂"，使考核结果更加客观公正；同时要求被考核者做出自评，有利于员工获得全面客观的评价，从而对自身有更清晰的认识。同时，360°反馈法体现了员工参与的原则，使绩效考核更具激励作用。

实施360°反馈法工作量大，涉及范围广，时间耗费多，动用资源多，某些信息（如客户的评价）获取难度较大，如果对酒店每一位员工都进行360°考核，需要投入大量的人力、物力和财力。这样所导致的成本上升可能会超过考核所带来的价值，而且员工之间的相互评价容易造成"拉帮结派"或"一团和气"的假象，影响绩效考核结果的准确性。

（二）酒店管理人员及基层人员的绩效考核

一般星级酒店分为前厅部、客房部、餐饮部、康乐部、营销部、财务部、人力资源部、工程部、安保部等，各部门应该责任明确，各司其职。结合酒店绩效管理的实践，下面将分别给出中层管理人员、基层管理人员和基层人员的绩效考核样例。

1. 酒店中层管理人员绩效考核

中层管理人员的绩效考核以结果为导向，各部门KPI根据核心工作职责分解，考核比重占70%，同时结合工作态度和工作能力的考核。酒店前厅部、客房部、餐饮部经理绩效考核情况如表6-5、表6-6、表6-7所示。

表6-5 前厅部经理绩效考核表

岗位：前厅部经理　　　　被考核人：_____　　　　考核时间：_____

项目	序号	考核项目	基准目标	分值	达成情况	考核分数
KPI（70%）	1	前厅工作计划完成率	考核期内达到100%	7		
	2	对客结账、预订信息记录等业务项目差错率	考核期内差错率低于1%	7		

续表

项目	序号	考核项目	基准目标	分值	达成情况	考核分数
KPI（70%）	3	酒店营业额	考核期内达到_____万元以上	7		
	4	客房营业额	考核期内达到_____万元以上	7		
	5	客人对前厅服务的满意度评价	考核期内接受随机调查的客人对前厅服务满意度评价达到_____分以上	7		
	6	紧急事件处理速度	达到酒店规定标准	7		
	7	部门协作满意度	考核期内部门协作满意度评价在_____分以上	7		
	8	管理费用预算节省率	考核期内管理费用预算节省率达到_____%以上	7		
	9	下属员工技能提升率	考核期内下属员工技能提升率达到_____%以上	7		
	10	客户有效投诉次数	考核期内客人有效投诉数量不得超过_____个	7		
工作态度（14%）	11	责任感	工作责任感很强且愿意承担责任	4		
	12	仪容仪表礼貌礼节	严格遵守酒店仪容仪表要求	4		
	13	践行品牌对客人的承诺	以品牌核心价值观为导向,将品牌文化践行于对客服务中	3		
	14	工作效率	任何工作都按时保质保量完成,从无怨言	3		
工作能力（16%）	15	沟通协作	虚心聆听他人的意见,对部门或他人的工作请求无怨言,不发牢骚,不畏难	4		
	16	培训	培训并发展员工,提高岗位技能,提升对客服务技巧	4		
	17	领导力	能激励员工,提高团队协作能力、工作积极性	4		
	18	执行力	总是能将酒店绩效目标转变为行动	4		
总计考核得分						

157

被考核人确认：　　　　　　　　　　　　　　考核人确认：

表 6-6　客房部经理绩效考核表

岗位：__客房部经理__　　　　　被考核人：_____　　　　考核时间：_____

项目	序号	考核项目	基准目标	分值	达成情况	考核分数
KPI（70%）	1	部门营业额	考核期内部门营业额达到_____万元以上	7		
	2	部门GOP率	考核期内部门GOP率达到_____%以上	7		
	3	部门经营成本费用	考核期内控制在预算范围内	7		
	4	客房服务客人满意度	考核期内达到_____%以上	7		
	5	有效投诉量	考核期内客人对客房工作有效投诉数量不得超过_____个	7		
	6	客房经营成本节省率	考核期内经营成本节省率达_____%以上	7		
	7	设备设施完好率	考核期设备设施完好率达_____%以上	7		
	8	卫生合格率	考核期卫生合格率达_____%以上	7		
	9	部门员工满意度	考核期内达到_____%以上	7		
	10	部门员工技能提升率	考核期内部门员工技能提升率达_____%以上	7		
工作态度（14%）	1	责任感	工作责任感很强且愿意承担责任	4		
	2	仪容仪表礼貌礼节	严格遵守酒店仪容仪表要求	4		
	3	践行品牌对宾客的承诺	以品牌核心价值观为导向,将品牌文化践行于对客服务中	3		
	4	工作效率	任何工作都按时保质保量完成,从无怨言	3		
工作能力（16%）	1	领导力	能激励员工,提高团队协作能力、工作积极性	4		
	2	培训	能给客房各岗位提供客房清扫、设备使用等必要的培训和指导	4		
	3	沟通协作	虚心聆听他人的意见,对部门或他人的工作请求从无怨言,不发牢骚,不畏难	4		

续表

项目	序号	考核项目	基准目标	分值	达成情况	考核分数
工作能力（16%）	4	执行力	总是能将酒店绩效目标转变为行动	4		
总计考核得分						

被考核人确认：　　　　　　　　　　　考核人确认：

表 6-7　餐饮部经理绩效考核表

岗位：__餐饮部经理__　　　　　　被考核人：_____　　　　　考核时间：_____

项目	序号	考核项目	基准目标	分值	达成情况	考核分数
KPI（70%）	1	营业额	考核期内部门营业额达到_____万元以上（参考预算）	7		
	2	餐饮总收入	考核期内餐饮总收入达到_____万元以上（参考预算）	7		
	3	餐饮经营成本节省率	考核期内经营成本节省率达_____%以上	7		
	4	餐饮食品成本率	考核期内餐饮食品成本率控制在_____%内	7		
KPI（70%）	5	菜品出新率	考核期内菜品出新率达_____%以上	7		
	6	设备设施完好率	考核期设备设施完好率达_____%	7		
	7	顾客满意度（餐饮指数）	考核期内达到_____%以上	7		
	8	服务技能提升率	考核期内本部门员工服务技能提升率达_____%	7		
	9	部门员工满意度	考核期内达到_____%以上	7		
	10	消防/安全/卫生	按酒店制定的标准进行检查评分	7		
工作态度（14%）	1	责任感	工作责任感很强且愿意承担责任	4		
	2	仪容仪表礼貌礼节	严格遵守酒店仪容仪表要求	4		

159

项目	序号	考核项目	基准目标	分值	达成情况	考核分数
工作态度（14%）	3	践行品牌对宾客的承诺	以品牌核心价值观为导向，将品牌文化践行于对客服务中	3		
	4	工作效率	任何工作都按时保质保量完成，从无怨言	3		
工作能力（16%）	1	领导力	能激励员工，提高团队协作能力、工作积极性	4		
	2	培训	能为餐饮部各岗位进行对客服务、推销、菜品酒水知识等方面的必要培训和指导	4		
	3	沟通协作	虚心聆听他人的意见，对部门或他人的工作请求从无怨言，不发牢骚，不畏难	4		
	4	执行力	总是能将酒店绩效目标转变为行动	4		
总计考核得分						

被考核人确认：   考核人确认：

2. 酒店基层管理人员绩效考核

酒店基层管理人员绩效考核表、年度绩效考核表分别如表 6-8、表 6-9 所示。

表 6-8　酒店基层管理人员绩效考核表

被评价者姓名：		职位：	部门：
评价指标		分值	程度描述
个人素质（10）	民主性（5）	5	民主性强
		4	民主性较强
		3	有民主性
		2	民主性较差
		1	民主性差
	品德修养（5）	5	谦虚谨慎，能坚持真理，修正错误
		4	坚持实事求是原则
		3	尚能实事求是
		2	作风浮夸，人云亦云
		1	表里不一，阳奉阴违

续表

评价指标		分值	程度描述
工作业绩 （20）	办事效率 （10）	10	速度超群
		8	速度在标准以上
		6	速度符合标准
		4	速度离标准还差一步
		2	离时间要求相差甚远
	工作质量 （10）	10	工作质量无懈可击
		8	工作质量在标准以上
		6	工作质量符合标准
		4	在保持质量方面时有误差
		2	工作质量难以保证，需要经常检查其工作
工作态度 （20）	责任心 （5）	5	明确自己的岗位职责，自觉主动对自己的行为及后果负责
		4	在有上级监督的情况下，对自己的行为及后果负责
		3	在一般情况下，能够对自己的行为负责
		2	对工作中的失误，有时进行逃避，或推卸责任
		1	对工作中的失误经常逃避责任，爱发牢骚或者做各种辩解
	协作性 （5）	5	能与同事很好地协作
		4	如没有上级的指标，则无论对谁都能积极协作
		3	没有突出的表现，但能与他人配合默契
		2	在某种时间和场合，协调性差
		1	与他人难以协调
工作态度 （20）	进取性 （5）	5	总是怀有争先的欲望
		4	面对挑战充满激情
		3	对所办的事情，基本上有办好的愿望
		2	对于执行上级指示缺乏积极性
		1	完全不领会上级指示，缺乏积极性
	纪律性 （5）	5	不仅能遵守规章制度，而且能以身作则为形成良好的工作秩序而努力
		4	能很好地遵守各项规章制度，维持公共场所的秩序
		3	大体上遵守规章制度，不服从命令的事少有发生
		2	不遵守规章制度，不服从命令的事时有发生
		1	经常不守纪律，不服从命令

评价指标		分值	程度描述
工作能力（50）	业务知识能力（10）	10	具有熟练的业务知识及相关的其他知识
		8	具有熟练的业务知识，但对相关的其他知识还没完全掌握
		6	业务知识水平合格，对相关的其他知识有欠缺
		4	业务知识水平尚需进一步提高，缺乏相关的其他知识
		2	缺乏业务知识及相关的其他知识
	分析决策能力（10）	10	分析决策能力强，并能正确判断处理事务
		8	具有分析决策能力，亦能正确判断处理事务
		6	具有一些分析决策能力，能应用经验判断事务
		4	在较窄范围内，能自行判断事务
		2	只能按照上级指示进行事务处理
	创新能力（10）	10	创新能力强，锐意求新
		8	创新能力较强
		6	有一定创新能力
		4	创新能力弱
		2	无创新能力
	自我学习能力（10）	10	自学能力强，能快速获取新知识
		8	有较强的学习能力
		6	有一定的学习能力
		4	自学能力弱
		2	缺乏自学能力
	指导能力（10）	10	能对下级进行正确的指导
		8	能对下级进行指导，其管理的部门具有良好的协作关系
		6	对下级的指导马马虎虎
		4	不能对下级进行有效的指导
		2	根本不能对下级进行指导，下级对其感到失望

考勤	事假一天病假一天迟到、早退一天事假一天	评价者：（签字盖章）	评价得分	被评价者：（签字盖章）	评价者与被评价者沟通日期：年　月　日

表 6-9 酒店基层管理人员年度绩效考核表

姓名		职务		评价人	
事业部		部门		评价区间	
评价尺度及分数		优秀(10分)、良好(8分)、 一般(6分)、较差(4分)、极差(2分)		评分	本栏平均	权重系数
工作绩效	1.工作达成度	与年度目标或与期望值比较,工作达成与目标或标准之间的差距,同时应考虑工作客观上的难度			4
	2.工作品质	仅考虑工作的品质。与期望值比较,工作过程、结果的符合程度(准确性、反复率等)			
	3.工作速度	仅考虑工作的速度。完成工作是否迅速,有无浪费时间或拖拉现象			
	4.工作量	仅考虑完成工作数量。职责内工作、上级交办工作及自主性工作完成的总量			
工作能力	5.计划性	工作事前计划程度,对工作(内容、时间、数量、程序)安排的合理性			3
	6.协调沟通	与各方面关系和谐,能化解矛盾,说服他人,具有人际交往的能力			
	7.应变力	应对变化,采取措施或行动的主动性及工作中对上级的依赖程度			
	8.指导控制力	对本部门或下属的激励、指导、培训情况,对本部门的管理控制情况			
	9.周全缜密	工作认真细致及深入程度,考虑问题的全面性、遗漏率			
	10.人才培养	对人才的重视程度及对储备人才的培养情况			
	11.职务技能	对担任职务相关知识的掌握、运用,工作熟练程度			
工作态度	12.协作性	人际关系,团队精神及与他人(部门)工作配合情况			3
	13.以身作则	表率作用如何,严格要求自己与否,遵守制度纪律情况			

163

续表

评价尺度及分数		优秀(10分)、良好(8分)、 一般(6分)、较差(4分)、极差(2分)	评分	本栏平均	权重系数
工作态度	14.工作态度	工作自觉性、积极性；对工作的投入程度，进取精神、勤奋程度、责任心等			3
	15.执行力	对上级指示、决议、计划的执行程度及执行中对下级检查跟进程度			
	16.品德言行	是否能做到廉洁、诚信，是否具有职业道德			
评价得分		Ⅰ.(1—4项平均分)×4＋(5—11项平均分)×3＋(12—16项平均分)×3＝_____分			
出勤及奖惩		Ⅱ.出勤：迟到、早退次数×0.5＋旷工天数×2＋事假天数×0.4＋病假天数×0.2＝_____分			
		Ⅲ.处罚：警告次数×1＋小过次数×3＋大过次数×9＝_____分			
		Ⅳ.奖励：表扬次数×1＋小功次数×3＋大功次数×9＝_____分			
总分		Ⅰ分－Ⅱ分－Ⅲ分＋Ⅳ分＝_____分			
评价等级		□A.90分及以上　□B.70～89分　□C.40～69分　□D.40分以下			
评价者意见					

164

3.酒店基层人员绩效考核

酒店基层人员绩效考核表如表6-10所示。

表6-10　酒店基层人员绩效考核表

姓名		职务		评价人	
事业部		评价区间			

评价尺度及分数		优秀(10分)、良好(8分)、 一般(6分)、较差(4分)、极差(2分)	评分	本栏平均	权重系数
工作业绩	1.工作素质	仅考虑工作的品质。与期望值比较，工作过程、结果的符合程度(准确性、反复率等)			4
	2.工作量	仅考虑完成工作数量。职责内工作、上级交办工作及自主性工作完成的总量			
	3.工作速度	仅考虑工作的速度。完成工作是否迅速，有无浪费时间或拖拉现象			
	4.工作达成度	与年度目标或与期望值比较，工作达成与目标或标准之间的差距，同时应考虑工作客观上的难度			

续表

评价尺度及分数		优秀(10分)、良好(8分)、一般(6分)、较差(4分)、极差(2分)	评分	本栏平均	权重系数
工作能力	5.计划性	工作事前计划程度,对工作(内容、时间、数量、程序)安排的合理性			3
	6.应变力	针对客观变化,采取措施(行动)的主动性及工作中对上级的依赖程度			
	7.改善创新	问题意识强否,为有效工作,在改进工作方面的主动性及效果			
	8.职务技能	对担任职务相关知识的掌握、运用,工作的熟练程度			
	9.发展潜力	是否具有学识、涵养、可塑性			
	10.周全缜密	工作认真细致及深入程度,考虑问题的全面性,是否有遗漏			
工作态度	11.合作性	人际关系,团队精神及与他人(部门)工作配合情况			3
	12.责任感	严格要求自己与否,遵守制度纪律情况			
	13.工作态度	工作自觉性、积极性;对工作的投入程度,进取精神、勤奋程度、责任心等			
	14.执行力	对上级指示、决议、计划的执行程度及执行中对下级检查跟进程度			
	15.品德言行	是否能做到廉洁、诚信,是否具有职业道德			
评价得分		Ⅰ.(1—4项平均分)×4+(5—10项平均分)×3+(11—15项平均分)×3=_____分			
出勤及奖惩		Ⅱ.出勤:迟到、早退次数×0.5+旷工天数×2+事假天数×0.4+病假天数×0.2=_____分			
		Ⅲ.处罚:警告次数×1+小过次数×3+大过次数×9=_____分			
		Ⅳ.奖励:表扬次数×1+小功次数×3+大功次数×9=_____分			
总分		Ⅰ分－Ⅱ分－Ⅲ分＋Ⅳ分=_____分			
评价等级		□A.90分及以上　□B.70～89分　□C.40～69分　□D.40分以下			
评价者意见					

(三)酒店部门经营管理责任书

经营管理责任书将酒店管理人员的利益与业主及投资者利益结合,建设科学的管理机制。

经营管理责任书包括成本、服务水平、工作效果和效率等各个方面的目标。它有利于酒店总体战略的具体实施,使高层管理者和决策者把精力集中在对酒店价值最关键的经营决策上。高层管理者与业务单元及职能服务单元之间的业绩承诺如图 6-6 所示。

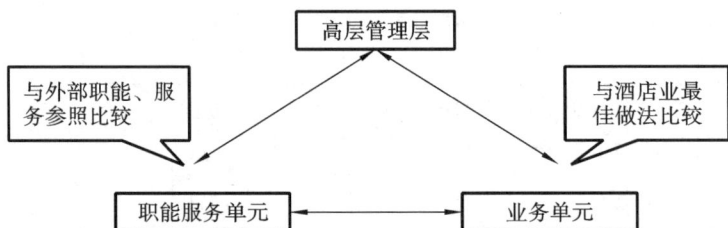

图 6-6　高层管理者与业务单元及职能服务单元之间的业绩承诺

(四)酒店的绩效评估反馈

1.常见的评估误差

一个人的业绩,可能由一个人来评定,如上级主管或人力资源部的考评员;也可能是由几个人评定,如一个考评小组;还可能由更多的人参加,如当评定一位中层管理人员时,考评者可能包括他的上级和下属全体成员。无论采取哪种形式,考评者本身的弱点和判断中的误差,都可能被带进考评工作之中。经常出现的误差有以下八种,应引起我们的注意。

(1)标准误差。

有的考评员非常严格,而有的考评员则比较宽松。于是,会出现被考评者的评定结果的偏差。

(2)印象性误差。

考评员对被考评者的原有印象,会给考评结果带来影响。

有些考评员对原有印象好的员工评价偏高,对原有印象不佳的员工评价偏低;相反,也有一些考评者对原有印象好的员工要求过于严格,而对原有印象不好的员工要求却相对宽松。这些都将影响考评的准确性和可信度。

(3)人际关系性误差。

考评员评价自己所熟悉或关系不错的人时,时常表现出高于实际的评定倾向。而对其他人则实行高标准、严要求,从而使评估结果失真。

(4)晕轮效应。

当一个人的某一特性受到很高评价时,则他的其他特点也会有被高估的倾向;反之,也是一样。特别是评价那些没有量化标准的特性时,如工作态度、合作性、主动性等,晕轮效应表现得更为明显。

(5)对照效应。

考评员在考评当前对象时,经常会受到前一个对象的影响。如果一个考评员接待的前一个被考评者各方面表现都很出色,对比之下,就会给后一个被考评者带来不利的影响;相反,如果前一个被考评者业绩很差,就会给后一个被考评者带来有利的影响。

（6）中心化倾向。

考评者都不愿做出"最好"或"最差"这样的极端性判断，而是趋于取"中间级"的评价。这就使员工之间的差距缩小了，使"表现一般"的员工人数不真实地膨胀了。这样的评价结果的价值，受到了局限，给进一步的人事决策带来了困难。

（7）压力误差。

考评员由于受到上级或被考评者的压力，而对考评结果有意做出不符合事实的报告。当考评结果的意义特别重大时，这种情况最易发生。如果考评者是一个小组时，群体压力也常使考评结果出现误差。

（8）观察性误差。

不同的考评员，对同一被考评者的观察角度不一样，得出的结论也会有很大的差异。此外，考评员的情绪状态，也会影响他对被考评者的客观评价。

2. 绩效评估误差的防范

误差修正规则：超越误差思维的"激励模式"。

有误差，是现实，而误差的产生源于评估行动。换言之，没有评估就无所谓误差。评估的目的，不在于评估本身，而是为了实现人力资源开发的目标。所以，关于误差修正的问题，实质上就是如何实现评估目标的问题。

说到误差，人们首先想到的，就是消除误差。实际上，这样的思路非常狭窄，特别是在处理人的问题方面。为此，我们提出"超越"或"跳出来"的观点——站到更高的地方看问题、处理问题。这就是超越误差思维的激励措施，即通过开放的思路，以激励方法来修补误差。具体做法如下。

（1）任何误差都可以通过激励手段弱化，使之不成为困扰，不造成新的问题。

任何人都可能因为受到激励而唤醒自我修正的力量。员工通常所缺乏的是被激励的机会；反过来说，人力资源开发者有责任提供机会，激发大家努力，并使误差降低。

（2）误差产生于"人人喜欢向外看，偏偏不知道自己"。

实际上，人人都是在为自己工作，而非别人。这是人自己造成的矛盾，但自己常常看不清楚。管理者的一个重要的工作，就是让员工看到这一点，并让大家知道，"给人方便，自己方便"的道理。这个"自己方便"，可能是奖励、认同，也可能是成就感。

（3）人因为痛苦而改变行为。

"负激励"也是必要的。当维持误差比消灭误差的成本更高时，人们的行为就会改变。管理者要做到这一点，就要对不能做的事情明确限制并严加处罚。比如，有些人喜欢买大排量的汽车，等到汽油价格上涨到影响生活水平的时候，大家的购买方向就会改变。

（4）加强沟通。

实现目标的重要方式是沟通，而沟通能否实现的关键在于认同。认同的前提是什么？是事情与自己相关。怎样与自己相关？就是通过沟通帮助员工找到并说服自己为酒店效力的理由，而不是简单地让他们了解酒店的诚意就可以了。

（5）真心关心，而非虚应差事。

不少问题不能解决，在于没人真正关心。这个关心包括花精力帮助员工，花时间倾听他

们的想法，等等。

（6）增强员工的自尊自信。

这是最高境界的激励，也是最好的修正误差的方法。酒店经营成功的最大秘诀，就是经营每一个成员的自尊与自信。因为员工看待自己的感觉，通常跟客人看待他们的感觉是一样的。如果连员工都不喜欢自己的工作，那么，客人的反应也就可想而知了。

（7）影响他们的想法、观念，甚至信仰，进而改变他们的行为方式，从而消除误差的影响。

（8）不断协调管理者与员工之间的认知。

立场不同，观点、认知不可能一样，这就是为什么管理者总是觉得员工做的跟自己所要求的不同。有人研究过这个问题，并发现"管理漏斗原理"：心里想到100%，嘴上说出80%，别人听到60%，别人听懂40%，别人能做20%。所以，要认真对待这个问题。

（9）明确期待，同时强化行为规则，并在执行过程中，明确认可、表扬好的行为，处罚错误行为，员工就会自己调节自己的行为。

但我们经常犯的错误是小错误任其发展，结果问题越积越多，到了难以收拾的局面。

（10）评估自己时，依据的是自己的动机；看别人时相反，依据的是他的行为。

这也是大家会为自己的过失辩解、找借口的原因。别人迟到早退时，你说他没有责任心，轮到自己，就说"因事""因故"。如此，误差自然越来越大。

（11）考评标准尽可能准确、明了，能定量的尽可能定量，以减少考评者主观上的干扰。

（12）要根据工作特点，选择适当的考评时间，两次考评的间隔不能太短，也不宜太长。

间隔太短，不能使员工的优缺点得到充分表现，也容易使员工对考评感到厌倦，不予重视；间隔太长，则不利于及时纠正错误和不符合要求的行为。

（13）要认真挑选，严格训练考评员。

还可以根据实际情况扩大考评者的范围。如考评管理者时可邀请其下属参加；考评服务员时，可听取顾客的意见；考评销售人员时，了解客户的看法尤其重要。

显然，误差是必然的。同时，不承认或以为能够消灭任何误差也是愚蠢的，而在一定程度上消弭误差，则是可能的。为保证业绩考评的质量，最大限度地减少误差，需在考评之前，做好充分的准备。

3. 绩效面谈

从人事心理学的角度来分析，考评信息反馈的方式会极大地影响员工对于反馈的反应。在考评过程中，员工常常会出现一些思想顾虑或抵触情绪。例如，有的员工可能担心考评结果会影响他们的晋升，或者认为管理部门会因此提高工作标准、减少奖金等。这样就会在行动上有意无意地消极抵触，影响考评工作的顺利进行。

因此，除了向员工解释清楚考评的目的和作用，还应重视考评结果的反馈方式，反馈面谈是应用较为广泛的一种方式。面谈的重要性可以集中体现在以下几个方面。

（1）对被评估者的表现达成双方一致的看法。

同样的行为表现，往往不同的人会有不同的看法，管理人员对员工的评估代表的是管理人员的看法，而员工可能会对自己的绩效有另外的看法，因此，必须进行沟通以达成一致的看法，这样才能制订下一步的绩效改进计划。

（2）使员工看到自己的成就和优点。

每个人都有被他人认可的需要,当一个人做出成就时,他需要得到其他人的承认或肯定。因此,绩效反馈面谈的一个很重要的目的就是使员工认识到自己的成就或优点,从而对员工起到积极的激励作用。

（3）指出员工有待改进的方面。

员工的绩效可能存在一些不足之处,或者员工目前的绩效表现比较优秀,但如果想要做得更好仍然有一些需要改进的方面,这些都是在绩效反馈面谈的过程中应该指出的。

通常来说,员工想要听的不只是肯定和表扬的话,他们也需要中肯地指出需要改进的方面。

（4）建立上下沟通的渠道。

面谈一直被运用于人力资源管理中。例如新进人员或调迁者初任时的指导面谈,为解决员工不适应工作环境而进行的谈话,为处理不满情绪而进行的面谈,员工为私人事情烦恼而进行的面谈,以及离职面谈等,都是相互沟通的过程。

（5）避免对立和冲突。

由于在面谈的过程中双方可能会有不同见解,因此出现争论的场面也是不可避免的。作为管理者,应该尽量避免激烈的对立和冲突出现。当出现不同意见时,如果用压制的方式往往会以失败告终。正确的做法应该是通过沟通,了解事情的原委,争取员工的理解。同时,站在员工的角度,设身处地为员工着想,如果自己有错,应该主动向员工承认错误,这样不仅不会丢面子,反而会赢得员工的信任。这是达到双赢结果的方法。

（6）有效地制订绩效改进计划。

在双方对绩效评定的结果达成一致意见之后,员工和管理者可以在绩效反馈面谈的过程中一同制订绩效改进计划。员工可以提出自己绩效改进计划并且向管理者提出自己所需要的支持。管理者则需针对员工的计划提出自己的建议。绩效改进计划的制订步骤如图6-7所示。

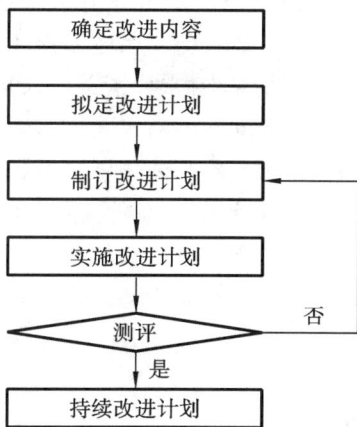

图 6-7 绩效改进计划的制订步骤

知识链接

看希尔顿高品质服务的后盾——对员工的多方位绩效评估

实训任务

制定酒店绩效考核方案及流程

一、实训目的

学会根据酒店实际情况和外部市场，制定适合酒店的绩效考核方案。

二、实训内容

××酒店是位于某市度假区的一家老牌酒店，开业已经八年了。近两年，政府增加对度假区的开发力度，新修了大面积的湿地公园。湿地公园周边也陆续招商引资，新建了一些度假酒店。

××酒店原本有一套绩效考核方案，但一直都流于表面，因为此前度假区就只有××酒店这一家四星级酒店，没有竞争对手，所以生意一直不错。

酒店的绩效考核就是每年年底由部门经理对员工进行简单的评估。员工的晋升、涨薪及年终奖等都未和绩效考核挂钩。但随着周边新酒店的开业，酒店人力资源部发现，部分员工都谎称家里有事要离职，不久就入职新开业的酒店。后来一打听，才知道新开业的酒店的薪资管理办法和××酒店差不多，但他们许诺给员工提供与绩效挂钩的高额年终奖，并在入职时酒店有针对性地制定了绩效目标。

（1）假设你是××酒店的人力资源部经理，请根据目前酒店实际运营情况，以及面临的挑战，制定一套适合本酒店的绩效考核方案。

（2）请拟订该酒店绩效管理的流程和步骤，以及选定的行之有效的绩效考核的方法。

三、实训步骤

（1）学生组建项目小组。

（2）根据材料内容分析、思考上述问题，并通过PPT/Word等在课堂上讲解。

(3)各组互评并探讨总结。

(4)任务总分为100分,教师评分占50%,学生评分占50%。

四、实训评分表(总分100分)

酒店人力资源管理内涵实训评分表

评分点	评分标准	分值	评分
讲解内容	(1)绩效考核方案流程清晰,目标明确; (2)简述通过该绩效考核方案如何挽留住员工,降低人才流失率	40	
现场讲解	熟练、清晰、自然、有感染力	30	
PPT/Word制作	美观、简洁、创新、突出内容	20	
团队精神	分工、合作、互助	10	

案例分析

月亮湾酒店的绩效评估

月亮湾酒店位于某旅游度假景区内,背山面湖,风景宜人,该景区年均气温在22℃左右,阳光充沛,特别适合度假疗养。酒店大堂内以候鸟为主题装饰,景观水池与湖面自然相接,临湖景观延伸到室内,步入大堂便感能感受到水天一色的休闲度假氛围。酒店开业至今获得了"绿色度假酒店""最受欢迎旅游度假酒店""最舒适度假酒店"等各种奖项。

王倩是附近一所大学酒店管理专业的学生,毕业后想留在本地工作,于是应聘了月亮湾酒店前台接待员的工作。酒店对她进行了系统的入职培训和岗前培训,让老员工"一带一"地帮助她熟悉工作环境,了解工作内容,并制定了新员工的绩效目标。

王倩性格内敛,为人低调,在工作上努力上进,没有丝毫懈怠,学习复杂的前台操作系统也比其他新员工快。在工作了几个月后,她的同班同学李敏英询问她的工作情况,于是王倩介绍了酒店各方面情况,并推荐她到酒店应聘。李敏英成功成为王倩的前台同事。李敏英性格开朗活泼,喜爱与人交流,才过了不多久,就已经和部门同事、主管打成一片,虽然平时工作中小错不断,但大家因为她大大咧咧的性格,也没有对她产生不满。到了年底,部门进行例行的绩效评估,主管给王倩打了

3.5分。比她晚几个月入职的李敏英却开心地告诉她，主管给自己打了4.5分，满分是5分，李敏英的喜悦之情溢于言表，她悄悄告诉王倩，主管说年后可能会给她升职。王倩心里很不是滋味，明明自己工作比李敏英努力，犯的错也比她少，入职还比她久，为什么主管的态度却是这样？她觉得主管没有公平公正地评估她们两人，她也不太清楚主管觉得她哪里做得不够好，她决定越过主管，找前厅部经理问一问。

（资料来源：根据相关资料整理）

请思考：

1. 月亮湾酒店的绩效管理存在什么问题？
2. 该酒店的绩效考核体系该如何改进？

任务二　酒店员工薪酬管理

◇学习目标

知识目标：

（1）理解酒店薪酬、薪酬管理的概念和作用。
（2）掌握酒店薪酬设计的基本流程。
（3）掌握酒店的薪酬模式。

能力目标：

（1）能评判酒店薪酬体系的合理性。
（2）能制定适应酒店发展的薪酬管理体系。

素质目标：

（1）提升分析比较的能力。
（2）提升企业文件方案编写能力。

◇课前任务

资料查询：请学生收集酒店招聘信息中提供的薪酬福利待遇，课前提交，在线比对并分析讨论：哪家酒店的薪酬福利待遇在用人市场上更有竞争优势。教师在课堂上进行答疑。

知识链接

苏州吴中希尔顿花园酒店的员工福利待遇

一、酒店薪酬管理的概念与作用

(一)薪酬与酒店薪酬管理的概念

1.广义的薪酬

广义的薪酬是指企业为了吸引、保留和激励员工而向员工提供的各种直接的、激励的、间接的经济性报酬,以及为员工提供的对企业及工作本身的感受的提升,如良好的工作环境等。

2.狭义的薪酬

狭义的薪酬概念的界定,可以划为以下三类。

(1)直接报酬。

企业根据员工所承担的工作或者所具备的技能而支付给他们的较为稳定的经济收入。如基本薪酬、加班工资、津贴等。

(2)激励报酬。

企业根据员工、团队或者企业自身的绩效而支付给他们的具有变动性质的经济收入。如绩效工资、奖金、业绩提成、分红、股权等。

(3)间接报酬。

企业给员工提供的各种福利。如保险、公积金、商业保险、带薪休假、补助、培训费用报销等。

企业薪酬体系如表 6-11 所示。

表 6-11　企业薪酬体系

薪酬	经济性报酬	直接报酬	基础工资、加班工资、津贴
		激励报酬	绩效工资、奖金、业绩提成、分红、股权
		间接报酬	保险、公积金、带薪休假、补助、培训费用报销

续表

		工作环境	友好的同事关系、团队氛围、领导者的风格、组织中的知识与信息共享、工作保障性
薪酬	非经济性报酬	工作本身	工作的趣味性及挑战性、工作带来的成就感与个人成长、工作中发挥个人才干的机会、参与决策的机会
		组织特性	组织在业界的声望、组织在行业的领先地位、组织成长带来的机会与前景、组织中的管理水平及文化氛围等

酒店薪酬管理是指酒店在经营战略和发展规划的指导下，综合考虑酒店的内外各种因素的影响，确定自身的薪酬体系、薪酬水平、薪酬结构和薪酬形式，并进行薪酬调整和薪酬控制、制定薪酬政策的整个过程。

（二）酒店薪酬管理的作用

1.有助于减少员工流失并保持人员稳定

近年来，酒店员工流失现象严重，员工流动率高，这成为困扰酒店管理人员的一大问题。员工流失的一个重要原因就是酒店缺乏良好的人力资源管理体系，薪酬管理不具备吸引力，在一定程度上打击了员工的积极性，导致员工离职、跳槽的现象十分普遍。酒店薪酬待遇过低是员工高流失率的主要原因，有些酒店只考虑到提高员工的薪酬水平会直接增加酒店的运营成本，而忽视了酒店内部员工的频繁跳槽，这不仅增加了重新招聘、培训新员工的费用，而且大量的员工流失还给酒店的日常运营管理带来了极大的困难。

因此，酒店人力资源管理部门应结合酒店的实际情况，适当调整薪酬水平，改善员工待遇，提高员工的忠诚度，保证酒店员工结构的相对稳定。

2.有助于激发员工的工作积极性

科学合理的薪酬体系是使每个员工自觉地为实现酒店目标而努力工作的有效激励手段。一般情况下，薪酬的高低决定了员工物质生活条件的好坏，同时薪酬的高低也在一定程度上反映了员工社会地位的高低，是全面满足员工需要的经济基础。因此，正常合理的薪酬分配，有助于调动员工的积极性；反之，则势必影响员工积极性的发挥，薪酬的激励作用也将丧失。

3.有助于改善酒店的绩效

有效的薪酬管理能够对酒店员工产生较强的激励效果，提高他们的工作绩效，进而使整个酒店的绩效得以提升。此外，薪酬管理对酒店的绩效的影响还表现在酒店的成本方面。对于酒店来说，通过有效的薪酬控制，酒店可以在一定程度上降低总成本，从而扩大产品和服务的利润空间。

4.有助于塑造良好的酒店文化

经济性薪酬为酒店文化的建设提供了基本的物质基础，而非经济性薪酬本身就含有大量企业文化的成分。更为重要的是，合理的薪酬制度可以作为构建酒店企业文化的制度性基础，对酒店企业文化的发展方向具有重要的引导作用。企业各类人员关注问题排序如表6-12所示。

表 6-12　企业各类人员关注问题排序

排序	管理层	技术人员	一般管理人员	员工
1	薪酬	晋升	薪酬	薪酬
2	晋升	薪酬	晋升	稳定
3	权威	挑战性	管理	尊重
4	成就	新技能	尊重	管理
5	挑战性	管理	稳定	晋升

（三）酒店薪酬结构

酒店薪酬结构的设置有以下几种方法。

1. 职位导向法

职位导向法是以职位为依据设置的薪酬结构。其实施岗位工资制。

2. 技能导向法

技能导向法是根据员工掌握的技能来确定工资。其实施技能工资制。

3. 市场导向法

市场导向法是根据企业的市场竞争对手的工资水平来确定企业内部的工资结构。这种方法要注重市场调查。

职能导向薪酬结构与技能导向薪酬结构的比较如表 6-13 所示。

表 6-13　职能导向薪酬结构与技能导向薪酬结构的比较

项目	职位导向	技能导向
薪酬结构	以承担的职位为基础	以员工掌握的技能为基础
管理者重点	职位对应工资,员工与职位匹配	员工对应工资,员工与技能相连
员工重点	追求职位晋升以获得更高的报酬	追求更多技能以获得更高的报酬
薪酬增长	职位提高	以技能测试中表现的技能提高为依据

二、酒店薪酬体系设计基本流程

合理的薪酬制度,是调动酒店员工积极性的重要因素之一。因此,为了保证酒店的良好发展,应在科学的基础上建立公平合理的薪酬制度。而薪酬制度体系的设计又是一项具有内在联系和科学性的工作过程。

（一）制定薪酬制度战略

1. 薪酬制度战略的内容

薪酬制度战略的主要内容包括以下几个方面：

（1）对员工总体价值的评价；

（2）对酒店人力资本的评价；

（3）对酒店总体战略的贯彻；

（4）对国家法律的贯彻；

（5）对酒店分配原则的贯彻；

（6）薪酬、奖金、福利的分配比例；

（7）薪酬改善的标准；

（8）薪酬结构与模式的确定。

各个酒店的薪酬策略虽然不同，但所涉及的问题基本相同。

2.制定薪酬制度战略要考虑的关系

酒店在制定薪酬制度策略时，应该认真研究如下一些关系：

（1）公平与效率的关系；

（2）按劳分配与按生产要素分配的关系；

（3）稳定与竞争的关系；

（4）需要与成本的关系；

（5）薪酬与福利的关系；

（6）业绩与能力的关系；

（7）工龄与业绩的关系；

（8）物质与精神的关系；

（9）公开化与隐蔽化的关系。

（二）开展工作分析

工作分析是确定薪酬的基础。工作分析结合酒店的发展目标和经营战略，对组织中某个特定工作职务的目的、任务或职责、权力、隶属关系、工作条件、任职资格等相关信息进行分析，其结果是形成工作描述与工作说明书。

工作分析对该职务的任职人员提出了知识、技能等多方面的要求，并且规定了其必须完成的基本任务，这些任务是员工业绩的评价标准，形成了确定薪酬制度的基础。

（三）评估岗位价值

岗位价值评估是指通过一种比较科学的方法评估出酒店各个工作岗位的相对价值。有了相对价值，再根据人力资源市场薪资水平和酒店收入的实际情况，就可以相对合理地确定员工的薪酬结构和水平。它是保证内在公平的关键一步，要以具体的金额来表示每一岗位对本酒店的相对价值。这种价值反映了酒店对各工作承担者的要求。

常用的岗位价值评估方法有岗位参照法、分类法、排列法、评分法和因素比较法。其中分类法、排列法属于定性评估方法，岗位参照法、评分法和因素比较法属于定量评估方法。

1.岗位参照法

岗位参照法，顾名思义就是用已有工资等级的岗位来对其他岗位进行评估。具体的步骤如下：

（1）成立岗位价值评估小组；

（2）评估小组选出几个具有代表性并且容易评估的岗位，对这些岗位用其他办法进行岗位价值评估；

（3）如果企业已经有评估过的岗位，则直接选出被员工认同岗位价值的岗位即可；

（4）将上面（2）、（3）选出的岗位设为标准岗位；

（5）评估小组根据标准岗位的工作职责和任职资格要求等信息，将类似的其他岗位归类到这些标准岗位中来；

（6）将每一组中的所有岗位的岗位价值设置为本组标准岗位价值；

（7）在每组中，根据每个岗位与标准岗位的工作差异，对这些岗位的岗位价值进行调整；

（8）最终确定所有岗位的岗位价值。

2. 分类法

分类法与岗位参照法有些相似，不同的是，分类法没有进行参照的标准岗位。它是将企业的所有岗位根据工作内容、工作职责、任职资格等方面的不同要求，分为不同的类别，一般可分为管理工作类、事务工作类、技术工作类及营销工作类等。然后给每一类别确定一个岗位价值的范围，并且对同一类的岗位进行排列，从而确定每个岗位不同的岗位价值。

3. 排列法

排列法是对所有岗位根据工作内容、工作职责、任职资格等不同层次的要求进行排序的岗位价值评估方法。比较科学的排列法是双岗位对比排列法，具体的步骤如下：

（1）成立岗位价值评估小组；

（2）对企业所有岗位进行两两对比；

（3）在两两对比时，将价值相对较高的岗位计 1 分，将另一个岗位计 0 分；

（4）所有岗位两两对比完后，将每个岗位的分数进行汇总；

（5）总分最高的岗位的岗位价值最高，依次排序，就可以评估出所有岗位的价值。

4. 评分法

评分法是指对每个岗位用计量的方式进行评判，最终得出岗位价值的方法。具体做法如下：

（1）成立岗位价值评估小组；

（2）将企业所有岗位的所有岗位职责和任职要求的条款整理出来；

（3）对每个条款的价值进行打分；

（4）每个岗位得到的总分，就是该岗位的岗位价值。

5. 因素比较法

因素比较法不需要关心具体岗位的岗位职责和任职资格，而是将所有的岗位的内容抽象成若干个要素，再根据每个岗位对这些要素的要求不同，而得出岗位价值。比较科学的做法是将岗位内容抽象成五种因素，即智力、技能、体力、责任及工作条件。评估小组首先将各因素区分成多个不同的等级，然后再根据岗位的内容将不同因素的不同等级对应起来，等级数值的总和就是该岗位的岗位价值。

（四）薪酬调查

薪酬调查是指通过各种正当的手段，来获取相关酒店各类职务的薪酬水平及相关信息。对薪酬调查的结果进行统计和分析，可为酒店的薪酬管理决策提供有效依据。

实施薪酬调查，一般来讲可以分为四个步骤，即确定调查目的、确定调查范围、选择调查方法、整理和分析调查数据。

1.确定调查目的

酒店人力资源部门应该先弄清楚调查的目的和调查结果的用途,再开始制订调查计划。

一般而言,调查的结果可以为以下工作提供参考和依据:

(1)整体薪酬水平的调整;

(2)薪酬结果的调整;

(3)薪酬晋升政策的调整;

(4)具体岗位薪酬水平的调整。

2.确定调查范围

根据调查的目的,可以确定调查的范围。确定调查范围应注意以下问题:

(1)需要对哪些酒店进行调查;

(2)需要对哪些岗位进行调查;

(3)需要调查岗位的哪些内容;

(4)调查的起止时间。

3.选择调查方法

确定了调查的目的和范围,就可以选择调查的方式。一般来讲,首先可以考虑酒店之间的相互调查。酒店的人力资源部门可以与相关酒店的人力资源部门进行联系,或者通过行业协会等机构进行联系,促成薪酬调查的开展。如果无法获得相关酒店的支持,可以考虑委托专业机构进行调查。

一般而言,调查普遍采用的是问卷法和面谈法,如果采取问卷法就要提前准备好调查表。如果采取面谈法,则要提前拟订好问题提纲。

知识链接

2022 年度酒店业薪酬问卷调查表

4.整理和分析调查数据

调查结束之后,要对收集到的数据进行整理和分析。在整理时要注意先将不同岗位和不同调查内容的信息进行分类;然后识别是否有错误的信息;最后根据调查的目的,有针对性地对数据进行分析,形成最终的调查结果。

（五）薪酬结构的确定

根据工作岗位分析评价和薪酬调查的结果，以及酒店的实际情况，可以确定本酒店各级员工的薪酬结构，规划各个职级的薪酬幅度、起薪点和顶薪点等关键性指标。也就是说，要将根据工作岗位评价后得到的各岗位之间的相对价值，转换成具体的薪酬数额，明确各岗位的相对价值与实付薪酬对应的数值关系。

基本薪酬结构参考如表 6-14 所示。

表 6-14　基本薪酬结构参考表　　　　　　　　　　　　　　　　　　单位：元

岗位	岗位相对价值	薪酬调查的基本薪金		本酒店基本薪金范围	
		低档薪金	高档薪金	起薪点	顶薪点
西餐厅经理	7500	7000	10000	7000	11000
西餐厅主管	5000	4500	7000	4500	7500
西餐厅领班	4000	3800	4500	3800	4800
西餐厅员工	3500	2500	3800	2800	3800

（六）薪酬结构分等级定级

将薪酬结构上价值相近的各项工作合并为一个薪酬等级。这样，每个酒店就可有若干个薪酬等级。

薪酬分级的具体做法如下。

1. 确定薪酬等级数目

薪酬等级数量必须足以使不同难度的工作有所区分，但数量又不能太大。在薪酬总额一定的情况下薪酬级别越多，级别之间薪酬差距就会越少，那些没有本质差别的工作会得到不同的报酬，会损害薪酬政策的内部公平性；相反，如果划分的薪酬级数太少，那些在工作任务、工作责任和工作条件上差异较大的员工被支付相同的薪酬，也会损害整体的公平性。

2. 确定薪酬范围或薪幅

薪酬范围是在薪酬等级中所设最高及最低薪酬之间的差额，也就是每一薪级可能支付的范围。

实际上，常以薪酬范围来定义每个薪酬等级，各个薪酬等级的薪酬范围必须相等或高等级工作的薪酬范围可按一定的比例增加，对于绩效高、资历深或两者兼有的员工，其薪酬可达到薪酬范围内的最高水平。在多数薪酬结构中，两个相邻薪酬等级的薪酬会重叠，目的是使酒店资深员工或最高业绩员工获得与比其高一个等级的非资深员工或低绩效员工相同或更高的薪酬水平。

3. 确定薪酬等级系数和等级线

薪酬等级系数是用来表示薪酬等级并进一步确定各等级薪酬数额的一种方式。

薪酬等级线是各工作职务的起点等级和最高等级间的跨度线。它反映了某项工作内部劳动的差别程度，如劳动复杂程度与劳动熟练程度高，则起点线高，反之则低。

表 6-15 为薪酬结构分等级、分档位定级的例表。

表 6-15　薪酬结构分等级、档位的定级例表（以营运部门为例）

级别	职务	基本薪资范围/元			市场营销部	餐饮部	房务部
		A	B	C	岗位		
10	总监	12000	16000	20000	市场销售总监	餐饮总监	房务总监
9	经理	8000	10000	12000	销售总监 宴会销售经理	餐饮部经理 行政总厨	前厅部经理 客房部经理
8		6000	8000	10000	公关传媒经理 高级销售经理 收益经理	餐厅经理 厨房厨师长	前厅部副经理 客房部副经理 洗衣房经理
7		5000	7000	8000	销售经理 宴会销售经理	餐厅副经理 管事部经理	管理培训生 大堂副理 值班经理 楼层经理
6	主管	4000	5000	6000	销售主管 公关助理	餐厅主管 厨房主管	前台主管 礼宾主管 楼层主管 洗衣房主管
5	领班	3000	4000	5000	美工 预定领班	餐厅领班 厨师领班	前台领班 礼宾领班 总机领班
4	员工	2500	3000	4000	预订专员	餐厅服务员 厨工 管事员	前台接待员 礼宾员 总机文员 裁缝 司机
3		2000	2500	3000		厨工	客房服务员 洗衣房服务员
2	实习生	2000	2500	3000	各部门实习生		

（七）薪酬的调整与控制

薪酬制度建立的一个原则是适应性原则。酒店组织作为一个生存在动态变化市场中的主体,其制度形式不会是一成不变的,受各种因素的影响,薪酬也必须不断地加以调整,以适应环境的变化。

1.薪酬调整

一般情况下,薪酬调整主要有奖励性调整、效益调整、生活指数调整和工龄调整四种类型。

(1)奖励性调整。

奖励性调整是指依据员工对酒店的贡献,给予相应的薪酬增加,以奖励员工做出的优良工作绩效,鼓励员工再接再厉。

(2)效益调整。

效益调整是根据酒店的效益状况对全体员工的薪酬进行综合调整,以反映员工和组织之间利益的相关性。

(3)生活指数调整。

生活指数调整是指为了补偿员工因通货膨胀而导致的实际收入无形减少的损失,使其生活水平不致降低。

(4)工龄调整。

工龄调整是随员工工龄的增加对薪酬水平进行的调整。

酒店在实施调薪行为时,必须要有相关政策和标准作为依据,并增强实施的公平性。

2.薪酬控制

薪酬控制的关键之处在于确定酒店的薪酬总额。

在确定酒店的薪酬总额时,首先应考虑酒店的实际承受能力,其次考虑员工的基本生活费用和人力资源市场行情。如 2020 年因为新冠肺炎疫情,酒店业受到重创,大部分酒店在没有营业收入的情况下,进行停薪留职,只发放当地最低工资标准的薪资或以轮休等方式来缓解酒店入不敷出的艰难境地。

薪酬控制的依据是薪酬预算,准确的预算有助于确保在未来一段时间内,薪酬的支出受到有效的协调与控制。

薪酬控制的常用指标包括薪酬平均率与增薪幅度。

薪酬平均率的数值越接近于当地市场平均行情则薪酬水平越理想。

增薪幅度是指酒店的全体员工平均薪酬水平的增长数额,增薪幅度应控制在合理的范围内,使其既不超出酒店的承受能力,又能激励员工努力工作。

薪酬控制的常用方法有薪酬冻结、延缓提薪、延长工作时间和适当压缩酒店在福利、津贴的方面的开支等。

三、酒店薪酬形式

酒店的薪酬形式主要包括工资、奖金、津贴和补贴、福利,等等。

(一)工资

1.计时工资制

计时工资制是根据员工的计时工作标准和工作时间来计算工资用以支付员工劳动报酬的形式。工资收入是员工的劳动时间和工资标准的乘积。

计时工资制根据酒店计算的时间标准不同,可分为以下三种具体形式。

(1)小时工资制。

小时工资制即根据员工的小时工资标准乘以实际工作小时数来计付工资。小时工资制

适用于非全日制工作或需要按小时计付工资的工作。

（2）日工资制。

日工资制即根据员工的日工资标准和实际工作天数来计付工资。

（3）月工资制。

月工资制即根据规定的月工资标准来计付工资，不论月份长短。

计时工资制简便易行，适应性强，适用范围广。其最大的特点就是并不鼓励员工把注意力仅仅集中在提高产品的数量上，而是更注重产品的质量。

酒店业属于第三产业——服务业，服务是较难用数量来衡量的，服务质量是酒店生存的基础，因此，计时工资制在酒店业得到了广泛的运用。当然，计时工资制也有明显的局限性，如它难以准确反映酒店员工实际提供的劳动数量与质量，容易出现"干多干少一个样、干好干坏一个样"的现象，不利于提高员工的劳动积极性。

知识链接

上海"宴会计时工"走俏

2.计件工资制

计件工资制是根据员工生产的合格产品的数量或完成的作业量，按预先规定的计件单位支付员工劳动报酬的一种工资形式。员工的工资收入是其完成的合格产品的数量与计件单价的乘积。

计件工资制能准确反映员工实际付出的劳动数量，能有效激发员工的劳动积极性，促进劳动生产率的提高，且计算简便。但计件工资制容易出现片面追求产品数量而忽视产品质量的现象。

此外，计件工资制会使员工工作过度紧张，不利于员工的身心健康。

因此，计件工资制不适于酒店的所有部门和岗位，但在某些时候可以灵活采用计件工资方式，如旅游旺季，在客人多服务员不足的情况下，可以规定工资额按照所清扫的客房间数来计算，客房部洗衣房的员工可以按照所洗衣服的件数来计算工资。

（二）奖金

奖金是指支付给员工的超额劳动报酬和增收节支的劳动报酬，是对员工超额劳动的一种补偿。它不仅能够反映酒店员工提供的劳动数量变化的情况,而且有较大的灵活性,可以弥补计时工资或计件工资形式的不足,是实现按劳分配的一种辅助形式。

目前,酒店实行的奖金形式是多种多样的,根据不同的标准,奖金可分为不同的类别,其中有的相互交叉。

1.奖金的主要功能

(1)补偿酒店员工的额外劳动。

按照赫兹伯格的双因素理论,奖金显然属于激励因素而非保健因素,工资的高低、奖金的有无和多少,都是对一个人能力和贡献的反映与评价,但是,工资在调动员工积极性上没有奖金灵活、方便、及时、见效快。

酒店管理者在员工的工资福利之外实行奖金制度是为了满足员工追求成就感、渴望得到社会和公众认同的心理。

(2)激发酒店员工的工作热情。

酒店发放奖金迎合了酒店员工的行为动机、心理需求,激发了员工的工作动力,使其更加积极地投入工作中,且在一定程度上影响员工的流动率。

2.奖金的类型

奖金有以下几种分类方式。

(1)根据奖金的发放周期,奖金可划分为月奖、季奖和年度奖。

(2)根据一定时期内发奖次数,奖金可划分为经常性奖金和一次性奖金。

①经常性奖金,指按照预定的时期,对日常生产、工作中超额完成任务或创造优良成绩的员工给予的例行奖金,一般可以是月奖或季度奖,如超产奖、节约奖等。

②经常性奖金,应预先规定奖励条件、范围、标准和计奖期限等,使员工心中有数。经常性奖金按规定应列入工资总额。

③一次性奖金,是对做出特殊贡献的员工进行的不定期奖励,如劳动模范奖。

(3)根据奖励范围,奖金可分为个人奖和集体奖。

①凡由个人单独操作并可以单独考核劳动定额和其他技术经济指标的,实行个人奖。

②凡是集体作业不能对个人单独加以考核的,则以集体为计奖单位,实行集体奖。

(4)根据奖励的条件,奖金可分为综合奖和单项奖。

①综合奖,是以酒店工作中多项考核指标作为计奖条件的奖金形式。

其特点是对酒店员工的劳动贡献和劳动成绩的各个主要方面进行全面评价、统一计奖、重点突出。

综合奖的具体办法是把劳动成果分解成质量、数量、品种、效率消耗等因素,每一因素都明确考核指标以及该指标的奖金占奖金总额的百分率或绝对数,只有在全面完成各项指标的基础上提供超额劳动的,才能统一计奖,如百分奖等。

综合奖的优点是考核指标比较全面,应用范围较广,既能鼓励员工克服工作中的薄弱环节,又可保证全面完成任务。

综合奖的主要缺点是考核的指标较多,难以对每个员工的劳动做出综合评价,因而在奖

金分配上容易出现平均主义。

②单项奖，是以酒店工作中的某一项指标作为计奖条件的奖金形式，如建设奖、特殊贡献奖、节约奖等。

其特点是只对劳动成果中的某一方面进行专项考核。

其优点是简便易行，易于管理，适用面广，同时由于计奖条件单一，主攻方面明确，也利于突破酒店工作中的薄弱环节。

单项奖的主要缺点是容易造成奖项繁多，就综合奖金效益来看，容易顾此失彼，不利于全面完成工作任务。

（三）津贴和补贴

人们常常把与工作相联系的补偿称为津贴，如岗位津贴、年功津贴、技术性津贴、保健性津贴、医疗卫生津贴，等等。

与生活相联系的补偿称为补贴，如高温补贴、交通费补贴、伙食补贴、电话费补贴，等等。

津贴与补贴都是员工工资的一种补充形式。

知识链接

某酒店加班补贴制度

（四）福利

福利一般是指用人单位支付给员工的除工资之外的劳动报酬，往往不以货币形式直接支付，而多以实物或服务的形式支付。

福利的主要用途在于给员工提供生活保证和方便，以提高员工对酒店组织的忠诚度。具体而言，福利包括以下种类和内容。

1.强制性福利

强制性福利亦称基本福利，是指按照国家法律法规和政策规定必须发生的福利项目，其特点是只要建立并存在，就有义务、有责任且必须按照国家统一规定的福利项目和支付标准支付，不受企业所有制性质、经济效益和支付能力的影响。强制性福利包括以下几个方面。

（1）社会保险。

社会保险包括养老保险、失业保险、医疗保险、工伤保险、生育保险，以及疾病、伤残、遗属三种津贴。

（2）法定节假日。

法定节假日包括元旦、春节、劳动节、国庆节、清明节、端午节、中秋节等法律法规规定的其他节假日。

（3）特殊情况下的工资支付。

特殊情况下的工资支付是指属于社会保险，如病假工资或疾病救济费（疾病津贴）、产假工资（生育津贴）之外的特殊情况下的工资支付，婚丧假工资、探亲假工资等也属于特殊情况下的工资支付。

（4）年休假。

国家实行带薪年休假制度。连续工作一年以上的劳动者，享受带薪年休假。

2. 非强制性福利

非强制性福利是指在国家法定的基本福利之外，由企业自定的福利项目。企业补充福利项目的多少、标准的高低，在很大程度上受企业经济效益和支付能力的影响以及企业出于自身某种目的的考虑。

酒店所提供的福利一般包括以下几种形式。

（1）员工餐厅。

（2）员工宿舍。

（3）员工浴室。

（4）免费制服。

（5）制服免费洗涤。

（6）免费（或优惠）美容、理发。

（7）弹性工作时间。

（8）退休保险。

（9）酒店内医疗保健。

（10）为员工订阅报刊。

（11）设立员工俱乐部。

（12）员工活动及奖品。

（13）提供娱乐运动设施。

（14）度假旅游补贴。

（15）购买住房或发放购房补贴或提供贷款。

（16）节日礼品。

（17）生活困难补贴。

（18）直系亲属丧葬补贴。

知识链接

海底捞的薪酬工资结构

项目总结

本项目学习的主要内容是酒店员工绩效管理与薪酬管理，具体包括：酒店绩效管理概述、酒店绩效管理方案、酒店绩效考核方法、酒店薪酬管理中的概念与作用、酒店薪酬体系设计基本流程、酒店薪酬形式等。有效的绩效和薪酬管理体系才能为酒店吸引人才、保留人才和激励人才；才能使员工发挥主动性、积极性，并给酒店带来长远利益；才能增强酒店的竞争力，提高整个酒店的经济效益，实现酒店的整体目标。通过情景模拟、实训任务、案例分析，提升学生绩效管理与薪酬管理能力，培养学生大局意识、诚信意识、创新意识等。

实训任务

薪酬调查

一、实训目的

（1）学会薪酬调查的流程和步骤。

（2）能根据酒店情况调查同类型酒店的薪酬福利，并进行对比分析。

二、实训内容

假设你是某家正在筹建的酒店的人力资源部薪酬主管，现在酒店正面临制定符合人力市场供给需求及酒店发展的薪酬管理体系，人力资源总监希望你对当地酒店薪酬情况做一个调查，为设计合理的薪酬体系提供参考。

请构思薪酬调查实施步骤，并进行薪酬调查，具体到职务、岗位和级别。

三、实训步骤

(1)学生组建项目小组。

(2)小组分工收集本地酒店信息、酒店薪酬水平、福利待遇等内容,并通过 PPT 或 Word 等形式在课堂上讲解。

(3)各组互评并探讨总结。

(4)任务总分为 100 分,教师评分占 50%,学生评分占 50%。

四、实训评分表(总分 100 分)

酒店人力资源管理内涵实训评分表

评分点	评分标准	分值	评分
讲解内容	(1)罗列具体选定的酒店; (2)简述调查的岗位薪酬范围; (3)简述调查到的其他福利待遇; (4)给出本酒店薪酬范围的建议	40	
现场讲解	熟练、清晰、自然、有感染力	30	
PPT/Word 制作	美观、简洁、创新、突出内容	20	
团队精神	分工、合作、互助	10	

案例分析

令人犯愁的薪酬体系

××餐厅坐落于武汉市的一条繁华的街道上,餐厅规模不大,陈设幽雅,经营正宗的川菜。餐厅的服务员由餐厅老板李平的两个妹妹担任,同时她们还兼任厨房的帮工。厨师是李平从家乡请来的。

由于餐厅生意兴隆,李平决定扩大餐厅的规模。李平租赁了餐厅隔壁的一间空房,将餐厅的座位从原来的 8 个增加为 20 个。由于规模扩大了,服务员和厨房里的帮工人手明显不够,因此李平通过一家人才中介机构聘请了 8 名员工,其中 2 名是 40 岁以上的当地的下岗妇女,李平让她们帮助厨师打下手,从事食品原料的准备工作,工资为每个月 3500 元。其余的 6 名员工都是 20 到 30 岁的年轻人,他们或多或少都有一些在餐厅工作的经验,李平给他们的底薪是每个月 3200 元。

装修一新的××餐厅再次开业了。正当李平踌躇满志考虑餐厅下一步的发展计划时,他发现员工间的矛盾日益激化。

矛盾的起因是厨房工作人员和服务员之间的对抗。厨房工作人员认为服务员挣得比他们所应得的多得多，而厨房工作人员这么辛苦，却每月只能拿到3500元的定额工资。在燥热又不通风的工作间，每晚听着服务员谈论着他们赚了多少小费，售卖酒水又拿了多少的提成，激怒了厨房的工作人员，她们认为这非常不公平。但服务员却认为人人都会切菜、洗盘子，他们觉得自己在个人素质和职业化程度上要比厨房工作人员高得多，厨房的菜品出现问题，引起客人投诉的时候，挨骂的都是他们。

李平在亲眼看见几次明争暗斗后，决定要着手解决这个问题。事实上，李平在管理餐厅的过程中，从来没有认真考虑过员工的薪酬问题。因为以往在餐厅工作的人，几乎都是他的亲戚朋友，主厨李想也是以合伙人的身份在餐厅工作的，每到年终李平都会给他一个很大的红包，一直没有出现过什么不愉快。以往他以为经营餐饮企业最主要的是在原材料的采购、确保菜肴的质量等方面，但是现在他发现员工的薪酬问题也不容忽视。经过认真考虑，为了增强厨房工作人员的工作积极性，李平决定给这两个女工增加工资，每人每月3800元。于是，弥漫在餐厅中的紧张气氛暂时消失了。不久李平发现那些服务员的工作积极性开始下降了，有2个人甚至还私下透露过跳槽的念头。原因是他们觉得既然厨房工作人员的工资增加了，那么他们的底薪也应该增加，况且他们通过熟人了解到，在其他餐厅类似性质的工作，服务员每月的底薪有3500元，还有各种提成和员工福利。

李平这才发现问题不像他一开始想得那么简单，他也曾考虑过辞退这批员工，重新招募一批新人，但是招聘和培训的费用也是一笔不小的数目，另外，频频更换员工，对餐厅来说也有很多负面的影响。员工的工资肯定不可能无限制地加下去，但是又该如何调动他们的工作积极性呢？

请思考：
为确定一个合理的薪酬体系，李平应该如何去规划？

项目七 →

酒店劳动关系管理

项目引言

　　劳动关系自用工之日起建立,是一种法律关系。建立劳动关系,应当订立书面劳动合同。而劳动关系的认定其实是一个大课题,不仅涉及如何根据构成要件对当事人之间是否成立劳动关系做出认定,还涉及劳动关系与劳务关系等其他用工关系以及承揽关系等其他法律关系的比较和区分。酒店作为市场主体,环境形势的变幻莫测使得劳动关系具有复杂性,但作为组织机构,还是有规律可循的。通过学习酒店劳动关系的概念、作用及类型特征,酒店劳动关系合同及劳动争议处理,酒店社会保障等,增强对酒店劳动关系管理的理解,并为相关能力的提升做好准备。

任务一　酒店劳动关系概述

◇学习目标

知识目标:

(1)掌握酒店劳动关系的概念。

(2)理解酒店劳动关系的作用。

能力目标:

(1)会判断酒店劳动关系的类型。

(2)会分析酒店劳动关系的特点。

素质目标:

(1)培养学生法治意识、诚信意识、公平意识。

(2)提升分析判断能力、团队合作能力。

◇ 课前任务

资料查询：学生可利用各类资源并运用各类方法查询与调研酒店劳动关系的内容，并在课前将问题进行线上提交并讨论，教师在课堂上进行答疑。

案例导入

酒店劳动合同解除案件审理

2016年11月，王海燕到华上大酒店工作，双方于2018年8月20日签订了一份劳动合同书，约定如下。

一、王海燕自2018年8月19日至2019年8月19日在华上大酒店的客房部负责管理工作，其中试用期为2个月。

二、试用期工资为每月2500元，试用期2个月满后，工资不低于本单位同职、同岗和同等条件人员的工资水平，并根据本单位的经济效益和劳动者的工作岗位、劳动技能、贡献等情况，逐步提高工资水平。

三、按国家有关规定实施带薪休假制度。

四、依法为劳动者缴纳各项社会保险，依法从劳动者工资中代扣代缴应由其本人承担的社会保险费，等等。

合同签订后，王海燕便在单位上班，试用期满后，其每月工资为3000元。2019年1月23日为王海燕的预产期，经单位同意，其从2019年1月1日至2019年3月31日休产三个月。其间，酒店仅向王海燕支付每月2500元的工资，当产假期满后酒店未安排其在原岗位上继续工作，王海燕便在家等候通知。2019年6月1日，酒店与王海燕解除劳动合同。

后来，王海燕起诉酒店，2019年8月28日，该仲裁委员会做出如下裁决：

一、双方所订的劳动合同书，是双方在平等自愿、协商一致且不违反法律、法规的情况下签订的，故该劳动合同书合法有效。

二、劳动者在法定休假日期间，用人单位应当依法支付工资，用人单位克扣劳动者工资的，除在规定的时间内全额支付劳动者工资外，还需加发相当于工资报酬的25%的经济补偿金，故王海燕在其三个月产假期间，酒店仅付其每月2500元是不妥当的，少付的1500元及三个月工资的25%的经济补偿金2250元应如数补发，2019年4月、5月的工资及其25%的经济补偿金1500元亦应补发。

三、劳动者生育时应享受用人单位的福利待遇，原审判决酒店支付王海燕在生育时的医疗费1016元，酒店无异议，本院予以确认。

四、用人单位和劳动者必须依法参加社会保险、缴纳社会保险费。双方的劳动关系持续到2000年6月,故上诉人为被上诉人所缴纳的各项社会保险应至2000年6月止。

(资料来源:改编自企业实践案例)

在本案例中,酒店和王海燕在劳动关系确立之初就签订了劳动合同,所以这也给王海燕在今后的工作增添了一份保障,可以通过简单的法律程序来维护自己的权益。

劳动关系的确立能够真正保护劳动者的劳动安全,即便在今后出现了相关劳动争议,通过相关法律程序,问题也可以迎刃而解。

一、酒店劳动关系的概念、界定标准与作用

劳动关系是用人单位与劳动者在发生劳动行为过程中,表现为劳动者与用人单位之间的合作、冲突、力量或权利的一种社会经济关系,实际上是劳动关系主体双方利益的博弈,企业最大程度维护劳动者权益是劳动关系和谐的基础。可以这样说,用人单位与劳动者双方利益都能得到充分的满足是构建和谐劳动关系的必要条件,所以最好的状态是合作共赢,而推动酒店劳动关系成为当务之急。

(一)酒店劳动关系的概念

劳动关系是指用人单位招用劳动者为其成员,劳动者在用人单位的管理下提供有报酬的劳动而产生的权利义务关系。酒店劳动关系主要指酒店所有者、经营者、普通员工及其工会组织之间在酒店经营与管理活动中形成的各种权、责、利之间的关系。

劳动关系由三个要素构成:劳动关系的主体、劳动关系的内容和劳动关系的客体。

1. 劳动关系的主体

劳动关系的主体,是指劳动关系的参与者,包括劳动者、劳动者的组织(工会、职代会)和用人单位。

2. 劳动关系的内容

劳动关系的内容,是指劳动主体双方依法享有的权利和需要承担的义务。

3. 劳动关系的客体

劳动关系的客体,是指主体的劳动权利和劳动义务共同指向的事物,包括劳动报酬、工作时间、福利津贴、劳动奖惩、劳动安全、工作环境、职业培训等。

(二)劳动关系的界定标准

认定劳动关系必须采取综合认定的方法,即劳动关系应该根据劳动者是否实际接受用人单位的管理,指挥或者监督劳动者提供的劳动是否是用人单位业务的组成部分、用人单位是否向劳动者提供基本劳动条件,以及向劳动者支付报酬等因素综合认定。

1. 一般情况下的劳动关系认定

具体来讲,对于用人单位未与劳动者订立书面劳动合同的,应当综合考虑下列情形认定

双方之间是否存在劳动关系：

（1）劳动者实际接受用人单位的管理、指挥与监督；

（2）用人单位有向劳动者支付过工资性劳动报酬的记录，劳动者在经济上依赖于用人单位；

（3）劳动者被纳入用人单位的生产组织体系中从事劳动，而不是从事独立的业务或经营活动；

（4）劳动者无权将工作分包给他人完成；

（5）劳动工具原材料一般由用人单位提供；

（6）工作时间和场所一般由用人单位决定或受其控制；

（7）劳动者只为一个用人单位提供劳务；

（8）劳动者提供的劳务是继续性的而不是一次性的；

（9）劳动者向用人单位提供较为长期的、固定的劳务。

2. 法规上的劳动关系认定

由于劳动关系本身的特殊性和复杂性，认定当事人之间是否存在劳动关系，上述标准并非绝对，还需要结合具体情况加以分析。

在具体的证据审核认定上，可以参照《劳动和社会保障部关于确立劳动关系有关事项的通知》（劳社部发〔2005〕12号）第二条所规定的凭证进行判断：

（1）工资支付凭证或记录（职工工资发放花名册）、缴纳各项社会保险费的记录；

（2）用人单位向劳动者发放的工作证、服务证等能够证明身份的证件；

（3）劳动者填写的用人单位招工招聘登记表、报名表等招用记录；

（4）考勤记录；

（5）其他劳动者的证言等。

3. 特殊情况下的劳动关系认定

（1）下岗、内退职工与新用人单位间劳动关系的认定。

根据《最高人民法院关于审理劳动争议案件适用法律若干问题的解释（三）》第八条的规定，企业停薪留职人员、未达到法定退休年龄的内退人员、下岗待岗人员以及企业经营性停产放长假人员，因与新的用人单位发生用工争议，依法向人民法院提起诉讼的，人民法院应按劳动关系处理。

（2）退休人员再就业与新单位之间应按雇佣关系处理。

《中华人民共和国劳动合同法》第四十四条规定的劳动合同终止情形包括劳动者开始享受基本养老保险待遇的，由此可以推定退休人员不属于劳动法意义上的劳动者。因此用人单位招用达到退休年龄的劳动者，属于民法上雇佣关系发生争议按一般民事争议处理。

（3）劳动者长期未提供劳动，用人单位又未依法与其解除劳动关系的处理。

此种情况双方"长期两不找"，可以认定双方劳动关系处于中止履行状态，中止履行期间用人单位和劳动者不存在劳动法上的权利义务关系，也不计算为本单位的工作年限。如此，一方当事人提出解除劳动关系，另一方因不同意解除而申请仲裁，法院经审查后如认为上述解除符合有关法律规定的，应当确认解除。

（三）酒店劳动关系的作用

酒店作为劳动密集型企业，要做好劳动关系管理，提升员工管理的有效性。酒店业是人员密集型行业，它的良好持续发展离不开员工，因此必须要做好劳动关系的维护和管理，以此提升员工的满意度，激发员工工作积极性，从而推动酒店发展。

1.有助于维护员工权益，提升员工工作动力与积极性

随着时代的快速发展，我国各个行业的竞争更为激烈，酒店业也不例外，在实际发展中酒店领导不仅要关注业绩，还要注重对员工进行管理，提升管理的有效性，如此才能使员工更好地服务于企业发展。

随着时代的快速发展，酒店业所面临的发展环境发生了变化，劳动关系也更为纷繁复杂，这使得员工管理面临更多挑战，所以迫切要求酒店的管理人员在员工管理上付出更多的时间和精力，探索积极有效的员工管理方案，促进劳动关系的维护。

通过对劳动关系的有效管理，采取科学的方法来处理劳动纠纷和矛盾，能够避免很多麻烦，而且还可以对员工的权益进行科学维护，促进员工工作动力与积极性的增强。

2.有助于推动酒店业的稳定运行

当前我国经济发展逐渐进入转型期，酒店业在发展中所面临的挑战不断加大，更需要做好内部员工管理，促进员工关系的稳定，如此才能够使员工更积极努力地工作，员工之间团结一心、协作努力。

假设酒店管理者无法对内部劳动关系矛盾进行处理，无法将员工的力量凝聚，那么必然会影响酒店的发展。另外，对员工关系进行管理也是提升企业综合竞争力的重要途径，员工是企业的重要资本，对员工进行有效管理，促进劳动关系的稳定，能够更好地发挥员工的积极性，能够提升企业的竞争力和实力，对酒店的稳定运行意义重大。

二、酒店劳动关系的类型与特点

现代酒店业的发展，人力资源管理在酒店中日益受到重视，将传统人力资源管理的职能加以提升，使其功能得到加强。

（一）酒店劳动关系的类型

1.日制用工

日制用工的特点如下：

（1）可以订立口头协议；

（2）不得承诺实习期；

（3）员工在同一用人单位一般每日上班时间不得超过 4 小时，每周工作时间总计不得超过 24 小时的劳派；

（4）用人单位按双方约定的工资待遇付给员工工资，但不能低于地方政府出台的钟头最低工资规定；

（5）用人单位和当事人双方任何一方都随时可以通告另一方停止用人，用人单位无须向当事人支付经济补偿。

2. 短期劳动合同

短期劳动合同的特点如下：

（1）具有限制性；

（2）合同主体的特定性；

（3）劳动合同的目的在于劳动过程的完成；

（4）合同履行中的隶属性；

（5）合同是通过双方选择确定的，而不是劳动成果的实现；

（6）劳动合同是有偿的合同；

（7）劳动有试用期限的规定；

（8）劳动合同一般涉及第三人的物质利益。

3. 集体合同

1）集体合同的概念

集体合同是指用人单位与本单位职工根据法律、法规、规章的规定，就劳动报酬、工作时间、休息休假、劳动安全卫生、职业培训、保险福利等事项，通过集体协商签订的书面协议。

2）集体合同的特点

集体合同的特点包括以下几个方面。

（1）集体合同主体上具有特定性。一方为工会，另一方为用人单位。

（2）集体合同的目的具有特定性。规范当事人之间具体的劳动关系。

（3）集体合同的内容具有广泛性，涉及企业劳动关系的各个方面。

（4）集体合同是特殊的双务合同。合同当事人之间互相承担一定的义务和职责，用人单位违背义务，责任人要负相应的法律责任，工会一方违背了义务，一般不承担法律责任和经济责任，只承担道义和政治责任。

（5）集体合同是要式合同，一般都要求以书面形式签订。

3）集体合同的优势

集体合同的优势有以下几个方面。

（1）自主型组织设计。

主张给予员工更多的决定权，人力资源管理是富于变化的而不是高度专业化的工作，其核心是工作的再设计，包括工作扩大化、工作轮换、工作丰富化、自主性工作团队。

（2）劳动者参与计划。

（3）人事与就业政策。

人事与就业政策包括内部公平制度、薪酬体系、全面质量管理等方面。

（二）酒店劳动关系的特点

1. 酒店和员工双方共同遵守行为的规范性

劳动关系不和谐的企业是没有生命力的，企业与员工应在各方面相互理解、相互尊重、相互支持，酒店应创造令员工心情愉悦的工作环境，这有利于改善企业内部劳动关系、维护企业安定团结。

2. 酒店劳动关系制度制定的特定性

酒店通过酒店劳动关系制度的制定，能充分调动职工的工作积极性，挖掘职工的工作潜能,保证企业各方面的正当权益。酒店可以通过合理地采用薪酬、福利、培训等方式,让员工积极地工作,以达到双赢的目的。

3.保障酒店与员工的自由选择权,实现生产要素的优化配置

要发展社会生产力,就必须使各种生产要素在适当的流动中最佳组合,如果员工和酒店不能自由选择,就会造成人力资源的浪费,同时也会阻碍企业的发展。

固定工资制度和劳动合同制度的比较如表7-1所示。

表7-1 固定工资制度和劳动合同制度的比较

固定工资制度	劳动合同制度
用人单位没有录用职工的自主权	用人单位真正录用职工的自主权
劳动者在就业上没有任何压力	劳动者对用人单位的选择是用过竞争实现的
就业后,劳动者的劳动报酬与经济责任不发生直接关系	劳动者劳动岗位的延续也是通过竞争实现的

(三)处理劳动关系的原则

1.以法律为准绳的原则

任何劳动关系的存在都必须以国家法律为基础,以此保障酒店及其员工双方的利益不受损害,避免因不当的劳动关系引起争端。

2.兼顾各方面利益的原则

要建立酒店内各方面保持和谐合作的关系,必须纵观全局,整体考量,兼顾各方面的原则。

3.以协商为主解决争议的原则

在酒店内部,随时可能发生劳动关系争议,双方应避免开除、罢工等激烈手段,应本着以协商为主的原则来解决,若无法解决,可采取法律诉讼等方式解决。

4.劳动争议以预防为主的原则

酒店应注意了解员工的需求及工作状态,及时帮助员工调整状态,并且预见可能发生的问题,积极采取措施,进行有效的疏通。

实训任务

研讨酒店劳动关系内涵

一、实训目的
(1)熟悉酒店劳动关系概念。
(2)理解其内涵要素。
(3)培养管理意识。
二、实训内容
结合实例说说酒店劳动关系确立的要旨。
三、实训步骤
(1)学生组建项目小组。

（2）细分小组实训内容。

（3）各组互评并探讨总结。

（4）任务总分为100分，教师评分占50％，学生评分占50％。

四、实训评分表（总分100分）

酒店劳动关系内涵实训评分表

评分点	评分标准	分值	评分
讲解内容	主题鲜明，紧扣要求，结合实例，有理有据	40	
现场讲解	语言流畅、思路清楚、表现自然、有感染力	30	
团队精神	分工、合作、互助	20	
表现形式	熟练科技手段呈现	10	

案例分析

李国元与重庆鑫峰酒店确认劳动关系纠纷案

上诉人（原审原告）：李国元，男，汉族，1985年9月28日出生，住重庆市北碚区，在被告单位从事绿化工作。

被上诉人（原审被告）：重庆鑫峰酒店，位于重庆市北碚区静观镇。

法定代表人：傅建，总经理。

委托代理人：刘建，重庆孟源律师事务所律师。

李国元向一审法院起诉请求：判决原告与被告从2014年10月1日起存在劳动关系。

被告于2008年2月20日成立。2014年12月13日，重庆市高新区人民医院的急诊病历载明：姓名李国元，主诉外伤致右掌疼痛、肿胀伴活动受限1+小时。诊断右手第三掌骨骨折。2015年1月25日，北碚区静观医院X线诊断报告单载明：李国元，右手第三掌骨陈旧性骨折。2015年7月13日，重庆市高新区人民医院出具高新区人民医院诊断证明书，诊断李国元右手第三掌骨骨折。

被告从2014年11月1日起为案外人田嘉陵参加养老保险。

2015年7月20日，原告因确认与被告之间的劳动关系申诉至重庆市北碚区劳动人事争议仲裁委员会。2015年11月11日，仲裁委员会作出碚劳人仲案字〔2015〕第1758号仲裁裁决书，裁决驳回原告的申请请求。原告不服仲裁裁决，起诉至一审法院。

另查明，原告邀请证人李某当庭陈述，证人于2014年12月11日到被告处上班，从事客房服务工作。因证人住址挨着被告，所以知道被告的名字。工作的工具铁铲由老板傅建提供,工资每天 200 元。证人与被告没有签订劳动合同,每月工资从老板傅建处签字领取。工作期间由一个叫陈二娃的进行考勤和记录工天。证人与原告在同一工地上班,证人亲眼看见原告受伤后上车由老板送到医院去。

原告邀请证人黄某当庭陈述,证人于 2014 年 12 月 11 日到被告处上班,证人与被告没有签订劳动合同。两个老板分别叫田贻中(音同)和傅建,是甥舅关系。做工的工具铁锹、剪子等是在现场管理员陈二娃、王三处领取的,也有自己带工具的。工作期间是陈二娃记工,工资每天 200 元。证人在工地做工时看到原告受伤了。原告受伤第二天是由被告单位一个主管田嘉陵送回北碚区静观镇。证人 2014 年 11 月还在被告璧山一个项目做工,做完后去的石桥铺。证人与原告在璧山时就一起上班了。被告未为原告购买社会保险,原告与证人一起做工,基本上都是这种模式:有工程了就通知去做,没有工程就回家。上班期间,如果不去就打个电话,当天不发工资。

(资料来源:中国裁判文书网)

请思考:
李国元与重庆鑫峰酒店是否存在劳动关系,为什么?

任务二　酒店劳动合同管理

◇学习目标

知识目标:
(1)了解酒店劳动合同的内涵特征。
(2)熟悉酒店劳动合同的相关法定条款。

能力目标:
(1)会判定酒店劳动合同的有效性。
(2)会处理酒店劳动争议。

素质目标:
(1)提升自主学习能力。
(2)增强敬业精神、团队精神、沟通能力、协调能力。

◇课前任务

资料查询:学生可利用各类资源并运用各类方法查询与调研酒店劳动合同的内容及可能发生劳动争议的情况,将问题答案在课前线上提交并讨论,教师在课堂上进行答疑。

案例导入

不签劳动合同，酒店责任大

2019年12月16日，32岁的王女士通过了某酒店各管理层领导人员面试，担任该酒店财务部财务助理。据王女士介绍，面试过程中双方曾经口头商定，试用期一个月，一个月内签订劳动合同并办理社会保险，底薪3000元。其间加班，酒店给付加班费，出满勤给付满勤奖。

入职后，作为三名财务助理之一的王女士几乎每天要加班2~3个小时，每周只休息一天，其间王女士从来没有请过假，也没有迟到或者早退。

通过了一个月的试用期后，王女士并没有得到书面合同，酒店没有给其办理入职手续，这致使她一直没有考勤记录。工作两个多月后，酒店仍未与员工签订劳动合同。

2020年2月下旬，王女士得知酒店公开向社会招聘并面试财务助理。王女士表示，2019年12月酒店只发给她2500元工资，2020年1月份工资酒店拖延至2月26日才发出，而且金额与原定有差异，并以没有考勤记录为由，未发满勤奖和加班费。酒店也一直未与其签订劳动合同，王女士于2020年2月底辞职。

2020年2月28日，王女士以该酒店违反《中华人民共和国劳动合同法》有关规定，向用人单位所在区劳动争议仲裁委员会申请仲裁，要求酒店支付双倍工资。但由于王女士未能提供相关证据，未被受理。王女士遂起诉至用人单位所在区人民法院，要求被告酒店支付其每月双倍工资补偿。

法院判决，酒店支付双倍工资。

法院审理认为：酒店用工已经超过一个月，但是未与原告签订劳动合同，因此应支付原告双倍工资。

（资料来源：酒店实践案例）

在现代社会中，劳动关系通常以劳动合同来确立，签订劳动合同是建立劳动关系的具体方式，是我国企业的基本用工形式。签订劳动合同，既能使酒店员工有一定的择业和流动自由，又能制约酒店员工在合同期间履行劳动义务和应尽职责，使酒店劳动力有相对的稳定性和合理的流动性。

一、酒店劳动合同概述

《中华人民共和国劳动法》（以下简称《劳动法》）第十六条规定：劳动合同是劳动者与用人单位确立劳动关系、明确双方权利和义务的协议。

在现代社会中，劳动关系通常以劳动合同来确立，签订劳动合同是建立劳动关系的具体方式，是我国企业的基本用工形式。在酒店中建立劳动合同，既能使酒店员工有一定的择业和流动自由,又能制约酒店员工在合同期履行劳动义务和应尽职责,使酒店劳动力有相对的稳定性和合理的流动性。

（一）劳动合同的特征

1.劳动合同主体具有特定性

劳动合同必须依法以书面形式订立,做到主体、内容、形式、程序合法。只有合法的劳动合同才能产生相应的法律效力,任何一方面不合法的劳动合同,都是无效合同,不受法律承认和保护。

劳动合同还必须由特定的员工和组织双方订立,劳动合同当事人一方必须是员工,而且是符合组织工作要求、达到法定劳动年龄的自然人;另一方必须是组织,两个组织之间订立的有关劳动问题的协议不是劳动合同。

2.劳动合同内容具有劳动权利和义务的统一性和对应性

劳动合同订立后,员工须成为组织的一名成员,在工作上接受组织的管理和监督,把个人劳动组织到集体劳动中,而且劳动合同的相关内容必须由组织双方构成,一方具备相应的劳动权利,另一方须承担劳动义务,双方构成统一性。

3.劳动客体具有单一性,即劳动行为

劳动客体在劳动合同中履行的相关工作内容,即劳动行为。劳动行为具有单一性特征,劳动客体要遵守劳动合同中的法律性,对自身的劳动行为负责任。

4.劳动合同往往涉及第三人的物质利益关系

这一特征是由人力资源本身的再生产特点决定的,员工从事生产劳动不仅要维持自身的生存,还要提升自己。因此,劳动关系的一个突出特点,是组织不仅和员工个人直接建立劳动关系,还要和员工的家庭发生联系;劳动合同订立时,不仅要规定当事人双方的权利、义务关系,还会涉及员工的直系亲属在一定条件下享受的物质帮助。

5.劳动合同的订立必须采用书面形式

劳动合同都有一定的期限,而且关系内容较为复杂,采用书面形式能明确双方的权利义务,便于合同的履行,一旦在工作过程中发生争议,则有据可查,也便于争议的解决。

（二）劳动合同的相关法定条款

依据法律规定,劳动合同双方当事人必须遵守的条款是劳动合同的法定条款,一旦不具备法定条款,合同也就不成立。

根据《劳动法》规定,劳动合同应当具备以下条款:劳动合同期限、工作内容、劳动保护和劳动条件、劳动报酬、社会保险、劳动纪律、劳动合同终止的条件、违反劳动合同的责任。

劳动合同期限比较分析如表 7-2 所示。

表 7-2　劳动合同期限比较分析

种类	适用范围	签订条件	选择策略
固定期限	适用范围广	双方协商一致	流动性强的行业、中小企业、新员工
无固定期限	保密性强、技术复杂、需要保持人员稳定的岗位	协商一致,或法定情形出现	大型企业、成长型企业、核心员工、老员工

种类	适用范围	签订条件	选择策略
完成特定工作为期限	难以确定工作时间的生产经营项目	协商确定	如建筑业等特定行业、如销售等特定的工作任务

作为酒店双方的主体和客体，订立劳动合同，应当遵循合法公平、平等自愿、协商一致、诚实信用的原则。依法订立的劳动合同具有约束力，用人单位与劳动者应当履行劳动合同约定的义务。

（三）酒店劳动合同的变更

酒店劳动合同变更是指酒店与员工双方或单方依法修改或补充劳动合同内容的法律行为。

酒店劳动合同的变更发生于劳动合同生效后尚未履行或尚未完全履行期间，是对劳动合同所约定的权利和义务的完善和发展，是确保劳动合同全面履行和劳动过程顺利实现的重要手段。

《中华人民共和国劳动合同法》（以下简称《劳动合同法》）第三十五条规定：变更劳动合同，应当采取书面形式。这里的书面形式要求，包括发给劳动者的工资单、岗位变化通知，等等。因为随着劳动合同的持续履行，劳动合同双方的权利义务本身就必然会不断变化。如随着劳动者工作时间的增加，其休假、奖金标准会发生自然变化，这些都属于劳动合同的变更。因此，对于依法变更劳动合同的，只要能够通过文字记载或者其他形式证明的，都可以视为"书面变更"。

二、酒店劳动争议处理

劳动争议，是指劳动关系的当事人之间因执行劳动法律、法规和履行劳动合同而发生的纠纷。酒店劳动争议，即劳动者与酒店之间因劳动关系中的权利义务而发生的纠纷。

（一）劳动争议的分类

劳动争议按照不同的标准，可划分为以下几种。

（1）按照劳动争议当事人人数的多少，劳动争议可分为个人劳动争议和集体劳动争议。

①个人劳动争议。

个人劳动争议是劳动者个人与用人单位发生的劳动争议。

②集体劳动争议。

集体劳动争议是指劳动者一方当事人在3人以上，有共同理由的劳动争议。

（2）按照劳动争议的内容，劳动争议可以分为以下几种：

①因履行劳动合同发生的争议；

②因履行集体合同发生的争议；

③因企业开除、除名、辞退职工和职工辞职、自动离职发生的争议；

④因执行国家有关工作时间和休息休假、工资、保险、福利、培训、劳动保护的规定发生的争议等。

（3）按照当事人国籍的不同,劳动争议可分为国内劳动争议与涉外劳动争议。

①国内劳动争议。

国内劳动争议是指中国的用人单位与具有中国国籍的劳动者之间发生的劳动争议。

②涉外劳动争议。

涉外劳动争议是指具有涉外因素的劳动争议,包括中国在国(境)外设立的机构与中国派往该机构工作的人员之间发生的劳动争议、外商投资企业的用人单位与劳动者之间发生的劳动争议。

（4）按照劳动争议的客体来划分,劳动争议可分为履行劳动合同争议、开除争议、辞退争议、辞职争议、工资争议、保险争议、福利争议、培训争议等。

（5）按照争议涉及的权利义务的具体内容,劳动争议可分为以下几种:

①因确认劳动关系发生的争议;

②因订立、履行、变更、解除和终止劳动合同发生的争议;

③因除名、辞退和辞职、离职发生的争议;

④因工作时间、休息休假、社会保险、福利、培训以及劳动保护发生的争议;

⑤因劳动报酬、工伤医疗费、经济补偿或者赔偿金等发生的争议;

⑥法律、法规规定的其他劳动争议。

（二）劳动争议的特征

1.劳动纠纷是劳动关系当事人之间的争议

劳动关系当事人,一方为劳动者,另一方为用人单位。劳动者主要是指与在中国境内的企业、个体经济组织建立劳动合同关系的职工和与国家机关、事业组织、社会团体建立劳动合同关系的职工。用人单位是指在中国境内的企业、个体经济组织以及国家机关、事业组织、社会团体等与劳动者订立了劳动合同的单位。

不具有劳动法律关系主体身份者之间所发生的争议,不属于劳动纠纷。如果争议不是发生在劳动关系双方当事人之间,即使争议内容涉及劳动问题,也不构成劳动争议。如劳动者之间在劳动过程中发生的争议,用人单位之间因劳动力流动发生的争议,劳动者或用人单位与劳动行政管理中发生的争议,劳动者或用人单位与劳动行政部门在劳动行政管理中发生的争议,劳动者或用人单位与劳动服务主体在劳动服务过程中发生的争议等,都不属劳动纠纷。

2.劳动纠纷的内容涉及劳动权利和劳动义务,是为实现劳动关系而产生的争议

劳动关系是劳动权利义务关系,如果劳动者与用人单位之间不是为了实现劳动权利和劳动义务而发生的争议,就不属于劳动纠纷的范畴。

劳动权利和劳动义务的内容非常广泛,包括就业、工资、工时、劳动保护、劳动保险、劳动福利、职业培训、民主管理、奖励惩罚等。

3.劳动纠纷既可以表现为非对抗性矛盾,也可以表现为对抗性矛盾,而且两者在一定条件下可以相互转化

在一般情况下,劳动纠纷表现为非对抗性矛盾,给社会和经济带来不利影响。

（三）酒店劳动争议的处理

《劳动法》第七十八条规定:解决劳动争议,应当根据合法、公正、及时处理的原则,依法

维护劳动争议当事人的合法权益。

依照法律规定,酒店劳动争议的处理方式有以下四种。

1. 协商解决

协商解决是指通过协商方式自行和解,是双方当事人解决争议的首选途径,同时也是在解决争议过程中可以随时采用的。

协商解决是以双方当事人自愿为基础的,不愿协商或者经协商不能达成一致时,当事人可以选择其他方式。

2. 企业调解

企业调解是指双方当事人可以选择向就业酒店劳动争议调解委员会申请调解的处理方式。

这种调解实行自愿原则,具体体现在两方面:一方面是只有在双方当事人都同意由企业劳动争议调解委员会处理该争议,调解委员会才能受理该案件;另一方面是当事人可以不经过调解而直接申请仲裁。此外,由于调解委员会主要是由职工代表、企业代表和工会代表组成,所以工会与企业因履行集体合同发生争议,不适合向调解委员会申请调解的,当事人应直接申请仲裁。

3. 申请仲裁

申请仲裁是指若经企业调解委员会调解,双方达不成协议,当事人一方或双方均可向当地劳动争议仲裁委员会申诉。

当事人也可以不经企业调解委员会处理而直接申请仲裁。需要注意的是,因处理签订集体合同发生的争议缺乏法律依据,所以这类争议是由劳动保障行政部门会同有关方面进行协调处理,不可以申请仲裁。

除这种争议,对其他争议而言,劳动争议仲裁是强制性的必经程序。也就是说,只要有一方当事人申请仲裁,且符合受案条件,仲裁委员会即予受理;当事人如果要起诉到法院,必须先经过仲裁,否则人民法院将不予受理。

4. 提起诉讼

提起诉讼,当事人如果对劳动争议仲裁委员会的仲裁裁决、不予受理仲裁决定或通知书不服,可以在规定的时限内向当地基层人民法院起诉。

目前,法院中由民事审判庭依据民事诉讼程序对劳动争议案件进行审理,实行两审终审制。法院审判是处理劳动争议的最终程序。

实训任务

调研酒店劳动合同的履行

一、实训目的

掌握酒店劳动合同的订立、履行和变更,了解劳动合同效力,学会分析辨别劳动合同的合法性和有效性,增加处理劳动争议的能力、团队协作精神。

二、实训内容

(1)寻找 2 家不同类型的本地酒店,调研企业的劳动合同主要内容。

(2)上述 2 家企业分别采访 1 名人力资源部管理人员和 1 名员工,访谈是否存在劳动争议及处理情况。

三、实训步骤

(1)学生组建项目小组。

(2)项目小组确定调研的 2 家本地酒店,利用课余时间外出调研,需要拍照及拍摄视频。

(3)项目小组以 PPT 的形式在课堂上讲解调研内容、分析及总结。

(4)任务总分 100,教师评分占 50%,学生评分占 50%。

四、实训评分表(总分 100 分)

酒店劳动合同的履行实训评分表

评分点	评分标准	分值	评分
讲解内容	选取的案例具有典型性,调研内容翔实,有数据有佐证,内容真实,有可参考借鉴性	40	
现场讲解	熟练、清晰、自然、有感染力	30	
团队精神	语言流畅、思路清楚、表现自然、有感染力	20	
PPT 制作	美观、简洁、创新、突出内容	10	

案例分析

总培训师下班私带茶包被"炒鱿鱼"

2018 年 1 月 7 日,在上海某五星级酒店工作 16 年的总培训师华颖(化名)下班时被保安发现手提包内有 4 包牛奶和十余袋立顿牌茶包。华颖在安保部陈述称:"牛奶是早餐时发的,1 包是自己的,另 3 包是同事给的准备路上吃。茶包是 VD 房(客人已退房尚未清扫的房间)内客人遗留下的,我违反了规章,没有交到客房部办公室。"酒店员工手册有明确规定,私自带客人或酒店的任何物品离开属特别严重违纪。

1 月 14 日,酒店以华颖违反员工手册的规定,做出开除和解除劳动合同的决定,还向酒店工会发出了告工会通知书。同日,工会主席在该通知书上签署属实意见。在酒店出具职位变动表中,华颖的处理方式为开除,最后工作日为 2018 年 1 月 14 日。当天华颖在该表上做了签收。4 月 7 日,华颖不服酒店处罚向劳动仲裁委申请仲裁,后起诉到法院。

(资料来源:酒店实践案例)

请思考：

1.请用所学知识说明以上劳动争议的处理。

2.上述案例对你有何启示？

分析：

按照《劳动合同法》第三十九条第(二)项的规定，劳动者严重违反用人单位规章制度的，用人单位可以解除劳动合同。法律对何谓"严重"未做明确规定，一般来说，用人单位以严重违纪解除劳动合同，必须符合三个条件：其一，劳动者的行为违反了用人单位的规章制度；其二，劳动者的违纪行为在劳动合同或规章制度中被列为应当解除劳动合同的行为；其三，规章制度合法有效并告知劳动者。

以上案例中华颖私带客人物品无疑属于违纪行为，至于酒店对于她解除劳动合同是否处罚过重，关键在于她到底是一般违纪（轻微违纪）还是严重违纪。

《劳动法》实施后，用人单位有权对于何为严重违纪做出合理界定，这也是单位用工自主权的体现。用人单位制定的规章制度，内容不违反法律、行政法规及政策规定，经过《劳动合同法》第四条中规定的民主程序，用人单位并已向劳动者公示或者告知的，可以作为人民法院审理劳动争议案件的依据。

由于华颖的工作场所是五星级酒店，企业的形象和服务品质要求员工的行为必须符合该酒店的行业标准。酒店的员工手册中规定私带客人物品属于重大违纪行为，酒店有权立即解除合同，并不违反法律、行政法规的规定，且不存在明显不合理的情形。华颖在该酒店服务时间已达16年之久，作为总培训师对酒店员工手册的规定理应熟知。

但华颖明知将茶包带出酒店会严重影响酒店形象，却私欲作怪，仍将茶包私下携带出酒店，属故意程度非常严重的违纪行为。由于酒店规章制度中明确将华颖的这种行为列为应当解除劳动合同的严重违纪行为，故法院认定华颖行为构成严重违纪行为成立，酒店对其解除劳动合同是行使对员工管理的用工权。当然，这并不意味着其他用人单位对犯类似错误的员工解除劳动合同都会得到法律的支持。

另外，从解雇程序上看，以严重违纪为由解除劳动合同虽然可以不必提前通知，但做出解除时仍要通知劳动者本人，并办理相应的签收手续。《劳动合同法》第四十三条还规定：用人单位单方解除劳动合同，应当事先将理由通知工会。用人单位违反法律、行政法规规定或者劳动合同约定的，工会有权要求用人单位纠正。用人单位应当研究工会的意见，并将处理结果书面通知工会。

在以上案例中，酒店在解雇程序上做得比较完善，也是最终获得法律支持的一个重要因素。

任务三　酒店社会保障

◇学习目标

知识目标:

(1)了解酒店社会保障的范围。

(2)掌握酒店社会保障的具体内容。

能力目标:

(1)会判断酒店社会保险的情形。

(2)会处理酒店社会保障中出现的问题。

素质目标:

(1)提升分析判断能力。

(2)提升危机意识和法治素养。

◇课前任务

资料查询:学生可利用各类资源并运用各类方法查询与调研酒店社会保障情况,将问题答案在课前线上提交并讨论,教师在课堂上进行答疑。

案例导入

社会保险有多重要

蔡某 2001 年 8 月不幸突发脑出血,治疗半个多月共花费医疗费两万多元。经市社会医疗保险中心核实药费单据,确定应报销医疗费为 16000 多元,但因蔡某所在单位 2002 年 10 月才为其参保,市社会医疗保险中心对此不予报销。经蔡某多次向单位催要,单位仅付 2000 元。蔡某无奈,向人民法院提起诉讼。

本案中,由于用人单位未在事故发生前为蔡某办理医疗保险致使蔡某治疗后无法享受医疗保险待遇,蔡某因此产生的经济损失应由用人单位负担。

1996 年起王某在 S 市 A 公司工作,双方未签订劳动合同。2008 年 5 月,王某离开 A 公司。同年 6 月,王某向 S 市劳动争议仲裁委员会提出申诉,要求 A 公司为其补缴 1996 年 1 月至 2008 年 5 月的社会保险费。本案例中的王某在与 A 公司建立事实劳动关系后,A 公司即有义务为其缴纳社会保险费。A 公司未依法为其缴费时,王某有权通过调解、仲裁乃至诉讼等途径寻求救济,监督用人单位缴费。

(资料来源:《中华人民共和国社会保险法配套解读与实例》)

国家通过立法强化了用人单位要为员工购买社会保险的法律义务,将社会保险纳入了劳动合同的必备条款中,因此,酒店业应当按照规定为员工购买社会保险。其实原法中对这一内容也进行了规定,因此对于那些一直为员工缴纳社会保险的酒店而言并不会有太大影响,而就那些没有为员工缴纳社会保险的酒店而言,这一强化规定则使其付出一定的成本,严格依据规定为员工缴纳社会保险。通过缴纳社会保险,会使员工感受到酒店的专业性以及正规性,这也有助于其构建和谐劳动关系。

一、酒店社会保障概念

社会保障是国家和社会通过立法实施的,以国民收入再分配为手段,对社会成员的基本生活权利提供安全保障的社会行为及其机制、制度的总称。

为更好地履行酒店所承担的义务,切实维护劳动者的合法权益,根据《中华人民共和国劳动法》《中华人民共和国社会保险法》《社会保险费征缴暂行条例》等有关法律、法规及其他有关规定,酒店应按照实际情况给员工购买保险,保障员工生活,让员工遭受困难时获得救济。酒店应结合实际情况制定员工缴纳社会保险方案。

社会保险申报程序如图 7-1 所示。

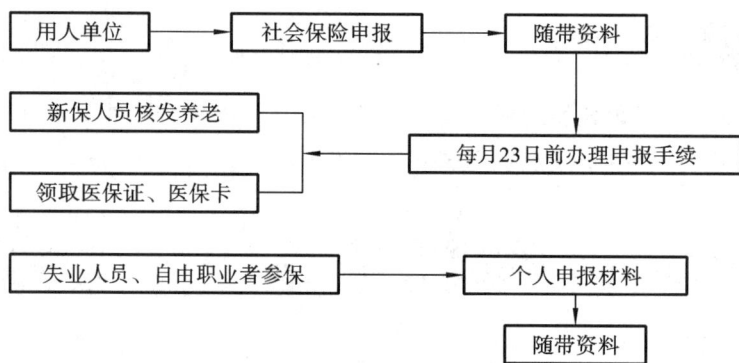

```
┌──────────┐      ┌──────────────┐      ┌──────────┐
│ 用人单位 │─────▶│ 社会保险申报 │─────▶│ 随带资料 │
└──────────┘      └──────────────┘      └──────────┘
                                              │
┌────────────────┐                           ▼
│ 新保人员核发养老│◀──┐    ┌──────────────────────────┐
└────────────────┘   ├───│ 每月23日前办理申报手续     │
┌────────────────┐   │    └──────────────────────────┘
│ 领取医保证、医保卡│◀──┘
└────────────────┘

┌────────────────────────┐      ┌──────────────┐
│ 失业人员、自由职业者参保│─────▶│ 个人申报材料 │
└────────────────────────┘      └──────────────┘
                                      │
                                      ▼
                                 ┌──────────┐
                                 │ 随带资料 │
                                 └──────────┘
```

图 7-1　社会保险申报程序

(1)酒店必须向当地社会保险经办机构办理社会保险登记,参加社会保险,此流程一般由酒店人力资源部门具体操作,大致程序如下。

①填写社会保险登记单。

②申请办理社会保险登记。

(2)酒店必须将月报表和有关资料在规定时间内送达社会保险经办机构。

(3)社会保险经办机构须及时进行审核,对酒店送达的资料签章核准。

(4)酒店缴费申报经核准后,便可以按照下列方式之一缴纳社会保险费:

①酒店到开户银行缴纳;

②酒店到社会保险经办机构以支票或现金形式缴纳;

③酒店和缴费个人应当以货币形式全额缴纳社会保险费,其中个人缴费将由酒店从基本工资中代扣。

酒店社会保险账面如表 7-3 所示。

表 7-3　酒店社会保险账面

月份	姓名	身份证号码	性别	养老保险		医疗保险		工伤保险		失业保险		生育保险		总计
				酒店	个人	酒店	个人	酒店	个人	酒店	个人	酒店	个人	

二、酒店社会保障内容

酒店社会保障内容的具体项目包括以下五种:养老保险、医疗保险、工伤保险、失业保险和生育保险。

(一)养老保险

1.含义

养老保险又称老年保险,是社会保障制度的重要组成部分,是社会保险五大险种中重要的险种,是国家和社会根据一定的法律和法规,为解决劳动者在达到国家规定的解除劳动义务的劳动年龄界限或因年老丧失劳动能力退出劳动岗位后的基本生活而建立的一种社会保险制度。

职工应当参加基本养老保险,由用人单位和职工共同缴纳基本养老保险费。

2.特征

(1)由国家立法,强制实行,企业单位和个人都必须参加,符合养老条件的人,可向社会保险部门领取养老金。

(2)养老保险费用来源,一般由国家、单位和个人三方或单位和个人双方共同承担,并实现广泛的社会互济。

(3)养老保险具有社会性,影响很大,享受人多且时间较长,费用支出庞大,因此,必须设置专门机构,实行现代化、专业化、社会化的统一规划和管理。

3.缴纳比例要求

一般而言,企业按照核定的企业职工工资总额的 20% 缴纳养老保险费。

职工个人按照本人核定缴费工资基数(包括工资、奖金、津贴、补贴等收入)的 8% 缴费,全部计入个人账户。月平均工资超过当地职工平均工资 300% 以上的部分,不记入个人缴费工资基数;低于当地职工平均工资 60% 的,按 60% 计算缴费工资基数。

4.构成及其确定因素

基本养老金由统筹养老金和个人账户养老金组成。

统筹养老金来源于社会统筹基金，个人账户养老金则来源于职工的个人账户储存额。

统筹养老金月标准以当地上年度在岗职工月平均工资和本人指数化月平均工资的平均值为基数，缴费每满1年发给1％。个人账户养老金月标准为职工退休时本人个人账户累计储存额除以计发月数。计发月数根据职工退休时城镇人口平均预期寿命、本人退休年龄、利息等因素确定。

因此，基本养老金由个人累计缴费年限、缴费工资、当地职工平均工资、个人账户金额、城镇人口平均预期寿命等因素确定。

5.最低缴费年限

参加基本养老保险的个人，按月领取基本养老金需要满足两个条件：

（1）达到法定退休年龄；

（2）累计缴费满15年。

（二）医疗保险

1.含义

医疗保险是职工生病或住院时，为了补偿职工因疾病、负伤、生育时，由社会或企业提供必要的医疗服务或物质帮助的社会保险，它通过国家立法，按照强制性社会保险原则，基本医疗保险费应由用人单位和职工个人按时足额缴纳。不按时足额缴纳的，不计入个人账户，基本医疗保险统筹基金不予支付其医疗费用。

2.特征

社会医疗保险作为社会保险体系的重要组成部分，除了具备社会保险强制性、互济性和普遍性等共同特征外，由于疾病风险的特征及医疗保健服务需求与供给的特殊性，社会医疗保险还具有以下特征。

（1）社会医疗保险待遇支付形式为实物补偿。

社会医疗保险的作用是在参保人员患病时提供经济上的帮助，使之尽快恢复身体健康和劳动能力。尽管社会医疗保险是通过支付费用来补偿参保人员的经济损失，但参保人员最终获得的是医疗服务，而非现金。

（2）社会医疗保险待遇补偿方式为非定额补偿。

由于病情不同，每个患者获得的经济补偿额不相等，因此，社会医疗保险对每个患者一般依据疾病的实际情况确定补偿金额，不采用定额补偿。

（3）疾病风险具有较强的不可避免性、随机性和不可预知性。

由于种种原因，人们很难对疾病的发生时间、类型、严重程度进行准确预判，这加大了疾病风险的危害。因此，在法律规定范围内的群体，无论患病与否，必须一律参加社会医疗保险，以有效分担不可预期的疾病风险，提高全社会的医疗保障能力。

（4）社会医疗保险涉及面广，具有复杂性。

实行社会医疗保险必须处理好医、患、保、药等方面的关系。患病时每个人的实际医疗费用无法事先确定，支出多少不仅取决于伤病的实际情况，也取决于所采用的医疗处置手段和医药服务提供者的行为。由于在医疗服务消费中，医疗服务的提供者处于相对垄断地位，难以完全通过市场手段，由患者选择医疗服务的内容和数量，来控制医疗费用的支出。

因此,社会医疗保险的支出管理有别于养老、失业等其他社会保险,需要对医药服务提供者以及医药服务的项目和内容进行管理,以提高社会医疗保险基金的利用效率。

(5)社会医疗保险具有普遍性、短期性和经常性的特点。

疾病的风险是每个人都可能面临的,因此,医疗社会保险的覆盖对象应是全体公民,该特点说明了医疗社会保险的普遍性。另外,由于疾病风险的发生是随机的、突发性的,为该风险提供保障的医疗社会保险业必须是短期性的、突发性的。

3.缴纳比例要求

用人单位缴纳基本医疗保险费一般为职工工资总额的8%左右,职工缴费率一般为本人工资收入的2%;灵活就业人员的参保缴费率一般为统筹地区上年度职工平均工资的8%。随着经济发展,用人单位和职工缴费率可做相应调整。

4.待遇标准

一般而言,基本医疗保险待遇主要包括以下几个方面:

(1)医疗期内的待遇;

(2)致残待遇;

(3)死亡待遇;

(4)非医疗期间看病的待遇。

5.退休后医疗保险待遇

目前,对于职工退休后继续享受医疗保险待遇,不需要再缴纳基本医疗保险费的最低缴费年限没有全国统一的规定,由各统筹地区根据本地情况来确定。从各个地方规定的情况来看,一般男性职工为30年,女性职工为25年,但也有一些经济条件比较好的地方规定的年限门槛比较低。

(三)工伤保险

1.含义

工伤保险,又称职业伤害保险。工伤保险是通过社会统筹的办法,集中用人单位缴纳的工伤保险费,建立工伤保险基金,对劳动者在生产经营活动中遭受意外伤害或职业病,并由此造成死亡、暂时或永久丧失劳动能力时,给予劳动者实用性法定的医疗救治以及必要的经济补偿的一种社会保障制度。

工伤保险补偿既包括医疗、康复所需费用,也包括保障基本生活的费用。

2.基本原则

(1)无过失补偿原则。

无过失补偿原则亦称严格责任或绝对责任原则,它是指劳动者在工作过程中遭遇工伤事故或职业病,无论企业或雇主是否有过错,只要不是劳动者本人故意所为,均按照法律规定的标准支付劳动者相应的工伤保险待遇。无过失补偿原则是工伤保险应遵循的首要原则。无过失补偿原则的确立,有利于劳动者在工伤发生后能够得到及时的治疗和经济补偿。当然,实施无过失补偿原则,并不意味着不追究事故责任;相反,对于事故的发生必须认真调查,分析事故原因,查明事故责任,以便吸取教训,降低事故发生率。

（2）个人不缴费原则。

工伤事故属于职业性伤害，是在劳动生产过程中，劳动者为企业或雇主创造物质财富而付出的健康乃至生命的代价，因此，工伤保险待遇带有明显的"劳动力修复与再生产投入"性质，属于企业生产成本的特殊组成部分。

工伤事故的这种特殊性和无过失补偿原则，决定了工伤保险的保险费只能由企业或雇主单方承担，这是工伤保险与其他社会保险项目的根本区别。

（3）补偿直接经济损失的原则。

劳动者发生工伤后，应给予经济补偿，但这种补偿只是对劳动者直接经济损失的风险补偿，而不包括间接的经济损失。

所谓直接经济损失，是指劳动者工资收入方面的损失。这种损失会直接影响劳动者本人及其家庭的基本生活保障，也会影响劳动力的再生产，因此，必须给予及时的、较为优厚的补偿。

间接经济损失是指劳动者直接经济损失以外的其他经济损失，包括兼职收入、业余劳动收入等。这部分收入并非人人都有，是不固定的收入，很难准确核定，不具有普遍性。

因此，这一部分收入一般不列入经济补偿的范畴。

（4）因工伤残与非因工伤残区别对待原则。

由于职业伤害与工作或职业有着直接的关系，因此，工伤保险待遇水平要明显高于因病或非因工伤亡的医疗待遇，而且享受条件也不受年龄、性别、缴费期限等条件的限制。对因工和非因工的区分是建立工伤保险的前提和出发点。

（5）补偿与预防、康复相结合的原则。

工伤保险主要的任务是工伤补偿，因为劳动力是有价值的，劳动者因工伤残甚至死亡时，会给劳动者及其家庭带来经济上的损失，理应得到赔偿。但这并不是工伤保险唯一的任务，工伤补偿与工伤预防、工伤康复二者是密切关联的。

加强安全生产、减少事故发生和发生事故时及时进行抢救治疗，采取有力措施帮助劳动者尽快恢复健康并重新走上工作岗位，比工伤补偿更有意义。

把工伤补偿与工伤预防、职业康复有机结合起来，这是目前许多国家工伤社会保险制度中所具有的一项重要内容。

3. 用人单位工伤保险费数额的确定

用人单位缴纳工伤保险费的数额取决于两个因素：费基和费率。

费基与费率的乘积即为用人单位应当缴纳工伤保险费数额。

依据规定，用人单位缴纳工伤保险费的费基为本单位的职工工资总额。费率，是指社会保险经办机构根据用人单位使用工伤保险费基金、工伤发生率和所属行业费率档次等情况确定的用人单位缴费费率。目前，各省、自治区、直辖市工伤保险费平均缴费率原则上要控制在职工工资总额的1%左右。

4. 享受工伤保险待遇与伤残待遇的条件与程序

工伤认定是劳动行政部门按照法定的程序，依据法律法规及相关政策的规定，确定职工受到的伤害或者罹患职业病的情形是否属于工伤或者应视同工伤给予定性的行政确权行为。

劳动能力鉴定即通常所说的"评残",是指劳动者因工负伤或者罹患职业病,导致本人劳动和生活能力受到影响,由劳动能力鉴定机构组织专家,根据国家评残标准,运用科学的方法和手段,确定劳动者劳动功能障碍程度和生活自理障碍程度的一种综合评定制度。

（四）失业保险

1.含义

失业保险,是指依法参加社会保险的劳动者,因失业导致经济收入受到影响时,按规定在法定时间内补贴其因失业而损失的部分经济收入,从而保障其基本生活的社会保险项目。主要由失业保险金、医疗补助金、丧葬补助金和抚恤金、职业培训和职业介绍补贴等构成。

2.特点

失业保险同其他社会保险项目相比,除了具有强制性、互济性、社会性、保障性等社会保险的一般特点之外。它还具有以下特征。

（1）失业保险的对象为失业劳动者。

失业保险的对象为失业劳动者,即失业保险只对有劳动能力并有劳动意愿但无劳动岗位的人提供保险,因此具备正常的劳动能力是受保人享有失业保险的必要条件。而其他像养老、医疗、工伤、生育等保险保障的对象是暂时或永久丧失劳动能力的劳动者。

（2）享受失业保险待遇有一定期限。

享受失业保险待遇有一定期限,不像养老保险和工伤保险那样,劳动者可以长期享受保险待遇,失业保险只能在法定期限内享受,超过法定期限,即使劳动者仍处于失业状态,也不可以再享受。

（3）非自然因素是风险形成的主要原因。

通常,其他社会保障项目所涉及的风险往往与人的生理变异等自然因素有关,失业保险的风险所涉及的风险却不是由人的生理因素等自然因素引起的,而是一定时期的社会和经济因素所引起的,在一定程度上,它也与其国家在一定时期的宏观经济政策相关。

（4）保障形式和内容的多样性。

虽然失业保险与其他保险一样,都有保障劳动者基本生活的功能和目标,但失业保险还肩负提高劳动者就业能力和增加工作机会,促进劳动者就业的功能和目标。因此,失业保险在保障性和内容上具有特殊性,它除了需要向受保的失业者提供失业保险金,以保障其基本生活需要之外,还需要通过就业培训、职业制度等形式帮助失业者提高就业能力,以便重新就业。

3.失业保险金的标准

国际劳工组织曾先后提出过三项建议：

一是失业保险金以失业前的工资为依据或者以缴费工资为依据；

二是失业保险金不低于原工资的60%；

三是失业保险金既要规定最高限额,也应规定最低限额。

由于我国各地经济发展不平衡,经济发展水平地区差别较大,失业保险金的发放标准需要根据当地的经济社会发展水平来确定和调整,不可能是一个绝对的数字,其具体标准授权省、自治区、直辖市人民政府确定。

4.失业保险金的领取期限

失业保险累计缴费时间满 1 年不满 5 年的,最长可领取 12 个月的失业保险金;累计缴费时间满 5 年不满 10 年的,可领取失业保险金的期限为 18 个月;累计缴费时间满 10 年的,领取失业保险金的期限为 24 个月。

重新就业后,再次失业的,缴费时间重新计算,领取失业保险金的期限与前次失业应当领取而尚未领取的失业保险金的期限合并计算,最长不超过 24 个月。

（五）生育保险

1.含义

生育保险是国家通过社会保险立法,对职业妇女因怀孕、分娩而给予的经济、物质等方面帮助的一项社会保险制度。其宗旨在于向怀孕女职工提供生育津贴、产假以及医疗服务等方面的待遇,保障她们因生育而暂时丧失劳动能力时的基本经济收入和医疗保健,帮助怀孕女职工恢复劳动能力,重返工作岗位,从而体现国家和社会对妇女在这一特殊时期给予的支持和爱护。

我国生育保险保障的待遇项目主要包括产假、生育津贴、医疗服务、生育期间特殊劳动保护。

2019 年 3 月,国务院办公厅印发《关于全面推进生育保险和职工基本医疗保险合并实施的意见》,全面推进生育保险和职工基本医疗保险合并实施。

2.特点

生育保障与其他社会保障项目相比,有自身鲜明的特点。

（1）保障对象的限定性。

在我国,享受生育保障的资格条件不只适用于达到法定结婚年龄的已婚职业女性,而且还要符合国家的生育政策,不符合生育年龄、非婚生育的女性劳动者等不但不能享受生育保障待遇,而且还要受到相应的处罚。

（2）保障项目的特殊性。

生育虽然有一定的风险,却是女性一生中正常的自然现象和生理现象,在正常的情况下,生育过程不需要特殊的治疗,住院生育的妇女也不应该被看作病人。因此,与医疗保险提供的医疗服务以治疗为主有所不同,女性生育期间的医疗服务主要是以保健、咨询、检查为主,侧重于指导孕妇处理好工作与休息,保健与锻炼的关系,给予生育妇女足够的休养时间和物质帮助,在每个阶段（孕期、分娩、产后）提供相应的营养补充、咨询、检查、护理、医疗等一系列的保健服务,使她们顺利度过生育期,保障母婴的平安和健康。

（3）保障期限的确定性。

怀孕女职工在分娩前后都享有休假时间,以保证其身体健康,在临产分娩前的一段时间,因为行动不方便,女职工已经不能工作或不宜工作,分娩以后,又需要一段时间来恢复健康和照顾婴儿。

妇女生育行为的特殊性决定了生育保障的假期应包括产前和产后两个阶段。因此,根据生育期安排,产假是有固定要求的。产假分为产前和产后。产前假期不能提前和推迟使用。产假也必须在生育期间享受,不能积存到其他时间享用。各国规定的产假时间不同。

例如,我国正式实施的产假标准依据 2012 年 4 月 18 日国务院常务会议审议并原则通过的《女职工劳动保护特别规定》。规定将女职工生育享受的产假由 90 天延长至 98 天,并规范了相关待遇。

(4)保障待遇享受的暂时性。

生育是一种正常的生理现象,是女性由于生育行为而暂时失去劳动能力,这种现象只在定的时间内发生,并不伴随女性的一生。与年老、伤残、疾病等引起的病理变化不同,生育行为一般不需要特殊治疗,只要营养和休息得以保证,就可以自然恢复体力并投入到工作中去。

由于生育而使妇女劳动能力丧失和经济收入的损失都是暂时的,因此,生育保障的待遇享受也就相应地具有一定的暂时性和阶段性特征。在生育保障项目中,医疗服务、生育津贴、产假等待遇都有明确的时间规定,若超出规定的期限,就不能再享受相关的待遇了。

(5)保障结果的福利性。

女性生育为了保证新一代劳动力有较高的先天素质的同时,又保护妇女的身体健康,世界上大多数国家的生育保障待遇标准都比较高。

生育期间的收入补偿高于养老、医疗等保险项目。生育保险提供的生育津贴,一般为生育职工的原工资水平,也高于其他保险项目。

另外,女性劳动者在休产假期间,用人单位不得降低其工资,不得辞退或者以其他形式解除劳动合同。生育社会保险由用人单位按照国家规定缴纳生育保险费,职工不缴纳生育保险费。这是生育保险区别于医疗保险的又一个特点。

3.生育保险覆盖范围与缴费模式

依据目前的制度,由企业按照其工资总额的一定比例向社会保险经办机构缴纳生育保险费,建立生育保险基金。生育保险费的提取比例由当地人民政府根据计划内生育人数和生育津贴、生育费用等各项费用确定,并可根据费用支出情况适时调整,但最高不得超过工资总额的 1%。目前,各地缴费标准并不统一,从 0.4% 到 1% 不等。

4.生育保险待遇

(1)产假。

产假是在职妇女产期前后的休假待遇,一般从分娩前半个月至产后两个半月,晚婚晚育者可前后长至 4 个月,女职工生育享受不少于 30 天的产假。职业女性在休产假期间,用人单位不得降低其工资,不得辞退或者以其他形式解除劳动合同。职业女性休产假享受生育保险待遇,由社保统筹基金报销相关医疗费和发放生育津贴。职业女性没有参加生育保险的,由用人单位承担。目前,各地的具体规定略有不同。

(2)生育津贴。

我国生育津贴的支付方式和支付标准分两种情况:

一是在实行生育保险社会统筹的地区,支付标准按本企业上年度职工月平均工资的标准支付,期限不少于 98 天;

二是在没有开展生育保险社会统筹的地区,生育津贴由本企业或单位支付,标准为女职工生育之前的基本工资和物价补贴,期限一般为 98 天。

部分地区对晚婚、晚育的职业妇女实行适当延长生育津贴支付期限的鼓励政策。一般

213

女职工分娩后 3 个月内可向相关主管部门办理生育津贴申领手续。

（3）医疗服务。

生育医疗服务是由医院、开业医生或合格的助产士向职业妇女和男职工之妻提供的妊娠、分娩和产后的医疗照顾以及必需的住院治疗。我国生育保险医疗服务项目主要包括检查、接生、手术、住院、药品、计划生育手术费用等。

（4）生育期间特殊劳动保护。

女职工生育期间的特殊劳动保护，是指女职工孕期由于生理变化而在工作中可能遇到特殊困难，为保证女职工的基本收入和母子生命安全而制定的一项特殊政策。

用人单位不得因女职工怀孕、生育、哺乳而降低其工资、予以辞退、与其解除劳动或者聘用合同。

对怀孕 7 个月以上的女职工，用人单位不得延长劳动时间或者安排夜班劳动，并应当在劳动时间内安排一定的休息时间。怀孕女职工在劳动时间内进行产前检查，所需时间计入劳动时间。

对哺乳未满 1 周岁婴儿的女职工，用人单位不得延长劳动时间或者安排夜班劳动。用人单位应当在每天的劳动时间内为哺乳期女职工安排 1 小时哺乳时间；女职工生育多胞胎的，每多哺乳 1 个婴儿每天增加 1 小时哺乳时间。

女职工比较多的用人单位应当根据女职工的需要，设立女职工卫生室、孕妇休息室、哺乳室等，妥善解决女职工在生理卫生、哺乳方面的困难。

214

项目总结

本项目是酒店劳动关系管理。劳动关系自用工之日起建立，是一种法律关系。学习内容涵盖酒店劳动关系的概念、界定标准、作用及类型与特点，酒店劳动关系合同及劳动争议处理，酒店社会保障等。通过情景模拟、实训任务、案例分析等学习，提升学生酒店劳动关系管理能力，培养学生法治意识、诚信意识、公平意识等。

实训任务

调研本地酒店社会保障情况

一、实训目的

学会分析酒店社会保障的实际问题，提升解决问题的能力。

二、实训内容

（1）寻找 2 家不同类型的本地酒店，调研企业的社会保险缴纳情况。

（2）分析所调研酒店的社会保障现状，并提出解决有关现实问题的办法。

三、实训步骤

(1)学生组建项目小组。

(2)项目小组确定调研的 2 家本地酒店,利用课余时间外出调研。

(3)项目小组以 PPT 的形式在课堂上讲解调研内容、分析及总结。

(4)任务总分为 100 分,教师评分占 50%,学生评分占 50%。

四、实训评分表(总分 100 分)

调研酒店社会保障实训评分表

评分点	评分标准	分值	评分
讲解内容	选取的案例具有典型性,调研内容翔实,有数据、有佐证,内容真实,有可参考借鉴性	40	
现场讲解	熟练、清晰、自然、有感染力	30	
团队精神	语言流畅、思路清楚、表现自然、有感染力	20	
PPT 制作	美观、简洁、创新、突出内容	10	

案例分析

夜班打瞌睡恰遇安全事故是否算工伤?

李某是盛世酒店的一名前台服务员,于 2017 年 10 月 20 日 0 时至 8 时上夜班。凌晨 5 时 45 分左右,前台顶上放置的未安装酒店设备突然坍塌,砸向正坐在门边休息打瞌睡的李某,李某躲闪不及,造成右脚踝骨骨折的事故。盛世酒店向金湖人社局提出工伤认定申请,金湖人社局认为不符合《工伤保险条例》第十四条规定的工伤认定的情形,因此不属于因工受伤。后原告李某不服向 H 市人社局提起行政复议,H 市人社局做出维持金湖人社局的认定的决定。为此,李某于 2018 年 2 月 5 日向金湖法院提起行政诉讼。

被告人社局辩称,李某虽然是在工作时间和工作场所内,但当时李某打瞌睡,而没有直接从事工作,非因工作原因而受伤,不符合《工伤保险条例》第十四条第一款所规定的"在工作时间和工作场所内,因工作原因受到事故伤害",故不可认定为工伤。

(资料来源:根据网络资料整理)

请思考:

1.李某受伤是否应认定为工伤?为什么?

2.该案例对你有哪些启示?

项目八 →

酒店团队建设

项目引言

　　团队是为了实现共同的目标而相互协作的正式群体。团队的内涵包括共同目标、相互协作、正式群体。团队类型包括受人监控团队和自我管理团队、同一功能团队和多功能团队、长期工作团队和短期工作团队。团队的发展趋势还包括虚拟团队、学习型团队和跨文化团队。酒店团队类型包括管理层、部门、班组。团队建设的阶段分为组建期、磨合期、规范期、成熟期和调整期五个阶段，每个时期各有其特点，团队领导要采取不同的工作方法。团队精神是团队成员为了实现团队目标而相互协作、尽心尽力的意愿与作风，其内涵包括归属感、贡献意识和协作意识。高效团队的特征是目标明确、高度忠诚、技能互补、充分信任、有效沟通、优秀的领导和良好的内外部环境。酒店高效团队建设要从目标管理、双管齐下、同舟共济、持续学习、增强领导力和增强执行力方面来进行建设。酒店员工的活动有利于团队精神的发展，主要活动类型有知识型、竞技型和温馨型。

任务一　酒店团队建设

◇学习目标

知识目标：

(1)理解和熟悉团队的概念、类型和建设阶段。

(2)掌握高效团队的特征和团队精神。

能力目标：

(1)掌握酒店高效团队的建设内涵及具体方法。

(2)能发现并自主解决团队建设中出现的问题。

素质目标：

(1)培养学生的责任意识、合作意识、奉献精神。

(2)提升语言表达能力、团队合作能力、PPT制作能力。

◇ **课前任务**

资料查询：学生采用多种方式查询与调研酒店团队建设内容，在课前将问题答案线上提交并讨论，教师在课堂上进行答疑。

案例导入

《西游记》师徒四人

还记得这首儿歌吗？"唐僧骑马咚那个咚，后面跟着个孙悟空。孙悟空，跑得快，后面跟着个猪八戒。猪八戒，鼻子长，后面跟着个沙和尚。沙和尚，挑着箩，后面跟着个老妖婆。老妖婆，真正坏，骗了唐僧和八戒。唐僧八戒真糊涂，是人是妖分不清。分不清，上了当，多亏孙悟空眼睛亮。眼睛亮，冒金光，高高举起金箍棒。金箍棒，有力量，妖魔鬼怪消灭光！"

《西游记》里面的人物有唐僧、孙悟空、猪八戒、沙和尚、白龙马、各路妖怪，等等，《西游记》写了师徒四人沿途降妖伏魔，故事是一个接一个，历经九九八十一难，到达西天，取得真经，修成正果的故事。

（资料来源：案例分析收集整理）

请思考：

师徒四人是一个团队吗？孙悟空是一个好员工吗？

什么样的团队最完美？唐僧这样的领导，对自己的目标非常执着；孙悟空虽然很自以为是，但是很勤奋，能力强；猪八戒虽然懒一点，但是拥有积极乐观的态度；沙僧，从来都不谈理想，脚踏实地地工作。因此，这四个人合在一起形成了中国最完美的团队。

中国有很多谚语，如"人心齐，泰山移""众人拾柴火焰高""单丝不成线，独木不成林""三个臭皮匠，顶个诸葛亮""雁怕离群，人怕掉队"；而国外也有诸如此类的谚语，如"一致是强有力的，而纷争易于被征服""若不团结，任何力量都是弱小的"。由此可见，团队的重要性，任何企业要在激烈的市场竞争中获胜，必不可少的核心力量就是要有一支高效的工作团队。

目前，酒店招人难，留人更难。现代人力资源管理倾向非人力资源管理的人力资源管

理,酒店各部门领导参与人力资源管理成为趋势,其中团队建设是各部门领导工作重点之一。酒店各部门做好了团队建设,就会在竞争白热化的酒店业脱颖而出。

一、团队概述

(一)团队的概念

"团队"这一概念是由美国著名的管理学教授斯蒂芬·罗宾斯在 1994 年提出,是为了实现某一目标而由相互协作的个体所组成的正式群体。为了共同的目标,团队成员密切合作,共同决策,与他人协商,团队是正式组建起来的组织。

团队的内涵包括共同目标、相互协作、正式群体。

(二)团队的类型

团队一般是由一名团队领导及若干团队成员组成。根据团队拥有自主权的大小、存在的目的、存在时间长短可将团队分成以下几种类型。

1. 受人监控团队和自我管理团队

(1)受人监控团队。

受人监控团队是在某些职能部门或管理人员的指导下完成相关工作。由他人设定团队目标、分配任务、评估业绩等,不足是团队成员自主权较低,主动性不强。

(2)自我管理团队。

自我管理团队是一支真正独立自主的团队。自我制定团队目标、探讨并且亲自执行解决问题方案、决定工作任务的分配、成员相互进行绩效评估并对工作承担全部责任。

2. 同一功能团队和多功能团队

(1)同一功能团队。

同一功能团队是由来自某一具体职能领域的成员组成的。由于在同一领域中,其工作目标一致、分工明确、沟通方便。酒店绝大多数部门和班组都是属于这个类型的。如前厅部、客房部、餐饮部、营销部、安保部、办公室等。

(2)多功能团队。

多功能团队是由来自不同领域的员工组成的。他们是为了完成一项攻坚任务而临时组织起来的。

多功能团队的工作方式是一种有效的方式,它能使组织内(甚至组织间)不同领域员工之间交换信息,激发新的观点,解决面临的问题,协调复杂的项目。

3. 长期工作团队和短期工作团队

(1)长期工作团队。

长期工作团队是企业中长期存在,一般情况下不会轻易变动的团队,如酒店各部门及班组形成的工作团队。

(2)短期工作团队。

短期工作团队是由于特别事由,临时组织起来的工作团队,事情解决了也就解散了,如特别行动小组、攻坚小组、问题解决团队等。

二、酒店团队概述

酒店团队是指为了实现酒店共同目标而由相互协作的酒店员工所组成的正式群体。从整体看，每一个酒店都是一个团队。这个团队人员复杂、分工明确，或者说酒店的各个部门就是酒店这个团队的成员，它们相互配合，进行服务管理，以达到最大效益这一共同目标。

酒店常见的工作团队有以下几种类型。

（一）管理层

酒店的管理层可以分为高层管理层、中层管理层和基层管理层。

1.高层管理层

高层管理层由酒店董事会成员、总经理、副总经理组成。高层管理层位于管理层的最高层次，需要对整个酒店负责，负责制定酒店的总体方针和战略，确定各部门的任务及资源分配，考核各部门工作等。

高层管理层成员需要有较好的市场预测反应及掌控能力，他们掌握着酒店的总体发展方向。他们最重要的责任是沟通酒店的共同愿景，塑造酒店文化。

2.中层管理层

中层管理层由各部门总监、经理组成。中层管理层主要对高层管理层做出的决策组织实施并监督汇报，处理上下级之间的关系，加强上下级之间的沟通，起着举足轻重的作用。

中层管理层在管理中起承上启下的作用。

3.基层管理层

基层管理层也就是督导层，主要成员由各部门主管、领班组成。他们是酒店接触一线的基层管理者。他们的头上顶着"管理"二字，奔波在一线，他们负责承上启下的环节，是酒店员工与中层管理者之间进行紧密联系的桥梁。虽然处于酒店管理层的最末端，但酒店对于基层管理者的要求一点都不低。他们得对酒店的制度身先实践，同时还必须向下传播酒店文化、思想和理念，执行上级决定，并将任务落实到位；他们要对酒店部门事务非常熟悉，这样才能起到表率作用，才能带好自己的小团队。

基层管理层是直接面客服务和基层管理的团队，是酒店的中坚力量。

（二）部门

酒店部门的划分依据不同分类标准各有不同，本书根据服务中与客人接触的程度不同，将酒店各部门分为前台部门和后台部门，它们各自形成不同的部门团队。

1.前台部门

前台部门是员工与客人有广泛接触的部门，如前厅部、客房部、餐饮部、康乐部等。这些部门是直接为酒店创造收入的部门，各部门自成一个团队，在各自的职能领域中完善工作、解决具体问题，降低成本，促进收入的增加。

2.后台部门

后台部门是与客人有很少接触或没有直接接触的部门，如人力资源部、财务部、工程部、安保部、质检部等。它们是支持前台部门的部门，是支援团队，承担着提供支持、服务或后勤保障的任务。

（三）班组

酒店各部门由若干班组构成，班组一般是由主管或领班带领若干一线服务人员组成。班组是酒店最基层的单位，班组是否活动正常、生气勃勃、强壮有力，对酒店的生命力有着直接影响。

只有各个班组形成真正的工作团队，才会促进整个酒店蓬勃发展。班组的成员大多是不同性格、不同学历、不同籍贯，有着各自不同人生目标的人，他们往往受不同的环境、不同事物的影响产生不同的心理变化，这就给班组工作带来许多障碍。

如何跨越这些障碍，是班组建设必须解决的难题，班组建设是酒店团队建设的基础和关键。

三、团队精神及团队建设

（一）团队精神的内涵

"团队"按字面上的意思就是团结起来的队伍。酒店是一个依靠众多服务员及少数管理者的集体，要把酒店很好地经营下去，不仅需要全体员工对客服务时的优质服务，还势必需要一个凝聚力很强的团队，且建立起牢固的团队精神。

常言道：人在一起是聚会，心在一起才是团队。团队要心往一处想，劲儿往一处使，具有团队精神的团队是极具战斗力的团队，也是高效的团队。要像大雁团队一样，一切行动听指挥；像蚂蚁团队一样，无私、无畏、无坚、不摧；像狼团队一样，分工协作配合默契。我们是这样来理解团队精神：团队成员为了实现团队目标而相互协作、尽心尽力的意愿与作风。团队精神内涵具体表现如下。

1. 归属感

归属感是指团队成员经过一段时期的工作，在思想上、心理上、感情上对团队产生了认同感、公平感、安全感、价值感、使命感和成就感，这些感觉最终内化为成员的归属感。成员感觉自己属于这个团队的一员，团队就是自己的团队，其他成员都是自己的伙伴和朋友，相互信任，自觉地将自己的发展和团队的发展紧密联系起来，自己与团队是一体的，共进退。

2. 贡献意识

团队总是有着明确的目标，实现这些目标不可能总是一帆风顺的。因此，贡献意识必不可少。它要求成员具备强烈的责任感，充满活力和热情，为了确保完成团队赋予的使命，和同事一起，努力奋斗、积极进取、创造性地工作。在团队成员对团队事务的态度上，团队精神表现为团队成员在自己的岗位上尽心尽力，主动为整体的和谐而甘当配角，自愿为团队的利益放弃自己的私利，顾全大局。

3. 协作意识

协作意识强调的不仅仅是一般意义上的合作与齐心协力，它要求发挥团队的优势，其核心在于大家在工作中加强沟通，利用个性和能力差异，在团结协作中实现优势互补，发挥积极协同效应，产生"1+1＞2"的效果。因此，要完成目标任务，就要在团队成员才能上实现互补，发挥每个人的特长，并注重流程，使之产生协同效应。

(二)高效团队特征

高效团队,肯定有别于一般团队,高效团队规模不大,一般成员数量不超过 10 个人,不仅具备卓越的团队精神,而且还有一般团队所不具备的特征。

1.目标明确

目标应十分明确,具有挑战性;实现目标的策略应非常明确;团队成员能够描述并且献身于这个目标;面对目标,个人角色应十分明确,或团队目标已分解成个人目标。

2.高度忠诚

团队成员对他们的群体具有认同感,团队成员对团队表现高度忠诚,为了团队的目标愿意做任何事情。在满足了生理需求、安全需求基本条件之后,单纯从追求忠诚度说,满足人性需求的第四层需求——尊重需求,这是管理者最容易做到的,也是成本最低的。通过管理者的真诚微笑、问寒问暖、平易近人等态度,团队成员可能产生"士为知己者死"的感动。

3.技能互补

团队成员都具有高超的专业技能,并且能够优势互补。高效团队是由一群能力强的成员组成的。他们具备实现目标所必需的技术和能力,并且在一定程度上实现能力优势互补,让每个成员在团队中充分实现价值。

4.充分信任

什么是信任? 信任是指相信而敢于托付。信任的五大前提是正直、能力、责任、沟通与约束。信任与责任是一对"分不开的兄弟"。当信任达到一定程度的时候,随之而来的就是责任,当责任到了一定范围的时候,体现的就是信任的程度了。团队成员彼此信任,信任团队、信任酒店,互相包容、互相帮助、信息共享。

5.有效沟通

有效沟通即群体成员通过畅通的渠道交流信息,包括各种言语和非言语交流。有效沟通使成员间能迅速而准确地了解彼此的想法和感受。良好的沟通有利于高效解决工作中的问题。

6.优秀的领导者

缺乏优秀的领导者和管理技能是中国酒店业人才管理所面临的一个严峻问题,有经验的领导者和管理人员供给缺乏,越是高端的职位越缺乏人才,酒店亟须有领导力的领导者。

优秀的领导者应做到以下几个方面。

(1)优秀的领导者不仅仅是把事做对,更要做对的事;

(2)提升解决问题的能力和善于应用手中职能,提升工作效率;

(3)把握人性的优劣面,掌握员工需求层次,调控制度杠杆率领有战斗力的团队;

(4)以结果为导向抓好过程管理,提升员工目标使命感,深化执行力;

(5)善于沟通及使用管理工具,协调好与员工之间的关系,提升工作效率;

(6)带领团队度过最艰难的时期,为团队指明前进方向,鼓舞团队成员。

高效团队的领导者往往担任的是教练等角色,或作为团队的后盾,他们对团队提供指导和支持,但并不试图去控制团队。

7.良好的内外部环境

从内部条件来看，团队应拥有一个合理的基础结构。

这包括适当的培训、一套易于理解并可用于评估员工总体绩效的测量系统，以及一个起支持作用的人力资源系统。

恰当的基础结构应能够支持并强化成员行为以取得高绩效。从外部条件来看，管理层应给团队提供完成工作所必需的各种资源。

（三）团队建设的阶段

团队的形成和发展根据其自身的发展规律，一般都要经过相应的发展阶段。

管理学家布鲁斯·塔克曼将团队发展的阶段分为五个阶段，即组建期、激荡期、规范期、执行期和调整期。

其他管理学家对于团队的建设阶段也有各自的理解，本书在五个阶段的基础上进行适当调整，将团队建设的阶段分为五个阶段，即组建期、磨合期、规范期、成熟期和调整期。

每个建设阶段都有其特点和规律，采用恰当的领导方式，减少团队内耗，降低发展成本，提高团队效率，才能更好地实现团队目标。

1.组建期

这是团队发展的第一个阶段。当一个新的团队成立时，团队成员彼此不是很熟悉，团队存在很多问题，工作效率低下。

1）组建期成员的表现

团队组建期的具体表现如下：

（1）团队成员兴奋激动，对新的工作充满激情；

（2）团队成员彼此不熟，缺乏沟通，大家矜持、观望、互相试探；

（3）对团队目标不清晰，工作责任与标准不明确，个人角色定位不明确。

2）领导者的措施

团队领导者的事情多，压力大，要把一盘散沙的成员聚集在一起共同工作，要做的主要工作如下：

（1）明确团队的目标；

（2）制定团队行为准则，确定职责，制定团队议事日程及工作安排；

（3）了解团队成员背景，根据成员个人特点，帮助成员团队角色定位；

（4）帮助成员相互熟悉，帮助新人了解酒店及团队，对新人培训及指导，使新人对团队有归属感，引导老员工对新成员的支持。

由于团队规模及团队目标不同，创建期一般需要1～3个月时间。如果团队成员在这时选择离开，多数情况下属于观念冲突或不可调和的矛盾，回头的可能性较小。

顺利度过创建期，需要团队领导者具有较强的责任感，成员之间坦诚沟通、互信互尊，也只有这样才能为后期的团队合作打下坚实的基础。

2.磨合期

团队经过组建期后，进入到比较复杂的磨合期了，这是团队发展的第二个阶段。这个阶段是对团队领导和团队成员的重要考验。这个阶段成员间彼此熟悉起来，各种潜在问题和矛盾逐渐显露出来。

1)磨合期成员的表现

团队磨合期的具体表现如下：

(1)团队成员个性显露、相互交流、观念碰撞、相互竞争，人际关系相对比较紧张；

(2)团队成员对工作的困难性和复杂性预测不足，感觉目标实现遥不可及；

(3)对团队目标不清晰，工作责任与标准不明确，个人角色定位不明确；

(4)决策主要由领导者做出，但会采纳成员的建议，有时领导者的权威会遭到挑战，成员合作精神一般。

2)领导者的措施

团队领导者的工作更为复杂，要求更高，需具有很强的解决和处理问题的能力。要做的主要工作如下：

(1)强调明确团队目标、制度和责任，并身体力行；

(2)了解每个成员的个性与特长，深入沟通，明确成员的角色定位；

(3)促使成员间开诚布公地沟通，提倡相互学习、互相帮助，鼓励有合作、奉献精神的成员，树立典型，努力创造积极向上、和谐共进的工作环境；

(4)积极解决各种问题，争取以自己工作上的突破展现个人实力及为团队树立榜样，鼓舞士气。

根据团队成员的发展情况及目标的不同，磨合期一般需要2～6个月时间。如果团队成员在这时选择离开，多数情况下是不适应团队的工作环境和压力，身心俱疲。

磨合期是团队成员成长的关键时期，也是最敏感的时期。团队领导及成员的综合实力在此阶段有真实的体现，能顺利渡过这个时期的成员将是团队的中坚力量。

3. 规范期

经过一段时间的激荡，团队将逐渐走向规范，即规范期，这是团队发展的第三个时期。团队成员开始以恰当的合作方式组合在一起，并且在各派竞争力量之间形成了一种试探性的平衡。

1)规范期成员的表现

团队规范期的具体表现如下：

(1)团队成员逐渐了解领导的想法与组织目标，建立了共同的愿景；

(2)团队成员对团队规范有了了解，违规行为减少；

(3)团队成员的沟通交流顺畅很多，技能较强并初步开始协作，提升了团队的综合能力；

(4)决策由领导者做出的时候越来越少，成员开始参与决策。

2)领导者的措施

团队领导者此时要学会转换角色，将自己融入团队，减弱自己作为负责人在团队中的作用，为团队成员做好适当的引导工作，要做的主要工作如下：

(1)鼓励建议，让成员多提意见，鼓励成员开诚布公地沟通；

(2)实行参与制，成员角色定位逐渐形成，让每个成员感受到自己是团队中的一员；

(3)授权给员工，鼓励员工承担责任和压力，激发他们的主动性和责任感；

(4)根据成员的表现及时奖励或处罚。

根据团队的发展情况,规范期一般需要 3～7 个月时间。如果团队成员在这时选择离开,多数情况下与团队理念、规范相冲突,挽回可能性很小。

规范期是团队发展的关键时期,为后期的成熟期打下坚实的基础。团队领导在授权的同时,要维持控制,不能一下子给得太多,否则回收时会导致士气受挫,配合培训是此时很重要的事情。

4. 成熟期

经过了团队发展的组建期、磨合期、规范期后,团队逐步进入了成熟期,这是团队发展的第四个阶段。团队形成了良好的工作氛围,具有较强的团队精神、合作意识,团队成员一体感强烈,具有强大的工作潜力,形成了高效团队。

1）成熟期成员的表现

团队成熟期的具体表现如下:

(1)团队成员目标一致,遵守规范,具有强烈的责任感和自信心;

(2)团队成员角色定位明确,充分发挥自己的专长,成员间合作默契,工作效率高;

(3)团队内部学习氛围浓厚,信息与资源共享,团队荣誉感强;

(4)决策由团队做出,团队领导主要起支援的作用。

2）领导者的措施

团队领导者此时应是"划桨人"而不是"掌舵人",是成员尊敬、信赖、贴心的领导者,要做的主要工作如下:

(1)注重团队的发展方向、计划、进度、业绩及团队的学习培训提升;

(2)授权给团队,制定更有挑战性的项目,支援协调团队任务的完成,协调团队与酒店内外的沟通;

(3)奖励有突出贡献的成员,团队形成比、学、赶、帮、超的工作氛围。

根据团队成员的发展及目标的不同,成熟期一般需要 3～10 个月时间,甚至更长。这个时期保持的时间越长越好,这是团队最有战斗力的高效时期,可以创造最大的效益。这时若成员要退出,是团队的损失,要尽可能挽留,坚持到现在的团队成员也是今后团队发展的基础。

5. 调整期

这是团队发展的第五个阶段,也是最后一个阶段。天下没有不散的筵席,团队也有它的寿命。这个阶段团队已实现既定目标,完成了使命,团队成员包括团队领导者要进行适当的调整。团队调整期的具体表现如下:

(1)团队解散;

(2)组建新的团队;

(3)团队表现不佳进行整顿。

调整期一般不会超过 1 个月,如果团队成员这时选择离开,或已经心有所属,不必强求。

上述五个阶段反映的是团队建设的一般性过程,但是实践中的团队建设过程常常有所偏差。团队建设过程会出现跳跃现象;或是会出现各个阶段的融合。例如,在团队发展的前期和后期可能产生激荡,在前期出现激荡的原因可能是团队成员定位之前的混乱思想,而后期出现的激荡可能是奖酬分配过程中出现了"不公平"的现象导致的。

四、酒店高效团队建设

酒店企业是由若干团队组成的,每个团队若能充分发挥团队精神,都有可能成为酒店的高效团队,这将是酒店的最核心竞争力,在当今竞争激烈的酒店业竞争中无往不胜,成为竞争对手无法模仿与复制的"重磅武器"。

酒店高效团队建设应该以"三个满意"为基本点:员工满意、顾客满意、酒店满意。

按照"四个主轴"活动来建设:团队目标、团队关系、团队能力和团队方法。所有主轴活动以团队沟通为核心来进行建设。

(一)目标管理

团队建立明确的共同目标。目标管理,简称 MBO,是以目标为导向,以人为中心,以成果为标准,使组织和个人取得最佳业绩的现代管理方法。

目标管理亦称"成果管理",俗称责任制,是指在企业个体职工的积极参与下,自上而下地确定工作目标,并在工作中实行"自我控制",自下而上地保证目标实现的一种管理办法。

高效的团队对要达到的目标有清晰的理解,清楚地知道领导希望他们做什么工作,并且明确了解如何共同工作才能实现目标。最佳的状态是团队的领导与员工要做符合自己角色的事情,各司其职,并且充分发挥自己的特长和优势,即实现团队的全面职业化。

(1)依据酒店经营管理目标制定团队的目标和个人目标;

(2)目标要合理、具体明确、可测量、可达成及完成时间期限;

(3)沟通一致、认可一致;

(4)经常检查和监控目标的执行情况和完成情况,若有偏差,分析原因,及时调整目标;

(5)检查实施结果和及时奖惩。

(二)双管齐下

与传统的管理方式相比,现代管理更倾向于情感管理,重视管理的艺术。目前,企业管理不仅需要"理性",需要"条条框框",需要"硬"因素;同样也需要"非理性",需要"软"因素。因而,团队建设要双管齐下,既要建立完善的管理制度,又要培养共识的酒店文化。

对于酒店而言,强化内部专业化、规范化、流程化管理,推进酒店管理的制度化进程,对酒店发展有着现实意义。制度规范酒店经营,保障服务质量;制度规范员工行为,增强员工能力;制度规范酒店管理,提升酒店服务质量。制度不单要关注建设,更要注重执行,还要在酒店运行中更新、完善。因此,酒店在经营管理中要不断强化其制度化进程。

1. 强调成员的制度化意识

成员需加强对制度标准的认识;领导者应加强制度的自我约束能力。

2. 完善团队的制度建设

成立专门机构,建立、完善制度;对现有制度定期论证。

3. 强化制度的可执行性

逆向思维,使管理工作更具可操作性;简化制度,使管理意图更加清晰;丰富制度,使管理触角更加细化;量化制度,使管理标准更加明确。

酒店文化是一个酒店在长期的经营活动中形成的理想、信念、价值观。酒店文化是酒店的灵魂，是一种精神文化。成员若充分理解和认可了酒店文化，成员的心目中就会形成酒店所倡导的统一的核心价值观，并且表现出统一的行为方式，从而提高酒店服务质量，增强酒店的竞争力。

酒店文化不仅是酒店在激烈竞争中的制胜法宝，更是酒店特色经营、可持续发展的源泉。

以人为本、以员工为中心，是酒店文化建设中核心任务，主要建设内容有酒店的经营哲学、酒店的价值观、酒店精神、团队意识、酒店形象、酒店制度、酒店的文化结构、酒店使命。

酒店文化建设由表及里分为三个层次，即物质文化层、制度文化层和精神文化层，酒店文化建设必须先从物质文化和制度文化建设入手，最后是精神文化的建设，否则酒店的文化建设只能成为墙上文化，流于形式。

（三）同舟共济

俗话有云："一根筷子轻轻折，十双筷子抱成团。"同舟共济要求团队中的每一名成员都有一种齐心协力，将团队利益放在个人利益之上的精神，以大局为重，求同存异，充分调动团队中每个成员的积极性、主动性和创造性。同舟共济重在营造团队归属感，构建互信、沟通良好的团队氛围。

同舟共济要营造成员的归属感，一旦形成了归属感，将会使成员产生内心自我约束力和强烈的责任感，调动成员自身的内部驱动力而形成自我激励，最终产生投桃报李的效应。团队要营造公平环境，尊重人格；重视所有成员，满足价值感；体察下属，激发忠诚感。

信任是团队合作的前提。"相互信任"是发展的第一动力，当个人的目标和团队目标一致的时候，成员就容易产生团队的信任，士气才会提高，凝聚力才能更深刻地体现出来。相互信任会增加成员对团队的情感认可。而从情感上相互信任，是一个团队最坚实的合作基础，能给成员一种安全感，成员才可能真正认同团队，把团队当成自己的，并以之作为个人发展的舞台。信任是要用行动来证明的。领导者要授权给自己的团队成员，授权是成员感受领导信任的最佳形式。信任的核心包括正直、能力、一贯、忠实、开放。

只有在一个开放、沟通顺畅的环境下，才能发挥团队管理的功能。向上沟通，请领导多做选择题；平级沟通，勤于思考善于交流；向下沟通，增加领导影响力。有效沟通将化解下属间的内耗矛盾。

（四）持续学习

持续学习，培养酒店学习型团队。学习要与时俱进，学习力培养团队创新能力、决定团队或个人的核心竞争力，也是酒店的核心竞争力。否则将会失去持续发展的能力。

对于团队成员，应该给予他们三样东西：一是良好的工作环境（人际关系）；二是钱（今天是工资，明天是奖金，后天是每个人手中的股票等）；三是个人成长。第三点是非常重要的，团队要成长首先要让成员成长，学历代表过去，能力正在进行，学习力立足未来。因此对团队成员的培养，关键在于持续学习能力的培养，即学习力的培养。

培养持续学习能力。第一，要有一颗好奇心；第二，要有接纳之心；第三，要有反省力；第四,要勇于改变;第五,要坚持不懈;第六,要有危机意识。水涨船高,不进则退,这样的成员才具备真正的学习力,也才是团队成长的基石。持续学习包括酒店组织的团队成员各种普适性及专业性的培训、外出学习考察、各种类型竞赛活动等及成员的自主学习。

（五）增强领导力

常言道:"兵熊熊一个,将熊熊一窝。"团队建设的关键是团队领导,在一个高效团队中,对领导的要求很高。一个领导者要有三样特质,即眼光、胸怀、实力。一个领导者的眼光不好,永远成不了好的领导者。团队领导者要将团队的业绩放在首位,并且承认他自己需要帮助,不搞个人秀,对团队的力量充满信心,对团队的成员有无比的信心。

1.具备带动力和亲和力

领导就是带领和指导(辅导),要创造良好的工作氛围。这对于一个领导者来说是很重要的。如果领导者天天坐在那里指手画脚的,不去干实事,不去带动、调节氛围的话,时间长了,员工也会养成懒惰的习惯;如果领导者每一天都板着脸,面无表情地指挥员工的话,员工心里是会有反抗情绪的,微笑是润滑剂,是调节气氛的良药,也是亲和力的体现。

2.领导是做对的事情

领导是把握事情的方向,朝正确的方向行进。领导是做决策,监督执行。领导是不让问题产生,或将问题消灭于萌芽;对成员真正关心、感兴趣和信任;善于聆听别人说话;接受错误,学习教训。高效团队中领导授权是对成员信任的最佳表现。

3.卓越领导者应具备的核心素质

有活力:个人精力充沛,有行动的冲劲;能激励,有调动和鼓励他人的能力,富有感染力的热情使他人的潜能发挥到极致;够敏锐,有竞争精神、创新精神,对速度有与生俱来的追求,坚定的信念和大胆的支持;能执行,努力达到目标。

（六）增强执行力

团队执行力是指团队按质按量完成工作和任务的能力。表现出来的就是整个团队的战斗力、竞争力和凝聚力。军令如山,没有任何借口,执行是一切成功的保证,用事实说话,结果至上。

提升执行力的主要因素包括有效沟通、奖罚分明、坚定决心、协调资源。团队执行力是团队成员执行力的综合表现,团队成员的态度与能力是执行力的关键。如果不想做,肯定做不好。

执行的意愿来自目标、利益、危机。有目标才有愿望,有利益才有动力,有危机才有压力;有态度还要有能力,想做还要会做,会做要有恰当的方法、相应的技能、适用的知识,实践严、实、快、新四个要诀,提升个人工作能力。这样才能完成任务,达成目标。

总之,创建有效团队,要树立积极的理念和心态。强调团队中需要每个人积极找方法,不能总强调理由和借口;培养抗挫心理,积极面对所有发生的事情,从自己身上找原因、找成长点,不是相互抱怨;认真做事踏实做人,成功需要把简单的事重复去做,团队成员学会从自己做起,做好本职工作;了解自己,认识他人,尊重他人。

团队建设贵在坚持,如此才有可能成为高效团队。

227

实训任务

研讨酒店高效团队建设的实施路径

一、实训目的

(1)熟悉酒店高效团队的类型。

(2)理解团队精神的内涵,高效团队建设的路径。

(3)培养管理意识。

二、实训内容

(1)举例说明酒店团队各类型的相关特征。

(2)酒店高效团队建设的主要路径。

三、实训步骤

(1)学生组建项目小组。

(2)由老师安排每个小组的实训内容,并通过PPT的形式在课堂上讲解。

(3)各组互评并探讨总结。

(4)任务总分为100分,教师评分占50%,学生评分占50%。

四、实训评分表(总分100分)

酒店高效团队建设的实施路径实训评分表

评分点	评分标准	分值	评分
讲解内容	(1)酒店团队的类型种类,相关特征,举例通俗易懂; (2)酒店高效团队建设的主要路径确定科学、合理,原因明了	40	
现场讲解	熟练、清晰、自然、有感染力	30	
PPT制作	美观、简洁、创新、突出内容	20	
团队精神	分工、合作、互助	10	

案例分析

主管的人选

2015年初,中信大酒店用高薪从人才市场招了一位酒店网络管理员——小林,半年多来,小林在工作中表现突出,技术能力得到了大家的认可。每次均能够按计划、保证质量地完成项目任务。别人手中的难题,只要到了小林那里,十有八九会迎刃而解。

酒店对小林的专业能力非常满意,有意提升他为酒店网络项目主管。然而,在考察中发现,小林除了完成自己的项目任务外,从不关心酒店其他事情,且对自己的技术保密,很少为别人答疑;对分配的任务有时也是挑三拣四,若临时额外追加工作,便表露出非常不乐意的态度。另外,他从来都是以各种借口拒不参加酒店举办的各种集体活动。

请思考:

1. 小林适合当主管吗? 为什么?

2. 招聘时应该如何考核员工的团队精神?

3. 如何培养员工的团队精神?

任务二　酒店员工关系管理

◇学习目标

知识目标:

(1)掌握酒店员工在不同工作时期的关系管理。

(2)掌握酒店各部门与员工的关系管理。

能力目标:

(1)会在酒店管理工作中正确处理员工关系。

(2)会在酒店管理工作中营造良好的员工人际氛围。

素质目标:

(1)提升自主学习能力。

(2)增强敬业精神、团队精神、沟通能力。

◇课前任务

资料查询:学生采用多种方式查询与调研酒店员工关系的相关内容,将问题答案在课前线上提交并讨论,教师在课堂上进行答疑。

案例导入

心理契约

美国组织行为学家克里斯·阿吉里斯在其著作中首次将"心理契约"这一术语引入管理领域，他指出：在员工与组织的相互关系中，除正式雇佣契约所规定的内容外，还存在着隐含的、非正式的、未公开说明的相互期望，这些期望同样是决定员工的工作态度及行为的重要因素。概括而言，所谓心理契约，就是酒店和员工双方关于对方应付出什么，同时又应得到什么的一种主观的心理约定，约定的核心成分是双方隐含的、非正式的相互责任。

（资料来源：http://wenku.baidu.com/view/be47fd17c5da50e2524d7f1e）

员工是酒店宝贵的财富，酒店的形象、酒店的效益、发展目标、酒店的声誉度等，关乎酒店的一切都需要员工的参与，才能实现。员工的发展目标、发展利益与酒店是一致的，彼此构成一个整体，是休戚与共的命运共同体。良好的员工关系，能增进员工对酒店的认同度、工作责任心，能以更好的精神风貌投入工作，专心致志地为客人服务，为酒店赢得声誉和口碑。作为管理者，就是要做好员工关系管理，为员工营造良好的人际氛围。

一、酒店员工关系管理的概念与作用

（一）酒店员工关系管理的概念

酒店员工关系管理是指为保证酒店目标的实现，对酒店中涉及酒店与员工、管理者与被管理者以及员工之间的各种工作关系、利益冲突和社会关系进行协调和管理的制度、体系和行为。

（二）酒店员工关系管理的作用

良好的酒店员工关系管理不仅能够帮助酒店赢得人才，留住人才，而且可以使酒店管理和业务运作效率大幅提升。

1.酒店员工关系管理有助于实现酒店目标

酒店既定的发展目标，在根本上是实现效益的提升，需要在客人接待、客人消费方面加强员工的工作干劲儿。良好的员工关系，会使所有员工都能向目标看齐，与酒店的发展同向而行，将个人的职业目标与酒店的发展目标相结合、相统一，劲儿往一处使，力往一处发，实现酒店发展目标。

2.酒店员工关系管理有助于塑造酒店形象

酒店形象需要依靠酒店员工的职业素养、工作态度来呈现。良好的职业员工形象及责任心、上进心可以为酒店形象的提升加分，得到客人的认可。因此，加强员工关系管理，可以更好地让员工重视自己的形象，在客人面前展现出热情、大方、专业的职业形象，从而成功塑造出良好的酒店形象。

3.酒店员工关系管理有助于酒店成功经营

酒店成功的关键在于人,在于酒店员工的敬业工作。加强员工关系管理,可以更好培养员工对酒店的忠诚度、认可度以及员工的责任心,将酒店的发展与自身的职业发展看作一个不可分割的整体。员工充满了工作热情、具备职业经验、富有团队精神,酒店的经营必定可以取得成功。

二、酒店工作秩序管理

酒店工作秩序管理是员工关系管理的主要内容,包括员工沟通管理、员工纪律管理、员工冲突管理、员工异动管理等。

(一)员工沟通管理

1.员工沟通的定义

员工沟通是指在酒店工作中,为实现设定的目标,把信息、思想和情感在个人或群体之间传递,并达成共同协议的过程。沟通强调的是一种双向性,强调的是双方共同的交流。

2.高效沟通的原则和内容

高效沟通的"7C"是沟通中流行的原则,它是由 7 个以字母"C"打头的单词组成的,这 7 个"C"组成了沟通的关键。

(1)完整。

沟通中,双方务必将自己要表达的内容说得完整。

(2)简明。

简明,强调沟通要简洁,越短越好,越简单越好,这样才能保证对方听得清楚。

(3)体贴。

体贴在英文里有一个特别好的解释,就是"把你的脚放在别人的鞋里",只有亲自试试别人的鞋才能知道他的真实感觉,这就叫体贴。

(4)言之有物。

言之有物强调在沟通中要有事实、有证据,沟通中最怕的是对人不对事,最重要的就是对事不对人。因为对人有时会打击他人的人格,所以要求沟通要言之有物。

(5)清晰。

沟通切忌含糊其词、唯唯诺诺,这样只会使漏掉的内容更多,在企业沟通中这一点是最致命的。领导者和员工的冲突经常是因为沟通不清晰造成的,表述越清晰,越不容易出错。

(6)礼貌。

员工和领导者其实也是一种互为对方客户的关系,所以,互相服务当然要讲求礼貌。其实,在公司工作从某种程度上说要有一定的角色感,这与在家里的状态是很不相同的。如在公司作为领导者,要有威严;在家里是慈父,要放下架子,与孩子玩到一起。

(7)正确。

沟通强调信息的正确性。一定要把正确的信息与员工沟通,不要造成误导,尤其是领导者在与员工沟通的时候,千万不要因为错误信息而致使员工误解了原本的意思。

（二）员工纪律管理

员工关系管理的一个重要的相关职能是员工的纪律管理，当员工触犯了酒店纪律时，酒店的有关部门就要遵照一定的程序对其实施处罚。在实施处罚时首先需要明确设置纪律处分程序的两个要点：

第一，在进行处分前一定要向员工明确什么样的情况下会被处罚；

第二，处分时要将完全不归咎于员工、不由员工控制的责任提取出来。

在明确了设置纪律处分程序的两个要点之后，就要了解纪律处分的具体程序。

1. 设立组织目标

组织目标就是组织在当前和未来想要实现的目标，它包括酒店认可员工什么样的行为、什么样的表现等这样很具体的目标，也包括酒店要往哪方面发展这样的长远目标。

因此，在制定规章制度之前，首先要设立符合组织实际、明确清晰的组织目标。

2. 建立规章制度

在建立规章制度之前要让员工了解为什么要建立这样的规章制度，让员工认同这些规章制度。具体的规章制度包括员工手册、员工行为规范、纪律处罚条例等成文的制度。

3. 向员工说明规章制度

向员工说明规章制度，这是纪律处罚程序中的重要部分，无论是在新员工培训的时候还是在部门经理会议上，规章制度的具体内容和要求要不断地告知新老员工。只有在大家知情、不断被提醒的时候，酒店才可以用这些制度去处罚员工。

4. 观察员工的表现

向员工说明了规章制度以后，接下来要做的就是不断观察员工的表现，并且经常给予反馈。经理要告知员工哪些做法是不对的，哪些做法是对的；这么做可能违反了哪一条规定等，若在经理不断提醒、不断反馈的情况下，员工依然犯错误，要对其实施惩罚。

这种提醒过程非常重要，中层经理的执行权力中包含这样一条规定：要指导员工并不断反馈，如果员工依然做不到，你才能惩罚他或辞退他。

5. 表现与规章制度相比较

在实施惩罚前，还要将犯错员工的表现和成文的规章制度作对比，比较二者是否相差很多，差距表现在什么地方，这样可以为下一步骤的实施提供有力的依据。

6. 实施恰当的处分

如果员工的行为背离规章制度很远，就要遵照规章制度对其实施恰当的处分。处分结束并不意味着真正的结束，这个纪律处分程序其实是一个封闭的循环，所以，处分结束后要进行再次说明，再反馈，再对比，如果还是不行，只能再处分。

（三）员工冲突管理

1. 冲突的定义

企业组织中的成员在交往中产生意见分歧，出现争论、对抗，导致彼此间关系紧张，称该状态为冲突。

2. 冲突的类型

冲突可以分为有效冲突和有害冲突。

(1)有效冲突。

有效冲突的形式是大家集思广益,把自己的意见都表达出来,可能有中间的冲突,但是越冲突,主意越多。有效冲突使内部的分歧与对抗形成一个各部门相互支持的社会体系;这种冲突的暴露,恰如提供一个出气筒,使对抗的成员采取联合方式发泄不满。否则,压抑怒气反而会产生极端反应,有效冲突能够增加凝聚力。两大集团的有效冲突可以表现它们的实力,并最后达到权力平衡,以防无休止的斗争;可促使其联合,以求生存,或对付更强大的敌人,或联合垄断市场。

(2)有害冲突。

有害冲突是组织中具损害性的或阻碍目标实现的冲突,管理者必须消除这种冲突。有效冲突也可转化成有害冲突。有害冲突不仅能使人力、物力分散,凝聚力降低,而且还会造成员工的紧张,降低他们对工作的关心程度。

能够引发部门和员工之间冲突的原因很多,目标、时间、工作性质、地缘、组织分工背景的差异以及缺乏沟通、争夺资源、团体意识都能导致冲突的发生。看待冲突要一分为二,冲突不多,就不利于团队和组织的改善提高,不利于适应新环境;而冲突太多太大时,则会引起混乱和组织的生存危机。

3.冲突的解决技术

(1)职权控制法。

管理层运用正式权威化解冲突,采用官方命令向冲突各方传递信息;遵循矛盾上缴的原则,在部门内由主管领导解决,平级部门间由他们的共同主管出面。

(2)存货缓冲法。

在上下工序之间建立库存,避免上下工序之间因冲突而出现"等米下锅"的现象。

(3)公开矛盾。

把矛盾摊开来进行处理,充分暴露问题的症结;前提是双方都有合作的意愿;意见不一致时通过谈判解决;必要时引进第三方。

(4)利用第三方。

通过第三方的隔离作用,减少一方在人员、地势方面对另一方的威胁;当一方积极另一方冷淡时,中间人需要做大量细致的工作,消除分歧;当一方对另一方的建议做出良好反应时,要适时把握时机,打破僵局,促成合作。

(四)员工异动管理

1.辞退员工管理

当酒店需要大规模辞退员工的时候,可能会辞退一些优秀员工,也可能会辞退一些在正常工作情况下表现不太好、绩效不佳的员工,在这些情况下一般要遵守同样的辞退员工的程序。辞退员工的程序如图 8-1 所示。

(1)辞退前已经进行正式警告。

要保证在采取辞退行动之前,已经与员工进行过正式的沟通。要让员工有心理准备,至少不会感到突如其来。特别是对那些犯错误的员工要保证在采取最后行动之前已经做了正式警告。

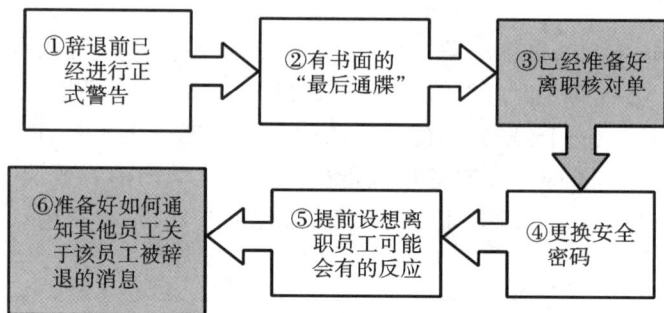

图 8-1　辞退员工的程序

（2）有书面的"最后通牒"。

仅仅有了正式的口头警告是不够的，还要有经过双方签字确认的书面警告，只有做到这些，酒店才算具有了辞退这个或这些员工的资格。

（3）已经准备好离职核对单。

书面的离职核对单可以告知员工下一步应该到哪儿还钥匙、去哪儿交文件、怎样去财务部报销，等等。这个书面离职通知单，能够帮助员工疏解紧张的心理，不会让他在失去工作的那一刻感到惊慌失措。

（4）更换安全密码。

辞退员工后要马上更换酒店的密码锁、门卡等，同时收回员工工作上的钥匙等物件。

（5）提前设想离职员工可能会有的反应。

要永远准备着应对被辞退员工可能马上或稍后会有的反应冲动或不理智行为，提前设想可能发生的情况，并做好相关的预防工作。

（6）准备好如何通知其他员工关于该员工被辞退的消息。

要事先想好怎样告诉其他部门那些留下来的员工关于这个员工被辞退的消息，如果不公布，其他员工有可能会传播不实的小道消息。

一般不采用书面通知、海报、大字报的方式，最好召开一个非正式的部门会议，借机把这个消息告诉大家，以避免造成不良后果。

2. 裁员管理

（1）裁员的定义。

裁员是指大规模地辞退员工。裁员的主要原因是酒店规模一下子萎缩后大量职位不再被需要，就有大量的员工被永久性辞退了。

（2）裁员的规则。

裁员的规则主要包含计划、宣布、立即跟踪和提供辅导四点内容。要先计划，再宣布，然后立刻跟踪，看看谁需要帮助，如果有必要的话立刻提供辅导及职业介绍。

因为人力资源部了解的职业信息很多，被裁员队伍中也可能包括一些很优秀的员工，所以酒店有一定的职责帮助他们去找别的工作。

（3）裁员的关键。

裁员的关键是裁员后怎样安抚那些"劫后余生"的员工，因为在裁员的过程中最难受的是那些在裁员风暴中留下的人,他们会对组织瞬间丧失信任,会沉浸于失去同伴的巨大的痛苦中,也会造成工作效率降低。这时候就需要心理辅导发挥作用了。

（五）员工奖惩管理

1. 要让员工觉得受到特殊的重视和待遇

员工奖励和惩罚首要的意义是让员工觉得被重视,当一个人觉得自己被重视的时候,就会觉得心情舒畅;而当一个人感觉舒畅的时候,工资低一点也没有太大关系,经理的管理技能稍微差一点儿也可以容忍。

一家酒店如果员工关系管理得很好,酒店整体的氛围就会特别舒服,允许有一点缺陷,因为员工不会看到这些缺陷,这正是心理学上讲到的晕轮效应;反之,如果酒店的内部关系不好,员工觉得不舒服,他就会在鸡蛋里面挑骨头。

2. 学会两条腿走路

对工作表现好的员工给予奖励,这是留住关键员工的一种方法。同时,对工作表现不尽如人意的员工先给予改正机会和期限,仍达不到要求的一律清退,这就是所谓的"两条腿走路"。

一般酒店较容易犯的错误就是只会一个劲儿地奖励先进员工,而对后进员工采取容忍、宽大、得过且过的态度。对后进员工采取的这种措施非常有害,因为一般员工在看见那些工作表现好的员工的同时,也在观察公司是怎么处理那些业绩不好的员工。这是一个两边平衡的问题,只要对一方面的处理有失偏颇,员工的满意度就会急剧下降,因为他们会认为酒店的处理不公平。

3. 奖励多样化

奖励多样化,比如在奖励方面可以设长期服务奖、特殊贡献奖、优秀人才奖,还可以设优秀建议奖,等等。

酒店在招聘员工的时候,可以设立推荐人才奖,谁为企业推荐了优秀人才,就给谁一定的奖励,这是招聘较有效的一个途径。

另外,还可以设发明创造奖、热心于公益事业奖,等等,可以利用头脑风暴集思广益,从而设立各式各样有意义的奖项。要学会建立一些新鲜的评选优秀员工的方法去激励他们,这些方法最好能够打破陈规,别出心裁,能令员工耳目一新,从而起到良好的激励作用。

4. 针对性奖励

奖励要有针对性,只有员工认可的奖励才能对其产生激励作用,否则,即使再昂贵的奖励也产生不了任何作用。

三、酒店人际氛围管理

（一）酒店人际氛围的概念

酒店人际氛围是酒店员工之间的关系和感情,包括领导与员工之间、员工与员工之间、员工与客人之间的人际关系。

（二）酒店人际氛围的营造

作为酒店的管理者,要努力营造一个积极、和谐、团结、友善、幸福的人际氛围。良好的

人际氛围可以让员工有归属感，更有工作干劲。为员工提供一个良好的工作环境，对员工要有足够的尊重和关心，让员工时刻感受到温暖、尊重和关心。

1. 加强人际氛围的培训

培训可以使员工更加明白，酒店需要的人际氛围状况，不需要哪些破坏人际氛围的行为，能更好地约束员工的不文明行为，展现积极向上、友善和谐的一面，共同营造良好人际氛围。

2. 多开展有助于人际氛围营造的活动

人际氛围的根本是员工之间的团队和谐，因此酒店有针对性地多开展一些员工活动，如拓展训练、员工主题活动、员工集体生日会、员工家长会、员工运动会、员工礼仪礼貌展示会、酒店知识竞答活动、演讲和征文比赛等。

3. 领导多对员工开展关心慰问

来自领导的关心慰问，能让员工感受到酒店的温暖和一个企业的温度，能让员工加深对酒店的认同度和归属感，员工也会更加珍惜在酒店的工作和尝试将关心、善意传递给身边的同事和服务的客人，从而实现人人参与共同营造良好人际氛围。比如在员工生病时、家庭遭遇困难时、需要帮助时等，酒店领导要及时送去酒店的关心和帮助。

（三）酒店人际氛围的监控

1. 发现员工行为异常要及时介入干预

员工的心情不仅影响工作的效率，还能影响对客服务的质量，因情绪等造成的工作失误，会导致客人对酒店的评价降低，影响酒店声誉。及时发现员工的行为异常现象，由相关领导第一时间找员工谈话，咨询了解情况，给予心理危机干预，帮助员工回到正常工作状态，确保人际氛围有利于工作需要。

2. 建立人际氛围监控测评量化机制

有必要将酒店人际氛围的指标进行量化，作为工作的具体内容之一，细化后既更容易让员工明白人际氛围需要做哪些具体动作，如员工间的问好方式与内容，员工工作期间见面时应有的招呼与表情，通过量化后还能对员工在人际氛围这块的表现进行效果考核，促使员工注重人际氛围营造，注重自己的良好素质提升。

项目总结

本项目是酒店文化建设。酒店文化建设是酒店精神文化建设范畴，学习内容涵盖团队概述、酒店团队概述、团队精神及团队建设、酒店高效团队建设；酒店员工关系管理的概念与作用、酒店工作秩序管理、酒店人际氛围管理等。通过案例导入、实训任务、案例分析等学习，提升学生酒店文化建设能力，培养学生责任意识、合作意识、奉献精神等。

实训任务

调研酒店对员工的关爱计划

一、实训目的

(1)掌握酒店人际氛围营造的方法及对员工关爱的具体方式和内容。

(2)学会在工作中创新对员工的关爱和对人际氛围的营造。

二、实训内容

(1)寻找2家不同类型的本地酒店,调研酒店的员工关爱计划。

(2)上述2家企业分别采访1名人力资源部管理人员,访谈员工关爱的具体内容和效果。

三、实训步骤

(1)学生组建项目小组。

(2)项目小组确定调研的2家本地酒店,利用课余时间外出调研,需要拍照及视频。

(3)项目小组以PPT的形式在课堂上讲解调研内容、分析及总结。

(4)任务总分为100分,教师评分占50%,学生评分占50%。

四、实训评分表(总分100分)

酒店人力资源部调研实训评分表

评分点	评分标准	分值	评分
讲解内容	(1)酒店对员工关爱的具体形式可以有哪些; (2)对酒店人力资源部管理人员访谈内容具体,访谈效果好	40	
现场讲解	熟练、清晰、自然、有感染力	30	
PPT制作	美观、简洁、创新、突出内容	20	
团队精神	分工、合作、互助	10	

案例分析

酒店的员工家长会

世界某著名酒店品牌在员工关爱与激励计划中,每年开展一次员工家长活动。对在一个年度评为先进、优秀或有突出贡献、卓越表现的员工,邀请其父母到酒店召开座谈交流会,参观酒店,看子女工作过程,体验酒店服务,在酒店所在城市周边旅游。

召开员工家长会，对于酒店来说，是一笔不小的开销，酒店要为所邀请的员工的家长提供往返机票等，提供在酒店的餐厅用餐、在酒店的房间住宿等服务，还要为每位家长购买意外保险等。让家长亲自体验酒店的服务，见证孩子作为酒店员工的工作过程。借此以表达对员工家长的感谢，感谢他们为酒店培养了一位忠诚可靠、得力能干的员工。而家长通过参加员工家长会，亲自见到了孩子的工作环境、工作过程，感受了酒店的服务和热情，会更加支持孩子在酒店长期工作，把酒店视为一辈子的事业好好做下去。

请思考：

1.酒店员工家长活动体现了怎样的人际氛围？

2.上述案例对你有何启示？

Bibliography

参考文献

[1] 魏洁文,姜国华.酒店人力资源管理实务[M].北京:中国人民大学出版社,2021.

[2] 周亚庆,黄浏英.酒店人力资源管理[M].北京:清华大学出版社,2019.

[3] 汪晓梅.酒店人力资源管理[M].北京:中国轻工业出版社,2020.

[4] 张兰.酒店人力资源管理实务[M].北京:中国劳动社会保障出版社,2020.

[5] 李勇,钱晔.数字化酒店[M].北京:人民邮电出版社,2021.

[6] 陈明,李俊.酒店管理与数字化运营概论[M].北京:旅游教育出版社,2022.

[7] 方向红,陆勤,苏炜.酒店人力资源管理实务[M].北京:中国旅游出版社,2021.

[8] 孔秋英.创新现代酒店人力资源管理[M].广州:广东旅游出版社,2017.

[9] 王文燕,石宝生,张俊枝.星级酒店人力资源管理大全[M].北京:广东经济出版社有限公司,2018.

[10] 游富相.酒店人力资源管理[M].杭州:浙江大学出版社,2018.

[11] 罗旭华.酒店人力资源管理[M].北京:机械工业出版社,2016.

[12] 陈秋萍.旅游人力资源管理[M].武汉:华中科技大学出版社,2021.

[13] 陈文汉,陈彦章.旅游人力资源管理[M].北京:中国人民大学出版社,2019.

[14] 柴勇.酒店人力资源管理[M].长沙:湖南大学出版社,2019.

[15] 肇静玮,陈畅.旅游人力资源管理[M].北京:电子工业出版社,2018.

[16] 任康磊.人力资源管理实操[M].北京:人民邮电出版社,2020.

教学支持说明

  高等院校应用型人才培养"十四五"规划旅游管理类系列教材系华中科技大学出版社"十四五"期间重点教材。

  为了改善教学效果,提高教材的使用效率,满足高校授课教师的教学需求,本套教材备有与纸质教材配套的教学课件(PPT 电子教案)和拓展资源(案例库、习题库视频等)。

  为保证本教学课件及相关教学资料仅为教材使用者所得,我们将向使用本套教材的高校授课教师赠送教学课件或者相关教学资料,烦请授课教师通过电话、邮件或加入旅游专家俱乐部 QQ 群等方式与我们联系,获取"教学课件资源申请表"文档并认真准确填写后发给我们,我们的联系方式如下:

地址:湖北省武汉市东湖新技术开发区华工科技园华工园六路

邮编:430223

电话:027-81321911

传真:027-81321917

E-mail:lyzjjlb@163.com

旅游专家俱乐部 QQ 群号:758712998

旅游专家俱乐部 QQ 群二维码:

群名称:旅游专家俱乐部5群
群 号:758712998

教学课件资源申请表

填表时间：_____年____月____日

1.以下内容请教师按实际情况写，★为必填项。

2.根据个人情况如实填写，相关内容可以酌情调整提交。

★姓名		★性别	□男 □女	出生 年月		★职务	
						★职称	□教授 □副教授 □讲师 □助教
★学校				★院/系			
★教研室				★专业			
★办公电话			家庭电话			★移动电话	
★E-mail （请填写清晰）					★QQ号/微 信号		
★联系地址					★邮编		

★现在主授课程情况	学生人数	教材所属出版社	教材满意度
课程一			□满意　□一般　□不满意
课程二			□满意　□一般　□不满意
课程三			□满意　□一般　□不满意
其　他			□满意　□一般　□不满意

教 材 出 版 信 息		
方向一		□准备写　□写作中　□已成稿　□已出版待修订　□有讲义
方向二		□准备写　□写作中　□已成稿　□已出版待修订　□有讲义
方向三		□准备写　□写作中　□已成稿　□已出版待修订　□有讲义

　　请教师认真填写表格下列内容，提供索取课件配套教材的相关信息，我社根据每位教师填表信息的完整性、授课情况与索取课件的相关性，以及教材使用的情况赠送教材的配套课件及相关教学资源。

ISBN（书号）	书名	作者	索取课件简要说明	学生人数 （如选作教材）
			□教学　□参考	
			□教学　□参考	

★您对与课件配套的纸质教材的意见和建议，希望提供哪些配套教学资源：